L'Afrique refuse-t-elle vraiment
le développement ?

DU MÊME AUTEUR

L'engagement politique du clergé catholique en Afrique noire, Paris, Karthala, 2001.

Être chrétien en Afrique aujourd'hui. À quoi cela engage-t-il ?, Bafoussam, Cipcre, 2002.

Fallait-il prendre les armes en Côte d'Ivoire ?, Paris, L'Harmattan, 2003.

Changer de politique vis-à-vis du Sud. Une critique de l'impérialisme occidental, Paris, L'Harmattan, 2004.

Rome et les Églises d'Afrique. Propositions pour aujourd'hui et demain, Paris, L'Harmattan, 2005.

www.librairieharmattan.com
diffusion.harmattan@wanadoo.fr
harmattan1@wanadoo.fr

© L'Harmattan, 2007
ISBN : 978-2-296-02412-0
EAN : 9782296024120

Jean-Claude DJÉRÉKÉ

L'Afrique refuse-t-elle vraiment le développement ?

Préface de Théophile Kouamouo

L'Harmattan
5-7, rue de l'École-Polytechnique ; 75005 Paris
FRANCE

L'Harmattan Hongrie	**Espace L'Harmattan Kinshasa**	**L'Harmattan Italia**	**L'Harmattan Burkina Faso**
Könyvesbolt	Fac..des Sc. Sociales, Pol. et	Via Degli Artisti, 15	1200 logements villa 96
Kossuth L. u. 14-16	Adm. ; BP243, KIN XI	10124 Torino	12B2260
1053 Budapest	Université de Kinshasa – RDC	ITALIE	Ouagadougou 12

Points de vue
Collection dirigée par Denis Pryen

Déjà parus

Yris D. FONDJA WANDJI, *Le Cameroun et la question énergétique. Analyse, bilan et perspectives*, 2007.
Emmanuel M.A. NASHI, *Pourquoi ont-ils tué Laurent Désiré Kabila ?*, 2006.
A-J. MBEM et D. FLAUX, *Vers une société eurafricaine*, 2006.
Charles DEBBASCH, *La succession d'Eyadema, le perroquet de Kara*, 2006.
Azarias Ruberwa MANYWA, *Notre vision de la République Démocratique du Congo*, 2006.
Philémon NGUELE AMOUGOU, *Afrique, lève-toi et marche !*, 2006.
Yitzhak KOULA, *Pétrole et violences au Congo-Brazzaville*, 2006.
Jean-Louis TSHIMBALANGA, *L'impératif d'une culture démocratique en République Démocratique du Congo*, 2006.
Maligui SOUMAH, *Guinée : la démocratie sans le peule*, 2006.
Fodjo Kadjo ABO, *Pour un véritable réflexe patriotique en Afrique*, 2005.
Anicet-Maxime DJEHOURY, *Marcoussis : les raisons d'un échec. Recommandations pour une médiation*, 2005.
FODZO Léon, *L'exclusion sociale au Cameroun*, 2004.
J.C. DJEREKE, *Fallait-il prendre les armes en Côte d'Ivoire ?*, 2003.
STALON Jean-Luc, *Construire une démocratie consensuelle au Rwanda*, 2002.
EMONGO Lomomba, *Le devoir de libération. Esclave, libère-toi toi-même*.
ÉBOUA Samuel, *D'Ahidjo à Biya – Le changement au Cameroun*.
KUOH Manga, *Cameroun un nouveau départ*.
KISSANGOU Ignace, *Une Afrique, un espoir*.
BEMBET Christian Gilbert, *Congo : impostures "souveraines" et crimes "démocratiques »*.
EMONGO Lomomba, *L'esclavage moderne. Le droit de lutter*.

Glossaire

BCEAO : Banque centrale des États d'Afrique occidentale

BIMA : Bataillon d'infanterie de marine

CCFD : Comité catholique contre la faim et pour le développement

CEDEAO : Communauté économique des États d'Afrique de l'Ouest

CIPCRE : Cercle international pour la promotion de la création

CNRS : Centre national de la recherche scientifique

CPE : Contrat première embauche

CREDA : Cercle de réflexion sur le développement de l'Afrique

FANCI : Forces armées nationales de Côte d'Ivoire

FMI : Fonds monétaire international

FPI : Front populaire ivoirien

GTI : Groupe de travail international

JEC : Jeunesse étudiante chrétienne

JMJ : Journées mondiales de la jeunesse

JOC : Jeunesse ouvrière catholique

LIDHO : Ligue ivoirienne des droits de l'homme

MEJ : Mouvement eucharistique des jeunes

MPCI : Mouvement patriotique de Côte d'Ivoire

NEPAD : Nouveau partenariat pour le développement de l'Afrique

ONG : Organisation non gouvernementale

ONU : Organisation des Nations unies

ONUCI : Organisation des Nations unies en Côte d'Ivoire

PAS : Programme d'ajustement structurel

PDCI : Parti Démocratique de Côte d'Ivoire

PIB : Produit intérieur brut

PNB : Produit national brut

RDC : République démocratique du Congo

RDR : Rassemblement des Républicains

RTI : Radiotélévision ivoirienne

RUCAO : Revue de l'Université catholique d'Afrique occidentale

UA : Union africaine

UPC : Union des populations du Cameroun

- Pour tous ceux qui travaillent à l'amélioration de l'image de l'Afrique.

- À la mémoire de :

*Raymond Deniel, Luc-Antoine Boumard, Xavier Rousselot et François de Gastines pour qui être avec les Africains, les écouter et les respecter n'étaient pas de simples mots mais un comportement ;

*Boka di Mpasi qui ne supportait pas l'arrogance et la condescendance de certains Occidentaux ;

*Camille Hoguié et Élie-Benjamin Goubo partis avant l'avènement d'une Côte d'Ivoire plus libre et plus démocratique.

« *Rien n'est plus mobilisateur, plus subversif que la pensée. Ce n'est pas un hasard si les dictatures visent en priorité les penseurs.* » (Viviane Forrester)[1]

« *Il faut mettre le feu aux esprits et aux cœurs.* » (Jack Lang, ancien ministre français de la Culture)[2]

---

[1] *Cf. Actualité des religions*, n° 8, septembre 1999, p. 24.
[2] *Cf. Le Nouvel Observateur* du 26 février-3 mars 2004, p. 57.

Préface : Guérir de la haine de soi

C'est un livre utile qu'il m'est agréable de préfacer aujourd'hui. D'abord parce que son auteur est un ami, et que son analyse des situations toujours acérée m'a toujours semblé pertinente. Mais aussi parce que le thème principal qui parcourt L'Afrique refuse-t-elle vraiment le développement ? *est d'une brûlante actualité.*

Jean-Claude Djéréké s'attaque à la vague révisionniste qui traverse une certaine pensée occidentale à propos de l'Afrique. Les responsables des malheurs de l'Afrique seraient les Africains, exclusivement ou presque. Le rappel de l'esclavage et du colonialisme, la dénonciation du néocolonialisme ne seraient que des armes dans les mains des apologistes de la « haine de l'Occident ». Le brûlot raciste de Stephen Smith, Négrologie*, qui a suscité une lame d'indignation assez forte dans le monde noir, n'est que la face émergée d'un iceberg idéologique détestable.*

Jean-Claude Djéréké retourne la question de l'essayiste camerounaise Axelle Kabou, Et si l'Afrique refusait le développement ?*. Ce sont en effet les thèses de Kabou que les afropessimistes occidentaux ont récupérées, aggravées et perverties pour en faire une arme au service des éternels bourreaux du continent, qu'il est désormais question de déculpabiliser.*

Djéréké montre que les Africains ne veulent pas décharger leurs responsabilités sur le dos des autres, et qu'une riche littérature de l'autocritique existe sur le continent. Il montre que les Africains ne sont pas des grands dadais passifs, et qu'une mémoire de l'insoumission traverse nos différents pays. Et il désigne les forces qui font vraiment l'Histoire, qui sont pour l'instant encore plus fortes, comme les vraies instigatrices des malheurs de l'Afrique – le Diable ayant toujours été le maître des démons...

Pourquoi faut-il tailler en pièces les arguments des nouveaux doctrinaires de la négrophobie (selon l'expression de François-Xavier Verschave, B. Boris Diop et O. Tobner) ? Pour les « convertir» à une vision plus juste des réalités africaines ? Non. Ce ne sont pas des imbéciles. Ce sont des théoriciens lucides qui se sont mis volontairement au service d'une cause qu'ils estiment bonne pour les intérêts des leurs. Pour désintoxiquer les « hommes de bien » en Occident ? Peut-être. Jean-Claude Djéréké n'est pas raciste. Il ne classe pas les êtres humains dans des catégories figées – les « Africains », les « Européens », etc. – à qui il assigne des tares collectives et biologiques.

Ceci dit, mettre à nu les mensonges des « négrologues » est d'abord et avant tout urgent pour désintoxiquer les Africains eux-mêmes, pris au piège d'un discours dominateur les enfermant dans la haine de soi. « Nous ne sommes pas guéris, ou pas suffisamment, ... du mépris qui peut aller jusqu'à la haine de nous-mêmes, des nôtres et de tout ce qui en émane », écrit Aminata Traoré, ancienne ministre malienne de la Culture et essayiste. Elle a raison. Un des mystères de l'âme humaine est que, très souvent, le dominé – pris dans une impasse psychologique – reproduit les conditions de sa domination. C'est ainsi que les enfants violés deviennent souvent des adultes violeurs, des enfants battus deviennent souvent des parents violents. C'est ainsi que dans les banlieues européennes ou américaines, plusieurs jeunes Noirs raillent et ridiculisent le modèle de réussite passant par l'école et la citoyenneté équilibrée et plébiscitent l'archétype suicidaire du bad boy. *C'est ainsi que, dans nos rues, on dit des choses aussi horribles que « la saleté ne tue pas le Noir ».*

On ne peut se libérer collectivement des démons extérieurs sans avoir fait un travail sur nos propres démons intérieurs. L'enfant violé doit chasser hors de son être cette voix mensongère qui lui dit que ce qui lui est arrivé est de sa faute – la voix du violeur, qui reste dans son esprit après le crime. Il doit aussi renoncer à « l'innocence systématique » qui lui fera prendre prétexte de sa douleur originelle pour refuser la liberté et la responsabilité. Il doit guérir. Pour cela, il faut qu'il connaisse la vérité. Il faut que les Africains refusent les voix perfides qui veulent les ériger en victimes consentantes... et coupables. Il faut aussi qu'ils sachent que le sentier de la liberté est escarpé mais que c'est le seul qui soit valable.

En battant en brèche les théories qui veulent aggraver la « haine de soi » d'un grand nombre d'Africains, en donnant à tous un inventaire assez documenté des courants idéologiques sur ce sujet, en regardant son pays et son continent avec une rigueur amoureuse et un patriotisme exigeant, Djéréké fait œuvre de libération psychologique. Il montre que nous ne sommes ni des « bons sauvages » ni des « mauvais sauvages » mais des hommes comme les autres qui peuvent faire de leur liberté un usage bon ou mauvais, mais qui doivent être libres. Il montre que notre histoire est en cours, et que nous n'avons pas eu besoin d'avoir des maîtres à penser occidentaux pour réfléchir à notre passé, à notre présent et à notre avenir.

    Abidjan, le 6 décembre 2006.
    Théophile Kouamouo, auteur de *La France que je combats*, Abidjan, Les éditions Le Courrier d'Abidjan, 2006.

Avant-propos

Hormis la recension de l'ouvrage *La Côte d'Ivoire en guerre. Le sens de l'imposture française*, cet essai est une reprise d'articles et de conférences. Écrits entre juillet 2005 et décembre 2006, les articles portent sur des sujets aussi variés que le clergé et le pouvoir politique en Afrique, la participation des Éléphants de Côte d'Ivoire à la XVIIIe Coupe du monde de football, la paix, le 50e anniversaire du *Discours sur le colonialisme* d'Aimé Césaire, l'engagement social de la jeunesse catholique africaine, les 10 ans de Kofi Annan au Secrétariat général de l'ONU, la cohérence en politique, le prix de la liberté, les intellectuels qu'il faudrait à l'Afrique, les 100 ans de Senghor, le pillage des richesses de l'Afrique, etc. Ces articles ont été publiés dans *RUCAO* (Abidjan), *L'Arbre à Palabres* (Paris), *Le Messager* (Douala), *Fraternité Matin* (Abidjan), *Soir Info* (Abidjan), *Le Courrier d'Abidjan* et *La Nouvelle* (Abidjan), revues et journaux que nous remercions infiniment de nous avoir ouvert leurs colonnes. Les conférences sont au nombre de deux. La première fut donnée le 18 juin 2005 à Champigny dans le cadre d'un colloque organisé par le Cercle de réflexion pour le développement de l'Afrique (CRDA). C'est une réponse à tous ceux qui estiment que les Africains sont rétifs au développement. La seconde, *Côte d'Ivoire : Les vrais enjeux d'une fausse guerre ethno-religieuse*, a été prononcée le 23 mai 2006 à Roubaix (France).

Ce que ces articles et conférences ont en commun, ce qui les unit, c'est le refus de l'afro-pessimisme ambiant. Ils soutiennent en effet que l'Afrique n'est pas morte mais momentanément affaiblie et qu'elle est en mesure de se relever pour prendre sa place sur la scène internationale. Ils tordent aussi le cou aux images d'Épinal et aux idées reçues que certains médias et « spécialistes » occidentaux, pour se dédouaner à bon compte, ont coutume de véhiculer pour expliquer le « sous-développement » de l'Afrique.

Modestement, les textes rassemblés ici disent donc notre foi dans la capacité de l'Afrique à connaître le progrès, terme que nous préférons à celui de « développement » qui nous semble ambigu et qui est analysé dans le premier chapitre. Mais à quelles conditions ce progrès se réalisera-t-il ? Quels changements sont-ils nécessaires *ad intra* et *ad extra* ? Quelles ruptures les Africains devront-ils faire pour permettre le décollage de leur continent ? Telles sont les questions auxquelles nous essaierons de répondre.

Pour qui ce livre a-t-il été écrit ? Pour les personnes qui « veulent éviter de juger, de jauger avec condescendance et commisération le continent africain, qui veulent le connaître et commencer à le comprendre dans sa complexité comme dans sa diversité, sans préjugés, sans complaisance, mais avec lucidité, en évitant des jugements à l'emporte-pièce[3] ».

Nous ne saurions terminer cette introduction sans adresser nos sincères remerciements aux amis qui ont partagé et encouragé ces réflexions : Martin Kuengienda (Universités d'Évry et de Créteil), Louis-Magloire Keumayou (Paris), Laurent Dadié (Abidjan), Thomas Diaco (Université d'Ottawa), Daniel et Justine Soumahoro (Abidjan), Dr Patrick Gaumon-Carré (Vitry-sur-Seine), Nathanaël Yaovi Soédé (Université catholique d'Afrique occidentale-Abidjan), Antoine Dover Osongo-Lukadi, Jean-Claude Gnéragbé (Créteil), Brice-Armel Adanhounmé (Montréal), Jean-Pierre Lauret (Abidjan), Bertin Zéhouri (Paris), Charles Assa (Nice), Lucien Dégny Ahui (Paris), Benoît Tanoh, Théophile Kouamouo et Jean-Yves Koupoh (Abidjan), Sidonie Kouyo (Paris), Edmond Djama (Abidjan), Fernand Ballet (Paris), Jean Jonas et Hortense Lallier (Créteil), Marc Togouliga, Louis Sitchet (Augsburg), Célestin Monga (Washington), Martin Essis (Abidjan), Lucien B. Dablé (Bonneuil-sur-Marne)... Il va sans dire que seul l'auteur devrait être tenu responsable des erreurs et imperfections de cet ouvrage.

---

[3]G. Courade, « Avant-propos » de *L'Afrique des idées reçues*, Paris, Belin, 2006, p. 5.

Chapitre I

L'Afrique refuse-t-elle vraiment le développement ?

> « *L'Afrique n'a certainement pas toujours eu droit aux dirigeants qu'elle méritait, mais elle n'a pas non plus connu que des dirigeants malhonnêtes, incompétents et corrompus. Le fait que l'ensemble des États africains soient aujourd'hui confrontés à des difficultés semblables et que celles-ci persistent même en cas de changement d'équipe en dit long sur l'importance et l'impact des facteurs externes dans le sabotage des économies et des démocraties.* » (Aminata Traoré)[4].

Pour Axelle Kabou, si l'Afrique est « sous-développée », c'est parce que les Africains ont des attitudes et des comportements irrationnels (manque de rigueur, d'organisation, etc.)[5]. Son compatriote Daniel Etounga-Manguelle ne se montre pas plus tendre en accusant la société traditionnelle africaine d'être caractérisée par l'emprise du groupe social sur l'individu, par la sacralisation de l'autorité et d'empêcher, de ce fait, les Africains d'assimiler la mentalité scientifique[6]. Quant à Jean-Paul Ngoupandé, ancien Premier ministre de Centrafrique, il n'hésite pas à soutenir que la colonisation a apporté aux Africains administration, écoles,

---

[4] *Cf. Le viol de l'imaginaire*, Paris, Fayard/Actes Sud, 2002, p. 162.
[5] A. Kabou, *Et si l'Afrique refusait le développement ?*, Paris, L'Harmattan, 1991.
[6] D. Etounga-Manguelle, *L'Afrique a-t-elle besoin d'un programme d'ajustement culturel ?*, Paris, Ed. Nouvelles du Sud, 1991.

hôpitaux, routes, chemins de fer, etc.[7] C'est sur ce genre de thèses que s'appuie le journaliste franco-américain Stephen Smith pour écrire que « si l'on remplaçait les 15 millions d'Ivoiriens par autant de Belges ou d'Irlandais, nul doute que la Côte d'Ivoire 'tournerait'[8] ». Ces auteurs et d'autres ont en commun de dénigrer l'Afrique et de sanctifier l'Occident sans nuance, de laisser croire que l'Afrique doit sa situation catastrophique à « sa » paresse. Pour eux, seules l'adhésion au développement occidental et la rupture avec la tradition permettraient aux Africains de combler le « retard » qui les sépare des pays dits développés[9]. Le but de notre propos n'est ni de dire que l'Afrique se porte bien ni de l'innocenter. Car les Africains sont loin d'être irréprochables comme on le verra plus loin. Mais dire qu'ils ont une responsabilité dans ce qui leur arrive signifie-t-il qu'ils sont uniquement malades d'eux-mêmes ? L'Occident est-il totalement étranger à leurs malheurs et souffrances ? D'autre part, le développement occidental n'a-t-il que des aspects positifs ? Enfin, la notion de « retard » appliquée souvent au continent noir est-elle pertinente ? Autrement dit, s'agit-il, pour l'Afrique, de « rattraper » l'Occident ?

---

[7] J.-P. Ngoupandé, *L'Afrique sans la France. Histoire d'un divorce consommé*, Paris, Albin Michel, 2002, p. 111. Nous y reviendrons plus loin dans cette étude.
[8] S. S, *Négrologie. Pourquoi l'Afrique meurt*, Paris, Calmann-Lévy, 2003. Le Sénégalais Boubacar Boris Diop juge cet essai « éloigné de la vie réelle sur le continent » et qualifie l'auteur de « passeur du racisme ordinaire ». Voir, à ce sujet, l'ouvrage qu'il a écrit avec Odile Tobner et François-Xavier Verschave, *Négrophobie*, Paris, Les Arènes, 2005, pp. 66 et 69. Selon O. Tobner, S. Smith n'est pas le seul chantre de ce racisme stupide. Elle cite aussi Bernard Lugan, auteur de *L'Afrique à l'endroit* (Perrin, 1989) et de *God bless Africa* (Éditions Carnot, 2003).
[9] Combler le « retard » de l'Afrique est l'objectif principal du NEPAD (The New Partnership for Africa's development ou Nouveau partenariat pour le développement de l'Afrique) adopté en juillet 2003 à Maputo (Mozambique).

Le drame africain : L'Occident aussi coupable que l'Afrique ?

Avant de parler des responsabilités des Africains, il faut reconnaître que l'Afrique est un continent de paradoxes. Il est en effet paradoxal que nous importions de la viande alors que nous possédons quantité de moutons, de chèvres et de vaches. Deuxième paradoxe : les conditions de vie de nos populations sont devenues plus difficiles qu'avant les indépendances. Et pourtant notre sol et sous-sol sont riches en pétrole, en phosphates, en diamant, en uranium, en or, en fer, en manganèse, etc. Les autres richesses sont le cacao, le café, le coton, le bois, etc., produits par nos paysans mais mal rémunérés par les acheteurs et consommateurs occidentaux malgré les belles déclarations sur la justice et le commerce équitable. Pourquoi, malgré toutes ces richesses, continuons-nous à tendre la main à l'Occident ? Pourquoi la faim, l'ignorance, le sida et certaines maladies qu'on croyait vaincues continuent à y faire des victimes ? Pourquoi l'espérance de vie y diminue année après année ? Pourquoi nombre de villages tardent à y être dotés de routes, d'écoles, d'électricité, de dispensaires et de châteaux d'eau ? Parce que certains dirigeants, aidés par certains diplômés se sont enrichis et ont enrichi leurs familles, ethnies et copains au détriment de la communauté, parce que « nous n'avons pas compris qu'avec toutes les ressources que nous avons, il fallait initier d'autres systèmes économiques, fondés moins sur l'exportation que sur l'utilisation locale des matières premières[10] », parce que le parti unique a anéanti toute créativité et poussé à l'exil bien des intelligences, parce que nous n'avons pas soutenu les rares chefs d'État qui ont voulu résister à l'impérialisme occidental, parce que nos chefs se sont accrochés à de micro-États pendant que les autres peuples étaient en train de constituer de grands ensembles. À cela il faut ajouter « la prise en charge de la parenté empêchant toute capacité d'épargne et tout

---

[10]Elikia M'Bokolo, « L'Afrique doit produire sa propre vision de la mondialisation », *Africultures*, Paris, n. 54, p. 31.

investissement productif[11] », notre tendance à arriver en retard aux réunions et aux rendez-vous, etc.

Pour nécessaire et pour vraie qu'elle soit, cette explication du mal africain ne nous paraît pas suffisante pour la simple raison qu'il n'y a « pas de corrompus sans corrupteurs » (Pierre Péan[12]). Ce que nous voulons dire ici, c'est que les Bokassa, Houphouët-Boigny, Mobutu, Eyadema, Bongo, Sassou Nguesso, Biya, Deby, Compaoré et autres autocrates ont toujours eu la caution et la bénédiction de l'Occident. Ces dirigeants, l'Occident les a choyés, protégés et présentés comme des modèles[13] non seulement parce qu'ils veillaient sur ses intérêts mais aussi parce qu'il « n'est pas de campagne nationale française que l'Afrique n'ait pas soutenu financièrement en distribuant des oboles à tous, sans vrai favoritisme, pour être sûre d'avoir, quoi qu'il arrive, un parent à l'Élysée ou à Matignon[14] ». Comme l'explique Aminata Traoré dans sa lettre ouverte à Jacques Chirac, « le projet initial de libération économique, politique et culturelle de l'Afrique a été largement contrarié par votre politique africaine, dont l'instrumentalisation de la Côte d'Ivoire et de son premier leader, Félix Houphouët-Boigny, a été l'une des composantes[15] ». Il ne me semble donc pas juste d'imputer les difficultés de l'Afrique aux seuls dirigeants africains. Le sociologue togolais Yao Assogba le résume bien dans ce passage :

« C'est le manque de volonté politique et le cynisme des chefs d'État africains eux-mêmes, qui n'ont pas réussi à engager les peuples africains sur la voie du progrès économique et social. Depuis 40 ans, les chefs d'État africains ont une gestion patrimoniale des ressources nationales. Despotes pour la plupart, ils ont néanmoins été courtisés,

---

[11]G. Courade, « Des images en miroir », *L'Afrique des idées reçues, op. cit.*, p. 35.
[12] *Cf. Affaires africaines*, Paris, Fayard, 1983.
[13]Ainsi, Houphouët-Boigny, qui était détesté pendant la colonisation parce qu'il luttait contre l'exploitation des paysans ivoiriens, deviendra-t-il « le sage de l'Afrique » après les indépendances, c'est-à-dire quand il acceptera de laisser les Français piller tranquillement les richesses de la Côte d'Ivoire.
[14]Eric Fottorino, Christophe Guillemin et Erik Orsenna, *Besoin d'Afrique*, Paris, Fayard, 1992, p. 168.
[15]A. Traoré, *Lettre au Président des Français à propos de la Côte d'Ivoire et de l'Afrique en général*, Paris, Fayard, 2005, p. 144.

corrompus et armés par les grandes puissances du Nord afin de maintenir l'échange inégal du système économique mondial[16]. »

C'est aussi l'avis de Jean-Marc Éla qui écrit :

« Bien sûr, la responsabilité des malheurs du continent ne peut être attribuée aux seuls facteurs externes : l'Afrique est aussi 'malade d'elle-même'. Il suffit d'évoquer le pillage organisé par les classes dirigeantes... ou bien les pratiques de redistribution par l'État des ressources à ses courtisans, à partir des mécanismes de prédation qui ont conduit à la ruine de nombreux pays africains, parmi lesquels, bien sûr, le Zaïre du maréchal Mobutu. Mais on ne peut masquer le poids des réseaux mafieux et des lobbies divers qui contrôlent les ressources stratégiques et soutiennent les dictatures corrompues. La plupart des guerres et des conflits qui n'ont cessé d'appauvrir le continent noir ne peuvent se comprendre en dehors des enjeux géopolitiques et économiques que constituent le pétrole, l'uranium et le cuivre, le diamant, le cobalt, l'or ou l'aluminium que se disputent des puissants groupes d'intérêts. Ces appropriations et interventions s'inscrivent dans des systèmes sociopolitiques où les classes dirigeantes manipulent l'ethnicité dans le cadre de leurs stratégies de conquête ou de confiscation du pouvoir. Il est nécessaire de recourir à l'économie politique des ressources du sous-sol africain, comprise dans la dynamique conflictuelle de la globalisation. De même, la paupérisation du continent est inséparable de la criminalisation de l'État et de l'économie, au moment où le FMI et la Banque mondiale utilisent l'arme de la dette pour affaiblir l'État et forcer les Africains à se convertir au marché[17]. »

Odile Tobner abonde dans le même sens quand elle note : « Bongo, Biya et consorts vendent toujours les ressources de l'Afrique pour être riches, dépouillant leurs frères. Mais sans tentateur, pas de traître. Le responsable est bien celui qui se sert des failles d'une communauté pour la détruire. Les traîtres ne sont que ses complices[18]. »

---

[16] *Cf. Le Devoir* (journal canadien) du 3 juillet 2002.
[17] J.-M. Éla, « Refus du développement ou échec de l'occidentalisation ? Les voies de l'afro-renaissance », *Le Monde diplomatique*, octobre 1998, p. 3.
[18] O. Tobner, « Peau noire, discours blanc », *Négrophobie, op. cit.*, p. 58.

Les romanciers : les premiers à fustiger les travers de l'Afrique des indépendances

Avant Kabou, Ngoupandé, Manguelle et d'autres, des œuvres de fiction comme *Vive le président* du Camerounais Daniel Ewande, *Le devoir de violence* du Malien Yambo Ouologuem, *Le Malaise* du Nigérian Chinua Achebe, *Les soleils des indépendances* de l'Ivoirien Ahmadou Kourouma, *L'âge d'or n'est pas pour demain* du Ghanéen Ayi Kwei Armah ou *Le mandat* du Sénégalais Sembène Ousmane ont dénoncé les travers et les dérives de l'Afrique postcoloniale. C'était à la fin des années soixante et au début des années soixante-dix. Le Congolais Sony Labou Tansi prendra brillamment la relève dans les années 1980 avec *L'État honteux* et *L'Anté-peuple*.[19] Nous ne disons donc pas que Kabou et *alii* ont tort d'instruire le procès des Africains. Seulement, nous ne comprenons pas qu'ils ne s'attaquent qu'aux Africains et, fait aggravant, qu'ils mettent gouvernants et gouvernés dans le même sac. Or ce ne sont pas les pauvres populations africaines qui ont provoqué la banqueroute du continent ; ce ne sont pas elles qui ont volé les deniers publics pour ouvrir des comptes dans des banques européennes ; ce ne sont pas elles qui circulent dans de grosses cylindrées sur des routes qui ne demandent qu'un peu de bitume; ce ne sont pas elles qui vont se soigner dans les meilleurs hôpitaux de Paris ou de Genève mais certains de leurs dirigeants. De ce point de vue, Serge Latouche a vu juste en disant que c'est l'Afrique officielle qui a échoué[20]. Le premier reproche que je fais à Kabou et compagnie, c'est donc de rendre toute l'Afrique responsable de ses échecs.

Je leur reproche aussi de présenter la tradition africaine comme un obstacle au « développement ». Or, en prêchant l'oubli du passé, ces auteurs font penser à ceux que l'historien camerounais Achille Mbembe appelle les « zélateurs de l'amnésie [qui ont une] conscience de n'être rien sans [leur]

---

[19] Publiés respectivement en 1981 et en 1983 chez Seuil (Paris).
[20] *Cf. L'Autre Afrique. Entre don et marché*, Paris, Albin Michel, 1998.

maître, de tout devoir à [leur] maître pris, à l'occasion, pour un parent[21] ». Sans exagération, on peut dire qu'une nouvelle étape est franchie dans l'inconscience quand certains Africains, désireux d'être bien vus de leurs maîtres occidentaux ou de bénéficier d'un coup de pouce de la part de ces derniers pour accéder au pouvoir, se mettent à jouer la musique dont raffole aujourd'hui un Occident peu pressé de reconnaître et d'avouer ses nombreux crimes en Afrique : noircir le continent et proclamer que le Blanc n'y est pour rien dans les affres du Noir.

L'Afrique ne veut pas se replier sur elle-même

De même que l'Afrique n'est pas fermée à la critique, elle n'entend pas se replier sur elle-même. Elle ne le peut même pas, tant le monde est devenu un village. Pour elle, « pouvoir entrer en contact direct avec les étrangers est un merveilleux avantage, car il permet à chacun de prendre une certaine distance par rapport à lui-même, de faire la part du naturel et du conventionnel dans ses propres conduites, d'élargir sa pensée à celle des autres[22] ». Mais l'ouverture à l'avenir est-elle synonyme de reniement du passé ? Est-il impossible d'être soi-même avec les autres ? Est-on voué, pour se « développer », d'enterrer sa culture, de se déraciner ? Pourquoi l'universel ne ferait-il pas bon ménage avec le particulier ? Pourquoi ne pas penser avec Césaire que « maintenir le cap sur l'identité, ce n'est ni tourner le dos au monde ni faire sécession au monde, ni bouder l'avenir, ni s'enliser dans une sorte de solipsisme communautaire ou dans le ressentiment[23] » ? En un mot et en reprenant une idée de l'universitaire française Anne-Cécile Robert, pour être respectés et acceptés, les Africains devraient-ils être « les seuls à ne pas avoir au cœur la fierté d'être eux-

---

[21] A. Mbembe, « Le visage hideux des monuments coloniaux », *Le Messager* du 21 mars 2006.
[22] Tzvetan Todorov, *Le nouveau désordre mondial*, Paris, Robert Laffont, 2003, p. 112.
[23] Aimé Césaire, *Discours sur le colonialisme*, Paris, Présence africaine, 2004, p. 92.

mêmes[24] » ? Certains auteurs africains donnent l'impression que le salut de l'Afrique se trouve dans l'oubli ou le mépris de son passé, que tout y est négatif et que les Africains n'auraient rien à offrir aux autres peuples. On peut se demander si ces afro-pessimistes à tous crins savent vraiment de quoi ils parlent quand ils présentent l'Afrique de cette manière. Ne se méprennent-ils pas sur le continent noir ? La réponse est affirmative pour A.-C. Robert qui fait cette révélation à propos de la prétendue lenteur des Africains :

> « Il est vrai que le gain de temps n'est pas une préoccupation majeure dans les sociétés traditionnelles. Refuser la cadence ou la dictature du temps ne signifie pas refuser de travailler ou l'incapacité à travailler sérieusement ou avec dévouement. Cela signifie que l'acte de travail s'inscrit dans un rapport à la vie et à la sociabilité différent... Le travail n'est pas détaché de sa fonction sociale et d'une vision de la société qui n'est pas fondée sur l'accumulation de biens... L'apparente lenteur des choses en Afrique tient à une autre hiérarchie des valeurs... Ce qui compte, ce sont les relations entre les gens, les liens qu'on peut tisser ou entretenir avec autrui. La qualité des échanges interpersonnels prime. C'est pourquoi le rituel des salutations est fondamental : on prend des nouvelles de l'interlocuteur, de ses proches ou de son village. Il est peu fréquent en revanche qu'on vous demande ce que vous faites dans la vie ; c'est même une question choquante pour un Africain qui va plutôt chercher à savoir ce que vous êtes dans la vie[25]. »

Idem pour le travail : Le Noir est-il hostile au travail ? Pour Anne-Cécile Robert, la réponse est non car « il se manifeste, sur le continent noir, une créativité sociale particulière dans laquelle on pourrait puiser pour résoudre les maux d'une planète qui va mal[26] ». On pourrait prendre aussi le cas de la pauvreté. Ceux qui trouvent que l'Afrique est pauvre ne réduisent-ils pas la pauvreté à l'absence de biens matériels alors que « dans les traditions est pauvre celui qui est isolé, qui n'a pas de parents ou d'amis sur qui compter ; celui qui ne s'insère pas dans une communauté humaine, qui ne peut

---

[24] A.-C. Robert, *L'Afrique au secours de l'Occident*, Paris, Les Éditions de l'Atelier, 2004, p. 88.
[25] *Ibid.*, pp. 103-105.
[26] *Ibid.*, p. 102.

compter sur aucun soutien social[27] » ? En Afrique, en effet, l'homme n'est rien sans ses semblables, selon Seydou Badian[28]. On imagine mal qu'une personne puisse vivre isolée ou abandonnée dans cette Afrique. Même les femmes et hommes n'ayant pas pu enfanter ne sont jamais délaissés. Car il y a toujours quelqu'un (une nièce ou l'enfant d'une voisine) pour leur donner un coup de main. Il n'en va pas de même en Occident où de plus en plus de personnes font face à l'isolement. Cet isolement peut avoir des conséquences parfois dramatiques comme lors de la canicule de juillet-août 2003 en France[29]. Peut-on donner en exemple aux Africains une telle société, une société où nombre de personnes âgées sont obligées de faire elles-mêmes leurs courses et où des gens sont découverts en état de putréfaction longtemps après leur décès ? C'est dire que le développement occidental a ses limites. Tout n'y est pas positif. C'est ce qui amène Jean-Marc Éla à écrire :

> « Dans les sociétés africaines, le vrai pauvre est celui qui n'a pas de parenté : l'esprit de famille et le principe de la réciprocité enracinent les rapports économiques dans le maillage des rapports sociaux. Compte tenu du poids de ce cadre social et culturel, les Africains ont tendance à prendre leurs distances à l'égard d'un modèle de développement pour lequel les inégalités socio-économiques sont considérées comme un des véritables moteurs du progrès. Ils remettent en cause une modernisation économique imposant la destruction du lien social. Peu d'Africains sont disposés à assumer une modernité aliénante qui vise à instaurer une manière d'être et d'agir centrée sur l'individualisme propre à l'Occident moderne. L'Afrique ne refuse pas le développement. Elle rêve d'autre chose que de l'expansion d'une culture de mort, d'une modernité aliénante qui détruit les valeurs fondamentales chères à l'homme africain[30]. »

---

[27] *Ibid.*, p. 117.
[28] *Cf. Sous l'orage*, Paris, Présence africaine, 1954.
[29] Environ 15 000 personnes âgées avaient trouvé la mort.
[30] J.-M. Éla, art. cité.

Revoir le concept de « développement »

De ce qui précède, la conclusion se tire d'elle-même : au lieu de taxer les Africains de conservatisme ou de traditionalisme, au lieu de les présenter comme des gens hostiles au développement, c'est le concept de « développement » qu'il importe de revoir. Comme le souligne François Partant, « c'est le concept même de développement qui est faux ou, plutôt, qui est historiquement faussé. Car toutes les sociétés sont développées, même celles qui nous paraissent les plus primitives. Toutes sont en effet le produit d'une évolution de l'espèce. Cette évolution, plus ou moins lente, ne suivait pas nécessairement le même axe et n'avait pas les mêmes résultats politiques sociaux, économiques, techniques, culturels. Mais elle n'en constituait pas moins un développement[31] ». Et on ne peut que donner raison à Alexandre Adande lorsqu'il écrit :

« Il n'existe pas de peuples sans technologie, y compris ceux de l'Afrique (l'Afrique fut, entre autres, à l'origine de l'industrie du fer). Utilisées depuis des millénaires, ces techniques permirent aux Africains de subsister, de s'organiser pour se défendre et mener une existence convenable. Ce système était cohérent et logique, remarquablement bien adapté à des conditions naturelles particulièrement difficiles… L'Africain a su réaliser un équilibre remarquable entre son cadre naturel et la façon d'y vivre. Qu'est-ce que le développement ? Le développement concerne non seulement la mise en valeur des choses – laquelle n'est qu'un moyen -, mais aussi et surtout la satisfaction des besoins, à commencer par les besoins alimentaires des plus déshérités, sans oublier ceux relatifs à la libre expression, à la création et à la prise en charge par l'individu de son propre destin[32]. »

Si « toutes les sociétés sont développées », d'où vient-il que les Occidentaux se réservent le titre de « pays développés » ? Voici la réponse de F. Partant :

---

[31] F. Partant, *La fin du développement. Naissance d'une alternative ?*, Paris, La Découverte/ Maspero, 1982, pp. 27-28.
[32] A. S. Adande, « Tradition et développement au Bénin », *Tradition et développement dans l'Afrique d'aujourd'hui*, Paris, Unesco, 1990, p. 26.

« La société occidentale persiste à penser qu'elle incarne l'avenir de toutes les sociétés. Sa mission civilisatrice s'est transformée en une mission d'aide. Et les sauvages d'hier étant les sous-développés d'aujourd'hui, ceux qui, hier les utilisaient, aujourd'hui les développent. La conception ethnocentriste de l'évolution est donc la même[33]. »

Plus loin, dans le même article, l'auteur précise sa pensée en ces termes :

« Le développement est un projet inspiré par les mêmes idées que la conquête et la domination coloniales. Il répond d'ailleurs aux mêmes intérêts et a les mêmes conséquences que l'exploitation coloniale. Il n'est qu'une fantastique entreprise de mystification, mais qui a cette particularité d'abuser les mystificateurs eux-mêmes[34]. »

Si le développement est un prolongement de la colonisation, que reste-t-il à faire ? Edgar Morin propose que l'on se débarrasse « du terme de développement, même amendé ou amadoué ». Pourquoi ?

« Le développement ignore la souffrance, la joie, l'amour, explique-t-il. Cette idée suppose de façon implicite que le développement techno-économique est la locomotive qui entraîne naturellement à sa suite un développement humain, dont le modèle accompli et réussi est celui des pays réputés développés, autrement dit occidentaux. Cette vision suppose que l'état actuel des sociétés occidentales constitue le but et la finalité de l'histoire humaine. Le développement "durable" ne fait que tempérer le développement par considération du contexte écologique, mais sans mettre en cause ses principes. Dans le développement " humain", le mot humain est vide de toute substance, à moins qu'il ne renvoie au modèle humain occidental, qui certes comporte des traits essentiellement positifs mais aussi, répétons-le, des traits essentiellement négatifs. Aussi le développement, notion apparemment universaliste, constitue un mythe typique du sociocentrisme occidental, un moteur d'occidentalisation

---

[33]F. Partant, art. cité, p. 25.
[34]*Ibid.*, p. 27.

forcenée, un instrument de colonisation des "sous-développés" (le Sud) par le Nord[35]. »

Quelques lignes plus loin, Morin précise sa pensée en ces termes :

« Le développement ignore ce qui n'est ni calculable ni mesurable, c'est-à-dire la vie, la souffrance, la joie, l'amour, et sa seule mesure de satisfaction est dans la croissance (de la production, de la productivité, du revenu monétaire...). Conçu uniquement en termes quantitatifs, il ignore les qualités de l'existence, les qualités de solidarité, les qualités du milieu, la qualité de la vie, les richesses humaines non calculables et non monnayables; il ignore le don, la magnanimité, l'honneur, la conscience... Sa démarche balaie les trésors culturels et les connaissances des civilisations archaïques et traditionnelles ; le concept aveugle et grossier de sous-développement désintègre les arts de vie et sagesses de cultures millénaires. Sa rationalité quantifiante en est irrationnelle lorsque le PIB (produit intérieur brut) comptabilise comme positives toutes activités génératrices de flux monétaires, y compris les catastrophes comme le naufrage de l'Erika ou la tempête de 1999, et lorsqu'il méconnaît les activités bénéfiques gratuites... Le développement ignore que la croissance techno-économique produit aussi du sous-développement moral et psychique : les compartimentations en tous domaines, l'hyper individualisme et l'esprit de lucre entraînent la perte des solidarités[36]. »

Edgar Morin n'est pas le seul à montrer les insuffisances du développement occidental. Serge Latouche, lui aussi, est sévère vis-à-vis de ce développement producteur de « sous développement moral et psychique ». Comment le définit-il ? Pourquoi y est-il opposé ? Que propose-t-il à la place ? Écoutons-le :

« Le concept de développement est carrément un mot 'toxique'... On peut définir le développement comme une entreprise visant à transformer les rapports des hommes entre eux et avec la

---

[35]E. Morin, « Rompre avec le développement. Quelle politique faudrait-il pour qu'une société monde puisse se constituer sur la base d'une confédération civilisatrice ? », *Transversales Science Culture*, Paris, 2002.
[36] *Ibid.*

nature en marchandises. Il s'agit d'exploiter, de mettre en valeur, de tirer profit des ressources naturelles et humaines. La main invisible et l'équilibre des intérêts nous garantissent que tout est pour le mieux dans le meilleur des mondes possibles... Une véritable décroissance est indispensable... Car la pression de l'économie mondiale actuelle sur la biosphère dépasse, et de beaucoup, sa capacité de régénération. Il est plus que douteux que la dématérialisation toute relative de la production suffise dans l'avenir à résoudre les problèmes. Une véritable décroissance de la production physique est indispensable (ce qui ne signifie pas nécessairement un moindre bien-être). Pour sauver la planète et assurer un futur acceptable à nos enfants, il ne faut pas seulement modérer les tendances actuelles, il faut carrément sortir du développement et de l'économicisme[37]. »

Pour le sociologue français, le développement n'est rien d'autre qu'une « poursuite de la colonisation par d'autres moyens ». Il est convaincu que l'objectif inavoué de l'entreprise est « l'occidentalisation de la planète ». D'où son rejet de « l'économicisation et de la technicisation ». D'où aussi ce jugement sans appel : « On peut dire du *développement,* comme du *progrès,* qu'il est une maladie qui se prend pour son propre remède[38]. »

En résumé, on peut dire que le développement réclamé à cor et à cri par certains n'est point désintéressé. Ce qu'il vise, c'est d'amener les peuples non-occidentaux à agir et à être comme les Occidentaux. On a l'impression que c'est cela que Kabou et consorts voudraient : une occidentalisation de l'Afrique. Je trouve cela inadmissible car nous devons « rompre à tous les niveaux, avec le mimétisme, avec l'ensemble des schémas intellectuels et économiques hérités de l'Occident [qui] se sont avérés inadaptés à la résolution de certains de nos problèmes et conduisent fatalement à un développement extraverti[39] ».

---

[37] S. Latouche, « L'antinomie du développement durable », *Transversales Science Culture*, Paris, 2002.
[38] S. Latouche, « Sortir de l'économie, sortir du développement ? Pour en finir avec la marchandisation », conférence-débat prononcée le 5 mars 1999 au Cercle Gramsci.
[39] A. S. Adande, art. cité, p. 27.

Les responsabilités de l'Occident

Ce que je leur reproche enfin, c'est leur refus de pointer les responsabilités de l'Occident. Pour eux, nous n'avons qu'à nous en prendre à nous-mêmes si l'Afrique est plongée dans le marasme. Or de plus en plus de voix à l'intérieur et à l'extérieur de l'Afrique se font entendre pour dénoncer les torts causés par l'Europe à l'Afrique. Ainsi d'Aminata Traoré, ex-ministre de la Culture du Mali. Pour elle, « l'économie néolibérale, prétendument ouverte et le système politique dit démocratique qui l'accompagne imposent à leurs clients États des orientations qui n'ont strictement rien à voir avec ce que les peuples d'Afrique attendent de leurs dirigeants. À partir de là, ce ne sont pas les régimes africains qui sont antidémocratiques : c'est la source dont émanent les recettes économiques et politiques qui est polluée[40] ». Ainsi de Benoît XVI qui, s'adressant au clergé de Rome le 13 mai 2005, déclarait ceci :

« Nous devons reconnaître que, si l'Europe a exporté vers l'Afrique la foi dans le Christ, elle lui a aussi transmis ses propres vices, notamment la corruption et la violence qui ravagent le continent. Nous vendons des armes, nous pillons les richesses de cette terre. Nous, Européens, devons admettre notre responsabilité et notre culpabilité[41]. »

Lors de sa rencontre avec les prêtres de la capitale italienne, le 2 mars 2006, le pape plaidera encore pour le continent africain en fustigeant le comportement des grandes puissances : « L'Afrique continue à être objet d'abus et de nombreux conflits n'auraient pas assumé cette forme si, derrière, ne se trouvaient pas les intérêts des grandes puissances... » Difficile de ne pas voir dans cette prise de position une allusion à ce qui se passe depuis quelques années en Côte d'Ivoire et en République démocratique du Congo où nous assistons à une guerre non pas ethnique mais économique au profit de l'Occident. Le Sénégalais Boubacar Boris Diop

---

[40] Aminata Traoré, *op. cit.*, p. 102.
[41] *Cf. Notre Voie* du 28 mai 2005.

s'inspire justement des crises ivoirienne, togolaise et rwandaise pour critiquer la politique française en Afrique.

« De la Côte d'Ivoire au Togo, observe-t-il, chaque crise africaine est l'occasion de constater l'interventionnisme de la France sur le continent. Elle soutient à bout de bras des régimes dictatoriaux tout en finançant secrètement leurs opposants les plus virulents ; elle entraîne des armées mono-ethniques et prétend veiller, en une sinistre comédie, à la bonne tenue démocratique des chefs d'État africains. Il se trouve simplement que ce sont souvent ses propres fantoches, choisis parmi les éléments les plus bornés et corrompus de la classe politique. Au Rwanda, un pays passé sous son contrôle total à partir de juillet 1973, cela s'est traduit par une complicité de génocide qui a coûté la vie à plus d'un million de personnes. Pendant près d'une décennie, Paris s'est borné à tout nier en bloc avec des arguments dérisoires du genre : 'Les Français ne tenaient pas les machettes'. Mais des témoignages de plus en plus nombreux - recueillis par des citoyens français - sont désormais disponibles. Des soldats de l'opération Turquoise auraient livré des réfugiés tutsi aux tueurs ou même tiré sur eux ou violé des jeunes femmes. C'était en plein génocide, de la part de jeunes gens arrivés tout droit de la « patrie des droits de l'Homme », accessoirement 'fille aînée de l'Église', si on se souvient bien[42]. »

Ne pas diaboliser la tradition

Nous ne voulons pas dire ici que tout est bon dans nos traditions. Nous ne disons pas non plus que les Africains sont exempts de reproches dans les difficultés du continent. Loin de nous l'idée que l'Afrique n'aurait rien à recevoir ou à apprendre de l'Occident. Il nous paraît simplement malsain de canoniser la « modernité » et de diaboliser la tradition, de s'extasier béatement devant le développement occidental, d'en faire une apologie systématique, de faire croire que l'Afrique doit rattraper l'Occident. Pour le dire autrement, nous trouvons ridicule le fait d'être « sous le charme des aspects tape-à-l'œil d'une civilisation technique portée par la magie de la

---

[42] B. B. Diop, « Stephen Smith, passeur de racisme ordinaire », *Négrophobie*, *op. cit.*, p. 91.

communication et le fétichisme du profit[43] ». L'économiste camerounais Célestin Monga a trouvé une belle formule pour qualifier cette obnubilation de certains Africains à croire que tout ce qui est importé, tout ce qui vient de l'Occident, est meilleur ou supérieur : « Le complexe de Meka[44] ». Héros de *Le vieux nègre et la médaille* de Ferdinand Oyono, Meka pensait naïvement que sa décoration par le chef des Blancs ferait de lui l'égal et l'ami du Blanc. Malheureusement, après la cérémonie de décoration, il sera arrêté pour avoir un peu trop bu. Il sera ensuite bastonné et jeté en prison par la police de ceux-là mêmes qui venaient de le décorer. Désabusé et amer, il réalisera alors que la fraternité et l'égalité entre Blancs et Noirs ne sont qu'un leurre. En revenant sur les mésaventures de Meka, notre intention n'est nullement d'inciter à la haine du Blanc. Car il existe, dans la société civile occidentale, des hommes et des femmes qui récusent la manière dont les Africains sont traités par certains dirigeants occidentaux. Le Secours catholique, le Comité catholique contre la faim et pour le développement (CCFD) et *Survie* du regretté François-Xavier Verschave font partie des ONG européennes qui se battent pour plus de justice et de respect à l'égard de l'Afrique. Bref, parce que tous les Blancs ne méprisent ni ne sous-estiment les Noirs, parce que tous n'adhèrent pas à l'occidentalisme, cette vision du monde qui voit dans l'Occident le bien absolu et le mal absolu dans tout ce qui s'oppose à lui[45], notre objectif ici n'est pas de monter le Noir contre le Blanc. Ce que nous voulons simplement souligner, c'est que les Africains qui cherchent à ressembler au Blanc perdent leur temps et ne sont pas à l'abri de la même désillusion que Meka. Car le Blanc se méfiera toujours d'eux. Le philosophe camerounais Fabien Eboussi Boulaga le résume bien quand il déclare :

« L'évolué qui a comblé toutes ses lacunes existentielles... demeure un assimilé, c'est-à-dire une imitation, un simulacre, peu

---

[43] Kä Mana, *L'Afrique va-t-elle mourir ?*, Paris, Cerf, 1991, p. 60.
[44] C. Monga, « Pour une grammaire monétaire africaine. Vaincre le complexe de Meka », *Afrique 2000*, n° 17, avril-mai-juin 1994, p. 61.
[45]*Cf.* L'interview de Théophile Kouamouo dans *Le Courrier d'Abidjan* du 15 mars 2006.

rassurant, ni modèle ni copie fidèle. Il est foncièrement ambigu, toujours capable de renier les valeurs fraîchement acquises, de les trahir. Il peut les pervertir, les détourner de leur sens en les tournant contre la civilisation : l'indigène en lui peut refaire surface et tout détruire. Le mérite est second, toujours précaire. Il ne vaut pas l'hérédité, qui est à l'abri des surprises, qui est sans aléas... À cet égard, le moindre petit blanc ignare, pervers et incapable lui est supérieur[46]. »

Il est fort regrettable que nombre d'Africains continuent à attendre leur salut de l'extérieur, à être enchantés et fascinés par le mythe de l'Occident. Hubert Deschamps avait raison d'écrire à leur sujet : « Le Noir souffre de ce qu'il est, de l'histoire de son peuple, plus exactement de ce qu'il en a retenu : son asservissement... Les Blancs ont réussi à faire que les Noirs ont honte de leur peau. Voilà ce qui me paraît le malaise profond de ce peuple[47]. » Dans l'Afrique d'avant la colonisation, il est vrai que les gens ne disposaient pas d'électricité, de machine à laver, d'eau courante, d'automobiles, etc. Ils n'étaient pas malheureux pour autant. Serge Latouche le met bien en évidence ici :

« Les populations étaient "pauvres" au regard des critères occidentaux, en ce sens qu'elles disposaient de peu de biens manufacturés, mais personne, en temps normal, ne mourait de faim. Après 50 années de développement, c'est chose faite. Mieux, en Argentine, pays traditionnel d'élevage bovin, avant l'offensive développementiste des années 80, on gaspillait inconsidérément la viande de bœuf, abandonnant les bas morceaux. Aujourd'hui, les gens pillent les supermarchés pour survivre et les fonds marins, exploités sans vergogne par les flottes étrangères entre 85 et 95 pour accroître des exportations sans grand profit pour la population, ne peuvent plus constituer un recours[48]. »

Une des causes de la famine, en Afrique, c'est que l'économie de marché a détruit l'économie de subsistance. Or

---

[46]F. Eboussi Boulaga, *La crise du Muntu. Authenticité africaine et philosophie*, Paris, Présence africaine, 1977, p. 19.
[47]H. Deschamps, *Histoire de la traite des Noirs, de l'Antiquité à nos jours*, Paris, Fayard, 1974, p. 315.
[48]*Cf. L'Autre Afrique. Entre don et marché, op. cit.*

Fernand Braudel (1902-1985) a montré que le processus de développement des sociétés s'opère dans une dynamique entre diverses formes d'économie : l'économie de subsistance, l'économie sociale et l'économie de marché, l'économie de marché se développant sur la consolidation des deux premières[49].

Pour un développement intégral et global

Récapitulons tout ce que nous venons de dire. Le développement n'est pas seulement affaire de biens matériels. En ce sens, le prix Nobel d'économie 1998, l'Indien Amartya Sen, a raison d'écrire :

« Le développement peut difficilement être considéré simplement en termes de valorisation d'objets de commodité inanimés tels que la croissance du PNB (ou du revenu personnel), l'industrialisation, le progrès technologique ou la modernisation sociale. Ces derniers sont des accomplissements importants – souvent même d'une importance capitale – mais leur valeur objective doit être dépendante de l'impact qu'ils ont sur les vies et sur les libertés des personnes à qui ils s'adressent[50]. »

Les Africains sont-ils libres lorsque leurs dirigeants ne peuvent pas traiter avec qui ils veulent et que les prix des matières sont fixés à l'extérieur ? Nous pensons aussi que l'Afrique s'accommoderait difficilement d'un développement qui enrichirait une minorité d'Africains (fonctionnaires et politiques) et ne se soucierait pas de l'état dans lequel nous entendons laisser la terre aux générations futures. Comme le résume Alexandre Adande, le développement à bâtir en Afrique doit profiter à tous. Pour cela, la priorité doit être accordée « non seulement au relèvement du niveau de vie du plus grand nombre, des plus démunis, afin de rendre aux hommes leur

---

[49]*Cf.* F. Braudel, *Civilisation matérielle, économie et capitalisme. XVe-XVIIIe siècles*, Paris, Armand Colin, 1979.
[50]Amartya Sen, « Développement : les fondements de la liberté », M. Aubry, *Agir pour le Sud, maintenant ! Pour une autre approche des relations Nord-Sud, op. cit.*, p. 70.

dignité d'hommes, mais aussi à l'amélioration des techniques destinées à faciliter et accroître le travail de l'individu et à lui restituer son environnement tout en le lui rendant plus favorable[51] ». Je ne crois pas non plus que les Africains aspirent à un développement qui ne remettrait pas en cause les programmes d'ajustement structurel (PAS). Or, à en croire Aminata Traoré, les initiateurs du NEPAD ont fait le choix « d'ignorer le lien entre les mesures impopulaires des années 1980 et les explosions de la fin de cette décennie[52] ».

On comprend alors qu'elle considère ledit NEPAD comme « un gigantesque leurre, qui ressemble à un cheval de tige de paille des dirigeants libéraux africains[53] ». Si l'ancienne ministre malienne a montré les insuffisances du NEPAD, c'est à Fabien Eboussi que l'on doit la critique la plus radicale de ce concept. Dans un entretien accordé le 24 mars 2003 à *Ecovox*, le philosophe camerounais estime que la vraie question n'est pas de savoir si le NEPAD « va activer les investissements, drainer des flux financiers qui viendront de ceux qui veulent faire du profit en Afrique [mais] ce que nous pourrions faire sans aide extérieure avec les moyens que nous avons[54] ». Pour mémoire, c'est sur l'arrivée de capitaux étrangers que Abdoulaye Wade s'appuie pour faire la promotion du NEPAD, pour amener les Africains à y adhérer massivement. Dans la vision du président sénégalais, on voit ainsi que c'est l'extérieur qui devrait assurer le financement du NEPAD, ce qui signifie que les donateurs auront leur mot à dire sur les différents projets que les Africains auront à réaliser. On ne sort donc pas de la dépendance. En d'autres mots, le NEPAD n'est qu'une nouvelle forme de dépendance des pays africains vis-à-vis des pays du Nord. Or, pour Eboussi, « il nous faut exister comme ces gens qui sont les seuls à devoir et à pouvoir faire un certain nombre de choses sans dépendre de qui que ce soit... À ce moment, nous serons les sujets de notre histoire[55] ». C'est uniquement à

---

[51] A. S. Adande, art. cité., p. 27.
[52] A. Traoré, *op. cit.*, p. 133.
[53] *Ibid.*, p. 134.
[54] http://www.cipcre.org/ecovox/eco28/rencontre.htm
[55] *Ibid.*

cette condition que le NEPAD pourra être considéré comme une avancée pour l'Afrique.

Il n'est pas enfin certain que les Africains aient envie d'un développement qui ferait table rase de leur patrimoine culturel, qui mépriserait leurs savoirs et savoir-faire. Le développement qui, à mes yeux, pourrait faire leur affaire est un développement intégral et global, c'est-à-dire permettant à chacun de se soigner, d'envoyer ses enfants à l'école, de se nourrir, d'aller où et quand il le veut, de dire ce qu'il pense sans que cela l'expose à la persécution, à la prison ou à l'exil. La capacité, pour un pays, de transformer ses matières premières, de diversifier ses partenaires, de faire ce qui est bon pour lui sans être obligé d'obtenir le feu vert de Paris, de Londres ou de Bruxelles est une autre caractéristique du développement intégral et global. Que faire pour qu'un tel développement advienne en Afrique ?

Laisser l'Afrique écrire elle-même son histoire

Avant toute chose, je voudrais reconnaître que, 46 ans après la décolonisation, nos pays « se trouvent au début du chemin dans la construction d'une authentique indépendance. Car des secteurs décisifs de l'économie demeurent encore entre les mains de grandes entreprises étrangères, qui n'acceptent pas de se lier durablement au développement du pays qui leur donne l'hospitalité, pendant que la vie politique elle-même est contrôlée par des forces étrangères[56] ». C'est le cas, pour ne prendre que l'exemple de l'Afrique francophone, des entreprises françaises Bolloré, Vinci, Bouygues, France Télécom, Total, Elf, etc. C'est peu dire que l'économie de la plupart des anciennes colonies françaises est dominée par ces entreprises. Grâce aux révélations faites par Alfred Sirven et par André Tarallo, lors du procès d'Elf en 2003, on sait aussi que la caisse noire d'Elf a enrichi non seulement certains chefs d'État africains mais des hommes politiques français de droite comme de gauche. Le plus grave avec ces multinationales est leur

---

[56] Jean-Paul II, *Centesimus annus*, n° 20.

ingérence dans la vie politique de nos pays. À cet égard, faut-il rappeler que la compagnie pétrolière Elf a contribué au changement de régime survenu au Congo-Brazzaville en 1997 ? Si les multinationales sont aussi puissantes, si elles peuvent faire partir aussi facilement un président qui ne fait pas leur affaire, il n'est pas étonnant que nos chefs d'État ne puissent être autre chose que des marionnettes, incapables de travailler librement et de mener la politique qui arrange leurs peuples. Il n'est pas non plus surprenant qu'ils laissent les autorités françaises, belges, espagnoles ou britanniques piller les richesses nationales (pétrole, diamant, or, gaz, uranium, etc.) et qu'ils soient incapables de protester quand les entreprises étrangères veulent se voir octroyer sans discussion les gros marchés, etc. Le problème de l'Afrique est là, dans cet impérialisme qui a pour conséquence la clochardisation des populations locales.

C'est toute la question des indépendances qui est posée ici : Quelle indépendance avons-nous eue au début des années soixante ? Une indépendance réelle ou nominale ? Les anciens pays colonisateurs ont-ils accepté de gaîté de cœur la proclamation des « indépendances » africaines ? Ont-ils cessé un seul instant de voir l'Afrique francophone, anglophone, lusophone et hispanophone comme des chasses gardées ? Sont-ils vraiment partis de l'Afrique ? On ne peut que répondre par la négative avec Patrice Lumumba qui, dans une lettre adressée à son épouse peu avant son assassinat, écrivait ceci :

« Ce que nous voulions pour notre pays (aujourd'hui, la République démocratique du Congo), son droit à une vie honorable, à une dignité sans tache, à une indépendance sans restriction, le colonialisme belge et ses alliés occidentaux ne l'ont jamais voulu... Ils ont corrompu certains de nos compatriotes, ils ont contribué à déformer la vérité et à souiller notre indépendance. »

Deux phrases plus loin, dans la même missive, le patriote congolais déplorera que l'indépendance de l'Afrique ait été transformée en « une cage où l'on nous regarde du dehors, tantôt avec compassion bénévole, tantôt avec joie et plaisir[57] ». De son côté, Fabien Eboussi écrit :

« Les indépendances africaines ont été la ratification et la reconduction d'un régime d'hétéronomie... Ces pays qu'on n'appelait plus des colonies le restaient par l'ordination de leur économie aux besoins des anciennes métropoles. Par cette extraversion, on reconduisait la traite, avec ses traités inégaux, ses marchés de dupes (or contre pacotille, hommes contre armes)[58]. »

Le « colonialisme dégradant et honteux » que dénonçait Patrice Lumumba au lendemain des « indépendances » a-t-il disparu de l'Afrique ? Non, si l'on en croit le Prix Nobel d'économie 2001 Joseph Stiglitz qui écrit :

« Concéder l'indépendance aux colonies... n'a pas fait changer d'avis leurs anciens maîtres. Ils se perçoivent toujours comme ceux qui savent. Ils n'ont jamais cessé de soutenir que les nouveaux pays indépendants doivent leur faire confiance et appliquer leurs recommandations... L'après-guerre a vu s'estomper l'influence des anciennes puissances coloniales mais la mentalité colonialiste est restée- la certitude de savoir mieux que les pays en développement ce qui est bon pour eux[59]. »

Je partage entièrement le point de vue de Stiglitz car c'est le même colonialisme intrigant, méprisant et arrogant qui combat aujourd'hui le président zimbabwéen. Certes, je ne prends pas Robert Mugabe pour un saint. On peut critiquer la manière dont il traite l'opposant Morgan Tsvangirai. De plus, il serait difficile de croire qu'il n'a jamais enrichi ses proches avec l'argent de l'État. Cela suffit-il cependant à expliquer pourquoi cet homme, « longtemps considéré comme le chouchou des Occidentaux, honoré de plusieurs distinctions internationales, entre autres pour son action en faveur de la paix

---

[57] Cité par Jean Ziegler, *Main basse sur l'Afrique*, Paris, Seuil, 1980.
[58] F. Eboussi-Boulaga, *Les conférences nationales en Afrique noire. Une affaire à suivre*, Paris, Karthala, 1993, pp. 95-96.
[59] J. Stiglitz, « FMI, la preuve par l'Éthiopie », *Manière de voir*, n° 79, février-mars 2005, pp. 37-38.

et pour l'autosuffisance alimentaire dans son pays, est devenu, du jour au lendemain, infréquentable[60] » ?

D'autres explications sont nécessaires, à notre avis. La première, c'est que Mugabe a « osé s'attaquer à un tabou (la réforme foncière) » en donnant les terres de certains Blancs à des Zimbabwéens. Il est étonnant que ceux qui condamnent cette expropriation oublient de dire que l'aide promise en 1980 par la Grande Bretagne pour soutenir son ex-colonie n'est jamais venue. Il faut dire aussi que Tony Blair en veut au président zimbabwéen parce que ce dernier lui tient tête. En Afrique francophone, Laurent Gbagbo, qui n'est pas sans défauts, eut droit au meilleur traitement que l'on puisse imaginer lors de son premier voyage en France quand l'exécutif était assuré par Jacques Chirac et Lionel Jospin. À l'époque, on ne disait aucun mal de son régime. C'était, pour ainsi dire, le grand amour entre Abidjan et Paris jusqu'au jour où le président ivoirien décida de revoir les accords économiques et militaires au profit de son pays, de traiter avec d'autres pays que la France, de ne pas prendre ses ordres à l'Élysée et à Matignon. Les médias français et les organisations de défense des droits de l'homme furent alors actionnés pour le diaboliser et le vilipender. Lui qui fut victime d'une tentative de coup d'État sera présenté comme bourreau. Pire encore, c'est à lui qu'on demandera de violer la Loi fondamentale que les Ivoiriens se sont librement donnée en 2000 et de faire des choses qu'aucun dirigeant occidental ne pourrait accepter chez lui : prendre des terroristes dans son gouvernement, cohabiter avec un Premier ministre sorti de nulle part, ne pas inquiéter les journalistes qui font ouvertement l'apologie de la rébellion, etc.[61]

Avant Laurent Gbagbo, les Camerounais Félix Moumié et Ruben Um Nyobè furent éliminés par l'impérialisme. Ce fut ensuite le tour du Togolais Sylvanus Olympio et du Burkinabè Thomas Sankara de faire les frais de l'impérialisme français en 1963 et en 1987. On décrivait ces deux leaders comme des présidents antifrançais. En réalité, Paris appréciait peu leur

---

[60] Francis Kpatindé, « La doctrine Mugabe », *J.A/ L'Intelligent*, n° 2287 du 7 au 13 novembre 2004, p. 85.
[61] Voir notre essai *Fallait-il prendre les armes en Côte d'Ivoire ?*, Paris, L'Harmattan, 2003.

indépendance d'esprit. On sait, par exemple, qu'Olympio voulait mettre en compétition les entreprises allemandes, françaises et britanniques par appels d'offres internationaux et qu'il avait l'intention de sortir de la zone franc[62]. Quant à Sankara, il trouvait inutiles les sommets franco-africains qui rassemblent plus de participants que les rencontres de l'Union africaine. Mais ce qu'il désirait surtout, c'est que ses compatriotes apprennent à produire et à consommer burkinabè. Bruno Jaffré écrit à ce sujet :

« La révolution s'entendait ici par le développement des forces productives, la modernisation et la rationalisation de l'agriculture, le développement de filières, la mise à sa place d'un circuit de commercialisation qui libère les paysans de l'emprise des commerçants spéculateurs mais aussi la formation des paysans, l'alphabétisation et la lutte contre la chefferie[63]. »

Une telle révolution ne pouvait que déranger ceux qui considèrent l'Afrique comme un débouché naturel pour leurs produits. Sankara voulait que les choses changent, que l'Afrique se prenne enfin en charge au lieu d'être assistée, que les Africains cessent de tendre la sébile et retrouvent leur liberté et dignité. Ce combat pour une Afrique debout et libre ne plaisait pas à ceux qui veulent nous voir éternellement couchés et dépendants. A.-C. Robert en rend bien compte quand elle écrit :

« Cette quête d'une véritable indépendance était très courageuse et ne pouvait qu'incommoder les anciennes puissances coloniales. Et ce n'est sans doute pas un hasard si le président François Mitterrand, qui n'a jamais remis en cause la « Françafrique », ne manifesta de colère qu'envers un seul chef d'État africain : Thomas Sankara. Par contraste, l'image du Maréchal Mobutu, dictateur criminel s'il en fut, assis près du dirigeant français sur le parvis des droits de l'homme à Paris, lors du bicentenaire de la

---

[62]*Cf.* Jean-Baptiste Akrou, « Démocratie familiale et tribale », *Fraternité Matin* du 21 avril 2005.
[63]B. Jaffré, *Thomas Sankara*, Paris, L'Harmattan, 1997.

Révolution de 1789, représente le symbole, à la fois pathétique et tragique, de la trahison du discours de Cancun de 1982[64]. »

L'Afrique n'a pas été toujours résignée

J'ai donné ces différents exemples pour montrer que l'Afrique subsaharienne n'a pas toujours été silencieuse, qu'elle a connu des hommes et des femmes qui voulaient la tirer en avant, que de ses entrailles sont sortis des résistants, des hommes et des femmes qui voulaient le bonheur pour tous mais qui en ont été empêchés parce qu'ils ne faisaient pas l'affaire de l'Occident. Comme le dit Daniel Tchapda, « l'Afrique des décennies quarante, cinquante et soixante est une Afrique tumultueuse, une Afrique volontaire[65] ». Un avis que confirme Célestin Monga pour qui « la mémoire de la rébellion [en Afrique] est très largement antérieure à la crise économique[66] ». Il est donc faux de dire que les Africains n'ont jamais aimé leur continent ou qu'ils sont des « citoyens apathiques biologiquement habitués à l'autoritarisme et préoccupés uniquement par la satisfaction de leurs besoins économiques[67] ». La vérité est que les anciens pays colonisateurs ne se sentent à l'aise qu'avec des présidents béni-oui-oui en Afrique, qu'ils n'aiment, n'encensent et ne laissent en paix que ceux qui les suivent aveuglément. En ce sens, ce qui se passe en Côte d'Ivoire depuis septembre 2002 est très instructif. La crise ivoirienne montre en effet que les chefs d'État africains qui voudront s'affranchir de la tutelle occidentale le paieront au prix fort. C'est le sens de l'analyse

---

[64] A.-C. Robert, *op. cit.*, p. 133.
[65] D. Tchapda, « De l'engagement politique ou philosopher en Afrique en changeant de mode », http://*www.arts.uwa.edu.au/MotsPluriels/*
[66] *Cf. L'anthropologie de la colère. Société civile et démocratie en Afrique noire*, Paris, L'Harmattan, 1994, p. 138.
[67] *Ibid.*

d'Aminata Traoré lorsqu'elle s'adresse à J. Chirac en ces termes :

« Votre attitude à l'égard de l'équipe en place en Côte d'Ivoire n'est-elle pas faite pour décourager toute remise en question du *statu quo* ? Aussi sommes-nous nombreux aujourd'hui à regretter la plupart de ces pères des indépendances que certains d'entre nous avaient commencé à juger sévèrement et à condamner, en se référant à vos normes économiques et politiques. Nous rendons un hommage particulier à ceux qui, du nord au sud du continent, ont su résister-comme Patrice Lumumba, Modibo Keita, Kwame Nkrumah, Ahmed Ben Bella, Gamal Abdel Nasser, Amilcar Cabral, Thomas Sankara... Ils ont, pour la plupart, été qualifiés de dictateurs avant d'être déstabilisés, quand ils n'ont pas payé de leur vie l'audace d'avoir résisté[68]. »

Autrement dit, tout porte à croire que les présidents désireux de gouverner tranquillement en Afrique sont obligés de faire la politique qui arrange non pas les populations africaines mais les anciens colonisateurs. Car, si certains présidents sont inamovibles en Afrique francophone, ce n'est sûrement pas parce que leurs compatriotes sont satisfaits de leur gestion des affaires de l'État mais uniquement parce qu'ils sont les bons gardiens des intérêts d'une certaine France[69]. Or l'Organisation des Nations Unies (ONU) reconnaît le droit qu'a tout peuple de s'autodéterminer. Le droit de s'assumer est aussi une exigence de la démocratie dont les pays occidentaux aiment tant se vanter. T. Todorov le rappelle ici :

« La démocratie signifie que chaque peuple est souverain, qu'il a donc aussi le droit de définir pour lui-même le Bien, plutôt que de se le voir imposer du dehors. Par conséquent, lorsque les

---

[68] A. Traoré, *Lettre au président des Français...*, *op. cit.*, p. 118.
[69] Eyadema faisait partie des présidents-gardiens des intérêts d'une certaine France en Afrique francophone. Il est décédé le 5 février 2005 après 38 ans de règne sans partage. Alors que l'Union africaine, la Communauté économique des États d'Afrique occidentale (CEDEAO) et l'administration Bush exigeaient le départ de son fils du pouvoir, la France n'avait pas de position claire. Après avoir manipulé certains présidents de l'Afrique de l'Ouest, elle obtint finalement le remplacement, de façon « démocratique », du père par le fils. Quelle honte !

puissances occidentales conduisent leurs guerres coloniales au nom de la démocratie dont elles se veulent l'incarnation, les moyens utilisés annulent le but poursuivi. Comment peut-on promouvoir la dignité humaine des autres si on ne les laisse pas décider de leur propre système ? Si on impose la liberté aux autres, on les soumet ; si on leur impose l'égalité, on les juge inférieurs[70]. »

Au total, si nous voulons savoir pourquoi l'Afrique tourne en rond depuis quatre décennies, nous devons prendre en considération le fait que nos dirigeants ne sont guère libres et qu'ils ne sont appréciés que s'ils sont capables de permettre que la fameuse « coopération » entre l'Europe et l'Afrique bénéficie davantage aux anciennes puissances coloniales qu'aux Africains. Nous ne disons pas cela pour cautionner l'incurie et la médiocrité que certains chefs d'État africains étalent jour après jour mais pour insister sur la chose suivante : s'il est indéniable que l'Afrique a connu les Bokassa, Mobutu, Macias Nguema..., elle a été aussi dirigée par des hommes qui ont montré que, s'ils étaient arrivés au pouvoir, ce n'était ni pour être au service de l'Occident, ni pour devenir des milliardaires avec des châteaux et des comptes bancaires bien garnis à l'étranger mais dans le seul but d'améliorer un tant soit peu les conditions de vie et de travail des populations africaines. Malheureusement ces présidents-là ont été empêchés de travailler[71]. Certains ont été renversés ; d'autres, assassinés. Et ce n'est pas tout car la fameuse aide a plus profité aux prétendus donateurs qu'à ceux qui étaient censés la recevoir. En ce sens, l'ONG « Alliance Sud », basée en Suisse, ne s'est pas trompée en écrivant :

« Quatre décennies de développement selon les règles définies par les gouvernements occidentaux ou le FMI et la Banque mondiale n'ont pas été concluantes : en effet, l'aide a jusqu'ici davantage correspondu aux agendas géopolitiques des donateurs ou servi aux anciennes puissances coloniales à maintenir leur influence dans leurs anciens prés carrés[72]. »

---

[70] Tzvetan Todorov, *op. cit.*, pp. 31-32.
[71] Aminata Traoré, *Lettre au président des Français...*,*op. cit.*, p. 117.
[72] Http://www.alliancesud.ch/français/pagesnav/framesE4.htm ?D&D_DmRe.htm.

On aurait donc tort de voir dans les crises africaines une incapacité des Africains à gouverner ou à vivre ensemble avec leurs différences ou la volonté d'une ethnie d'en découdre avec une autre. Les Occidentaux qui distillent ce genre de mensonges savent dans quel but ils le font : empêcher les Africains de comprendre les vraies raisons de leur « sous-développement ». Interrogé sur le rôle de la France dans la crise ivoirienne, Mgr Adrien Sarr, archevêque de Dakar, donnait justement cette réponse :

« Les crises africaines ne s'expliquent pas uniquement par les faiblesses des Africains eux-mêmes. Elles s'expliquent aussi par des interventions étrangères sournoises, que nous ne voyons pas toujours. Nous sommes victimes de certains grands jeux de la géopolitique mondiale. J'en suis persuadé. Et je dis que la base de tout cela souvent, ce sont nos richesses et, deuxièmement peut-être, certaines positions stratégiques qu'on veut occuper dans nos pays afin de pouvoir mieux gérer nos sols, etc. Je suis persuadé que les crises africaines ne s'expliquent pas seulement par les carences des pays africains, mais aussi par une mauvaise volonté et des manœuvres mal intentionnées[73]. »

On aurait également tort de regretter la fin de la colonisation car, nous apprend l'historien ivoirien Simon-Pierre Ekanza, « l'objectif fondamental du colonisateur a été, non pas la mise en valeur des colonies, mais au contraire leur exploitation, au profit du développement de la Métropole[74] ». Ce point de vue est corroboré par le journaliste tunisien Béchir Ben Yahmed lorsqu'il raconte :

« Ce n'était pas l'apartheid afrikaner qui sévissait en Afrique du Sud, mais, fondé sur la force, l'inégalité et le mépris, le système colonial français y ressemblait beaucoup – et les résultats étaient, en tout cas, comparables. Ceux qui, comme moi, ont vécu la fin de cette triste période et lutté pour que le colonialisme retourne d'où il était venu sont en mesure de témoigner que, si la colonisation a pu avoir

---

[73] *Cf. Fraternité Matin* du 21 février 2006.
[74] S.-P. Ekanza, *L'Afrique au temps des Blancs (1880-1935)*, Abidjan, Les Éditions du CERAP, 2005, p. 171.

des aspects positifs, c'était soit 'à l'insu de son plein gré', soit par inadvertance, soit grâce à quelques individus exceptionnels en lutte, souvent intérieure, contre ce système colonial dont ils faisaient partie[75]. »

Ce qu'il convient de retenir ici, c'est que l'Afrique ne pourra jamais progresser tant que les dirigeants occidentaux voudront avoir leur mot à dire sur les personnes qui doivent la gouverner[76]. Certains anciens pays colonisateurs craindraient-ils de perdre leur puissance et leur grandeur en arrêtant de s'immiscer dans les affaires de leurs anciennes colonies ? Peut-être, mais ces pays-là devraient comprendre que la vraie grandeur et la vraie puissance, ce n'est pas d'avoir en face de soi des présidents dociles et médiocres mais des gens capables de réfléchir et de décider par eux-mêmes. Si l'Occident veut se faire respecter en Afrique, ce n'est donc pas en traitant avec des pantins mais en consentant à travailler avec des hommes et des femmes libres et sans complexe, en aidant l'Afrique à transformer elle-même ses matières premières, en la laissant décider par et pour elle-même, en arrêtant de croire qu'il nous connaît et nous aime mieux que nous-mêmes. Sur ce point, Laurent Gbagbo a raison de déclarer :

« L'Occident a un problème avec les autres mondes. Quand on écoute les gens parler de nos problèmes, il y a parfois tellement d'arrogance. Je ne comprends pas que des gens puissent croire qu'ils aiment nos pays plus que nous, qu'ils connaissent nos pays plus que nous. Et ça, c'est à la base de beaucoup de difficultés dans nos rapports... On est plus pauvre. C'est vrai. On est certainement moins puissant. Mais cela ne peut pas conduire certains à penser qu'ils connaissent nos pays mieux que nous-mêmes[77]. »

Tous ceux qui sont opposés à l'impérialisme doivent amener les dirigeants et l'opinion publique occidentaux à comprendre que l'impérialisme est l'ennemi principal de

---

[75] *Cf. Jeune Afrique*, n° 2357, du 12 au 18 mars 2006, p. 4.
[76] Voir notre ouvrage *Changer de politique vis-à-vis du Sud. Une critique de l'impérialisme occidental*, Paris, L'Harmattan, 2004.
[77] *Cf. Le Figaro* du 9 mars 2006.

l'émancipation de l'Afrique et que l'Afrique se portera mieux le jour où elle sera déliée des chaînes de l'impérialisme.

Délier enfin l'Afrique

Un des textes que j'aime beaucoup dans les évangiles est la résurrection de Lazare. Après avoir commandé à ce dernier de sortir du tombeau, Jésus dit à la foule : « Déliez-le et laissez-le aller[78]. » Lazare avait en effet les pieds et les mains liés de bandelettes et son visage était enveloppé d'un suaire. L'Afrique d'aujourd'hui peut être comparée à Lazare dont les mains et les pieds étaient liés. Nous pensions que l'Europe nous avait déliés au début des années soixante. En réalité, nous avons eu droit à des indépendances factices. Notre tâche aujourd'hui est de nous battre pour la vraie indépendance. L'Europe jalouse de sa liberté doit délier l'Afrique en cessant de s'ingérer dans ses affaires internes, en arrêtant de faire et de défaire les présidents en Afrique. En refusant en mars 2003 de suivre George W. Bush en Irak pour bombarder Saddam Hussein, le président français montra que son pays pouvait dire non à la première « puissance » mondiale. Pourquoi cette France qui eut raison de résister à Bush veut-elle des présidents assujettis en Afrique ? Pourquoi veut-elle décider à la place des Africains ? Seuls les politiques français sont à même de répondre à ces questions. Pour ma part, je pense que l'Europe a intérêt à devenir moins arrogante et moins impérialiste pour substituer le partenariat au tutorat. Et plus tôt elle le fera, moins tendues seront les relations avec ses ex-colonies en Afrique et plus notre monde aura de chances de vivre en paix. Car il n'est pas certain que les Africains accepteront d'être indéfiniment exploités, dominés et humiliés. Il faut plutôt craindre avec Aminata Traoré que, « dépossédés des richesses de nos sols et sous-sols, de nos savoirs et savoir-faire, nous ne serons plus dans un

---

[78] Jean 11, 44.

proche avenir que des peuples qui se saisiront des armes justes pour survivre[79] ».

Briser le joug de la dette

Comme l'impérialisme, la dette est un autre joug à briser. L'annulation en 2005 d'une partie de cette dette par le G8 fut un réel soulagement pour nombre de pays qui, ces dernières années, avaient pris l'habitude de consacrer peu de ressources à la construction des routes, des hôpitaux et des écoles. Un pays comme la Zambie était obligé de consacrer quatre fois plus d'argent à régler sa dette qu'à l'éducation et à la santé[80]. Le geste posé par les pays membres du G8 mérite évidemment d'être salué mais il reste insuffisant car d'autres jougs attendent d'être brisés. Par exemple, les subventions agricoles. À ce propos, Christian Losson révèle qu'une vache européenne reçoit chaque année une aide 120 fois supérieure à celle qui est accordée à un Africain. Il y a également les subventions à l'exportation qui déstabilisent les agricultures du Sud et condamnent des millions de personnes à la pauvreté et à la misère. Il est réjouissant que des organismes non-africains comme le CCFD attirent régulièrement l'attention sur ces questions cruciales. Je pense, par exemple, à sa campagne de 2004 sur le thème « l'Europe plume l'Afrique[81] ». Pourquoi les poulets sénégalais, burkinabè ou camerounais, malgré leur réputation, sont-ils désormais délaissés par leurs consommateurs habituels[82] ? Pour le CCFD, « la production de volaille en Afrique, qu'elle soit familiale ou semi-industrielle, se trouve concurrencée par des importations massives de découpes de volailles congelées en provenance d'Europe, mais

---

[79] A. Traoré, *op. cit.*, p. 89.
[80] *Cf. Libération* du 13 juin 2005, p. 30.
[81] *Cf.* Jean-Marie Fardeau, « L'Europe plume l'Afrique », *Faim-Dévelopement Magazine*, n° 197, octobre 2004, p. 3.
[82] Jean-Marie Fardeau et Jean-Louis Viejalus, « Arrêtons de plumer le Sud », *Alternatives internationales*, n° 17 bis, octobre 2004, p. 3.

aussi du Brésil ou de Thaïlande[83] ». Ces importations dont le volume a été multiplié par dix en cinq ans au Sénégal ont, selon lui, pour conséquence directe « l'arrêt de la production de milliers de petites unités avicoles, la destruction d'emplois et l'appauvrissement des petits éleveurs africains ». Émerge alors la question : « Quel est ce monde qui, unanimement, dit vouloir lutter contre la pauvreté et, dans le même temps, organise la pauvreté et la sous-alimentation pour ses paysans et ses éleveurs les plus petits et les plus fragiles[84] ? » Le paysan béninois, burkinabè, camerounais ou tchadien peut-il s'en sortir si les États-Unis refusent d'examiner « les conséquences sur les paysans d'Afrique de leurs subventions aux producteurs de coton américains » et si l'Union européenne tient à « des négociations sur les sujets dits de Singapour (investissements, concurrence, marchés publics) » auxquels les pays du Sud étaient opposés en 2003 à Cancun[85] ? C'est dire que les choses ne sont pas aussi simples que certains le pensent à propos du « sous-développement » de l'Afrique. Ne s'en prendre qu'aux Africains me semble trop facile, voire simpliste. Ne faudrait-il pas dire que le Nord ne veut pas voir le Sud progresser ? Oui, et si l'Occident refusait le développement de l'Afrique ?

Poser la question en ces termes ne signifie pas céder à la résignation. Car je crois avec l'historien burkinabè Joseph Ki-Zerbo que « si nous nous couchons, nous sommes morts[86] ». Les Africains doivent se mettre non seulement debout mais ensemble pour lutter contre l'impérialisme, pour réclamer l'annulation totale de la dette, pour parler haut et fort car, si ce monde est dangereux, ce n'est pas « à cause de ceux qui font le mal, mais à cause de ceux qui savent et qui se taisent », disait le physicien Albert Einstein. Quiconque aime un tant soit peu ce continent ne peut se taire devant le spectacle de pays et de peuples ayant les pieds et les mains attachés, n'ayant pas la

---

[83] *Ibid.*
[84] *Ibid.*
[85] Harlem Désir, « L'Europe et l'agenda positif pour une autre mondialisation », Martine Aubry, *Agir pour le Sud, maintenant !*, Paris, Éditions de l'Aube, coll. Proposer , 2005, p. 95.
[86] *Cf. À quand l'Afrique ? Entretien avec René Holenstein*, Paris, Éditions de l'Aube, coll. Aube de Poche, 2004.

liberté de mener leur propre politique et incapables d'agir comme ils souhaiteraient. Nous ne pouvons pas nous résigner à l'impérialisme et à l'injustice des Occidentaux. Mandela disait :

« Comme l'esclavage ou l'apartheid, la pauvreté n'est pas naturelle ; elle est faite par l'homme et peut être éradiquée par les actions des êtres humains. »

L'impérialisme, non plus, n'est pas une fatalité. Les Africains et les vrais amis de l'Afrique peuvent y mettre fin s'ils veulent remettre l'Afrique sur les rails. De ce point de vue, je trouve fort intéressante la double proposition d'Yves Hardy. Pour lui, si on veut « mettre un terme à cet ensemble de complicités malsaines », il faut premièrement « privilégier l'engagement à l'échelon européen, plutôt que le tête-à-tête souvent chargé d'ambiguïtés entre l'ancienne puissance coloniale et l'un ou l'autre de ses administrés d'antan ». Sa seconde proposition est la suivante : « redonner du lustre au pouvoir législatif car, constate-t-il, « la politique africaine – éclatée en de multiples lieux de décision (cellule élyséenne, quai d'Orsay, coopération, Bercy...) – n'est toujours pas soumise à la vigilance parlementaire[87] ». Si la Françafrique a été jusqu'ici quelque chose de nuisible, alors de quoi les Africains ont-ils besoin ?

---

[87] Y. Hardy, « Tourner la page de la 'Françafrique' », *Faim-Développement Magazine* (bulletin du CCFD), n° 217, décembre 2006, p. 13.

Chapitre II

De quoi les Africains francophones ont-ils besoin aujourd'hui ?

> « *Nous avons besoin de partenaires et non de patrons de nos ressources.* » (Evo Morales, président bolivien)[88]

> « *Ce n'est pas parce que les choses sont difficiles que nous n'osons pas ; c'est parce que nous n'osons pas qu'elles sont difficiles.* » (Sénèque)

Comment Jacques Chirac est perçu

Jacques Chirac laissera-t-il le souvenir d'un grand président ? Non, selon Franz-Olivier Giesbert qui n'hésite pas à le décrire ainsi :

« Jamais un innovateur ni un dérangeur... Il n'a pas su attacher son nom à une grande cause. Il s'est dispersé dans l'humanitaire et la compassion en donnant l'impression... de surfer sur la vague. Ce fut le cas, notamment, quand il a proposé la taxe sur les billets d'avion pour financer les achats de médicaments dans les pays pauvres. Une mesure gadget et populaire, autant dire chiraquienne[89]. »

---

[88]*Cf. L'Humanité* du 15 mai 2006.
[89]*Cf. La Tragédie du président. Scènes de la vie politique 1986-2006*, Paris, Flammarion, 2006, pp. 404-405.

De son côté, Claude Imbert estime que, « dans une démocratie honorable, un pouvoir retoqué sur le non à l'Europe, remué par l'émeute des banlieues, humilié par l'enterrement du contrat première embauche, éclaboussé enfin par Clearstream, un tel pouvoir eût plié bagage[90] ». Les journalistes étrangers ne sont pas en reste. Ainsi de Gerd Kröncke du *Süddeutsche zeitung*. Voici le portrait que le journaliste allemand dresse de l'ancien maire de Paris :

« Après les 80 % de voix enregistrées aux élections de 2002, Chirac aurait pu devenir un grand président... Il n'est aujourd'hui qu'une figure pitoyable. Il n'a pas réussi à se positionner au-dessus des partis et des petites intrigues de la vie politique... Il a gâché tant de potentiel. Pendant un court moment, quand nous étions tous réunis sur la Place de la République le soir de son élection, nous avons pensé : il va changer. Il va devenir un autre président. Mais il est resté celui qu'il n'a jamais cessé d'être : un homme prisonnier de ses petites affaires minables. Il essaie d'imiter la grandeur mais les Français ne sont pas dupes. Il n'y a qu'un seul moment au cours de son mandat où Jacques Chirac a été à la hauteur de sa fonction. C'est quand il a été le premier président à reconnaître en 1995 la responsabilité de l'État français dans les rafles de juifs pendant l'Occupation. Cette Ve République n'a connu qu'un seul grand président : de Gaulle... Et ce n'est pas un hasard si de Gaulle a été le seul à démissionner quand il s'est rendu compte que son peuple ne le soutenait plus[91]. »

Trois réquisitoires qui ne sont pas sans rappeler les critiques acerbes de Denis Jeambar[92] et de Laurent Mauduit[93]. Mais les journalistes ne sont pas les seuls à évoquer la « misérable » présidence de Chirac. Les hommes politiques se sont mis, eux aussi, dans la danse. C'est le cas de François Hollande qui, reconnaissant que « l'image de la France est gravement altérée et la confiance de la Nation en ses dirigeants ruinée », se demande « comment l'État a pu tomber si bas ». C'était le 2 mai 2006 à l'Assemblée nationale. Bayrou - l'autre François- enfoncera le clou trois semaines plus tard. En effet,

---

[90]*Cf. Le Point* du 25 mai 2006, p. 3.
[91]*Ibid.*, p. 40.
[92]*Accusé Chirac, levez-vous !*, Paris, Seuil, 2005.
[93]*Jacques le Petit*, Paris, Stock, 2005.

bien que de droite comme Jacques Chirac, le président de l'Union pour la démocratie française ne se gênera pas pour dire que Chirac est un « chef africain pour qui faire de la politique se résume à concentrer le pouvoir entre ses mains et celles de ses proches, arranger des coups, tuer politiquement, dans le but unique de contrôler le quartier général[94] ».

Pour une nouvelle relation entre la France et l'Afrique

Où veux-je en venir ? Pourquoi ce détour par la politique française ? Pour stigmatiser l'idiotie et la déraison de certains Ivoiriens - ceux qui ont profité avec la France officielle des richesses de la Côte d'Ivoire entre 1960 et 1999 et veulent revenir au pouvoir par tous les moyens. Idiotie et déraison parce que ces Ivoiriens demandent avec Jacques Chirac la suspension de la Constitution ivoirienne[95] et la mise sous tutelle de leur pays, parce qu'ils cherchent un nouveau souffle auprès d'un pouvoir lui-même à bout de souffle en France, parce qu'ils n'ont pas honte de courber l'échine devant un régime lui-même couché, parce qu'ils s'accrochent de toutes leurs forces à une barque qui prend l'eau de toutes parts, parce qu'ils auraient préféré, le 6 septembre 2006, que Charles Konan Banny remette la démission de son gouvernement à l'ONU plutôt qu'à Laurent Gbagbo.
  Cette politique de l'agenouillement devant le gouvernement de J. Chirac est indigne. D'abord, parce que la Côte d'Ivoire a organisé les élections d'octobre 2000 avec les deniers des Ivoiriens sous feu Robert Gueï ; ensuite parce

---

[94]*Cf. Le Point* du 25 mai 2006, p. 40.
[95]Le 1ᵉʳ novembre 2006, grâce à la Chine, à la Russie, aux États-Unis et à la Tanzanie, le Conseil de sécurité de l'ONU a dit non à cette proposition indécente. Huit jours plus tard, à Colombey-Les-Deux-Églises, à l'occasion du 36ᵉ anniversaire de la mort du général de Gaulle, le président français défendra la Constitution française et mettra en garde « ceux qui, par ignorance ou par calcul, voudraient ébranler cet édifice ». *Cf.* Antoine Guiral, « Quand Chirac dit : pas touche à la Vᵉ République », *Libération* du 10 novembre 2006. Voir aussi Safiatou Ouattara, « Respect de la Constitution. Chirac rejoint Gbagbo », *Le Matin d'Abidjan* du 10 novembre 2006.

qu'elle a connu le budget sécurisé quand le ministère de l'Économie et des Finances était dirigé par Paul-Antoine Bohoun Bouabré ; enfin parce que l'État ivoirien continue à payer ses fonctionnaires grâce aux bénéfices réalisés par les principales régies financières (Douane, Impôts et Trésor) depuis qu'elle a été lâchement attaquée par un ramassis de voyous et de drogués. Bref, la Côte d'Ivoire digne et résistante n'a pas besoin de mendier de l'argent pour organiser la présidentielle d'octobre 2006 (si cette dernière n'est pas reportée ou empêchée par une énième tentative de coup d'État). En effet, la Côte d'Ivoire n'a pas besoin de tendre la main pour 200 milliards de F. CFA alors que 40 milliards de F. CFA volés dans les agences de la BCEAO à Bouaké et à Korhogo dorment dans des comptes à Dubaï et à Beyrouth après avoir été blanchis au Sénégal, selon Amath Dansokho, le secrétaire général du Parti de l'indépendance et du travail[96]. La seule chose dont nous ayons besoin, aujourd'hui, c'est d'une nouvelle relation avec la France. À ce propos, même s'il faut rester prudent car on a encore en mémoire l'exemple de Jean-Pierre Cot qui fut viré du ministère de la Coopération dans le premier gouvernement de François Mitterrand pour avoir voulu secouer le cocotier françafricain, Nicolas Sarkozy a bien perçu les choses pendant son voyage au Bénin en refusant la posture d' « une France donneuse de leçons[97] » et en souhaitant entre la France et l'Afrique « une relation assainie, décomplexée, équilibrée, débarrassée des scories du passé et des obsolescences qui perdurent de part et d'autre de la Méditerranée, sans sentiment de supériorité ni d'infériorité ». Peut-être M. Sarkozy avait-il en tête les accords de coopération entre la Côte d'Ivoire et la France signés en 1961 par Michel Debré et Houphouët-Boigny et dénoncés par M. Koulibaly en ces termes :

> « Dans ces accords de coopération entre la France et nous, il est dit explicitement que si on travaille des matières premières de valeur en Côte d'Ivoire, que ce soit l'or, le pétrole, l'uranium, le manganèse et autres, la propriété de ces matières premières était d'abord pour l'armée française et pour la France. Et donc elle se

---

[96] *L'Hebdomadaire* du 11 mars 2006.
[97] *Cf. Le Monde* du 19 mai 2006.

servait. Et si les Ivoiriens eux-mêmes voulaient vendre une partie de ces ressources, ils étaient d'abord obligés d'avoir l'autorisation préalable de Paris. Depuis 1961, je trouve que cela est inacceptable aujourd'hui[98]. »

Le ministre de l'Intérieur français ne s'est pas contenté de réclamer une révision de la coopération. Il a aussi invité ses compatriotes à « renier tout paternalisme, à exclure toute condescendance à l'endroit des Africains, à tourner la page des complaisances, des officines, des secrets, des ambiguïtés ». Pour lui, non seulement la France ne peut pas continuer avec les mêmes réflexes vis-à-vis de l'Afrique mais Français et Africains doivent dialoguer sur un pied d'égalité car « l'immense majorité des Africains n'ont pas connu la période coloniale[99] ». Certains objecteront qu'il y a loin de la coupe aux lèvres, que rien ne nous dit que, une fois élu président de la République, Sarkozy incarnera vraiment la rupture dont il n'arrête pas d'affirmer la nécessité et l'urgence, bref qu'il convient de voir avant de croire au lieu de verser dans un optimisme béat. Je suis d'accord qu'il faut rester lucide et circonspect. N'empêche que les propos iconoclastes de Sarkozy m'ont fait chaud au cœur parce qu'ils mettent le doigt sur le mal de l'Afrique francophone. Certes, nous ne pouvons pas ne pas battre notre coulpe face à ce qui nous arrive mais qui soutient et protège actuellement Sassou Nguesso, Paul Biya, Idriss Deby et Omar Bongo contre les peuples africains affamés, clochardisés et réprimés ? Qui a été complaisant avec Bokassa, Houphouët-Boigny, Mobutu, Hissène Habré et Eyadema ? N'est-ce pas d'abord pour les dirigeants occidentaux que ces présidents-là ont travaillé ? En ce sens, on ne peut qu'approuver Kä Mana lorsqu'il écrit :

« Le despotisme néocolonial…, son ressort était celui d'un pouvoir à poigne pour garantir les intérêts d'un capitalisme sauvage face au communisme, dans le contexte de la guerre froide. Mobutu était de ce point de vue l'idiot utile. Brutal, impitoyable et sanguinaire, il représentait l'image de la brute idéale qui devait maintenir son

---

[98] *Cf. Notre Voie* du 17 juillet 2006.
[99] *Cf. Libération* du 19 mai 2006.

peuple dans la soumission absolue et exercer sans partage un pouvoir sans aucune responsabilité par rapport aux attentes des populations. Tant que ce régime lui était nécessaire, la communauté internationale l'a soutenu, aidé... Seuls les changements géopolitiques dus à l'effondrement du communisme ont mis fin au rôle d'idiot utile et de salaud indispensable que Mobutu assumait dans l'ordre néo-colonial. Un ordre dont notre peuple n'a tiré aucun profit en termes de développement ou de progrès. Au contraire, ce fut, d'année en année, une véritable descente aux enfers pour notre pays[100]. »

Enfin, qui a dit en février 1990 que « le multipartisme est une sorte de luxe que les pays africains en voie de développement, qui doivent concentrer leurs efforts sur leur expansion économique, n'ont pas les moyens de s'offrir[101] » ? Avant d'aller plus loin, je voudrais rappeler la manière dont Jules Ferry définit la démocratie :

« Ce que j'appelle le commandement démocratique ne consiste plus dans la distinction de l'inférieur et du supérieur ; il n'y a plus ni inférieur ni supérieur ; il y a deux hommes égaux qui contractent ensemble, et alors, dans le maître et dans le serviteur, vous n'apercevez plus que deux contractants ayant chacun leurs droits précis, limités et prévus ; chacun leurs devoirs et, par conséquent, chacun leur dignité[102]. »

On peut le dire sans risque de se tromper : cette distinction de l'inférieur et du supérieur persiste malheureusement dans les rapports entre la France et la plupart de ses anciennes colonies. On a le sentiment en effet que les hommes politiques français – ceux de la droite en particulier – n'ont aucune considération pour les Africains, qu'ils se croient au-dessus d'eux, bref qu'ils les regardent comme des sous-hommes. C'est la raison pour laquelle ils aiment tant intervenir dans les affaires africaines comme Jacques Chirac demandant au Conseil de sécurité de l'ONU que les textes internationaux

---

[100] K. Mana, « Contre la politique sous tutelle », *Le Potentiel* du 8 mai 2006.
[101] *Cf.* Thomas Hofnung, *La crise en Côte d'Ivoire. Dix clés pour comprendre*, Paris, La Découverte, 2005, p. 66.
[102] J. Ferry, *La République des citoyens*, présenté par Odile Rudelle, Paris, Imprimerie éditions, « Acteurs de l'histoire », 1996, tome 1, p. 64.

priment sur la Constitution ivoirienne pour tout ce qui concerne une autre période de transition et que tous les pouvoirs de l'exécutif soient transférés du président de la République au Premier ministre. C'est la raison pour laquelle avoir des bases militaires au XXIe siècle dans certains pays africains (Gabon, Côte d'Ivoire, Tchad, Sénégal, etc.) ne leur semble ni anachronique ni anormal alors que l'Afrique a obtenu son « indépendance » au début des années 1960[103]. C'est la raison pour laquelle ils estiment avoir leur mot à dire quand les Africains ont des décisions importantes à prendre. Comment peut-on se comporter de la sorte et se dire démocrate ? Jules Ferry pourrait-il considérer Chirac, Villepin, Alliot-Marie et d'autres comme des démocrates, eux dont l'armée se trouve en Côte d'Ivoire contre le gré de la majorité des Ivoiriens ? Non, car la démocratie est incompatible avec le racisme et l'impérialisme, « accepte l'idée de l'égale dignité des personnes et réalise cette idée dans ses relations avec les autres[104] ». Avons-nous affaire uniquement au racisme et à l'impérialisme dans le comportement des « démocrates » français ? Eu égard aux dénégations et aux mensonges qui ont été débités aux Français après les massacres perpétrés par la Force Licorne en novembre 2004 devant l'hôtel Ivoire d'Abidjan, nous pensons que la « démocratie » française est paralysée par « un déficit de rationalité » au sens où Karl Popper utilise cette notion :

« Il s'agit du comportement par lequel nous sommes ouverts à la critique et prêts à nous soumettre à l'expérience. Être rationaliste, c'est admettre que l'erreur peut être de notre côté et la vérité de l'autre, c'est être disposé à un effort et, s'il le faut, à un compromis,

---

[103]Sortant de son long sommeil, Laurent Fabius a plaidé à Bamako et à Dakar, les 27 et 28 juin 2006, pour « une relation renouvelée avec l'Afrique, fondée sur la transparence et l'esprit d'égalité. *Cf.* http://winbald.noosblog.fr/afrique/2006/07/quatre_engageme.html. Mieux encore, il a reconnu, début novembre 2006, que la France ne peut faire le bonheur des Africains sans eux et malgré eux. Il aurait tenu ce discours plus tôt qu'on se serait gardé de le considérer comme un opportuniste.
[104]Franck Cosson, *La démocratie*, Paris, Ellipses Éditions, 2005, p. 94.

pour parvenir à la vérité dans des conditions susceptibles de rallier la majorité de l'opinion[105]. »

Mensonges et songes de la Chiraquie

La ministre de la Défense et les médias français n'ont jamais voulu reconnaître que leurs soldats avaient tiré à balles réelles sur les jeunes qui n'étaient ni armés ni menaçants devant l'hôtel Ivoire. Ils ont plutôt fait croire que leurs soldats étaient là pour protéger les ressortissants français, ce qui est loin d'être vrai au regard du reportage de *Canal +*. Même chose en ce qui concerne les accords de Marcoussis. Les autorités françaises n'ont jamais admis avoir commis une gravissime erreur en mettant sur un pied d'égalité un président démocratiquement élu et une bande d'assassins, en déroulant le tapis rouge à ces derniers. Pour elles, l'erreur ne pouvait être que du côté de Laurent Gbagbo. Parce que Blancs, parce que fils des « Lumières », parce que descendants des anciens colonisateurs et « civilisateurs », les dirigeants français pensaient qu'ils ne pouvaient que détenir la vérité. Un dernier mensonge est le fait d'amener l'opinion publique à croire que, si Licorne part de la Côte d'Ivoire, les gens du Sud et ceux du Nord vont s'entretuer comme au Rwanda en 1994. Or la guerre injuste qui est faite à la Côte d'Ivoire n'est ni religieuse ni ethnique. C'est la guerre de Chirac à un président qui n'entend pas faire allégeance. Dans la crise ivoirienne, il y a eu ainsi trop de mensonges de la part des autorités françaises. Dans quel but ? C'est ici qu'apparaît le premier songe de l'ancienne puissance coloniale : mettre à la tête du pays un homme capable de la laisser piller les richesses de la Côte d'Ivoire. Cet homme, les médias français n'arrêtent pas de dire qu'il est le plus populaire, le plus intelligent, le plus compétent et le plus aimé des politiques ivoiriens. Ce jugement a été démenti par un sondage réalisé par l'ONUCI entre le 14 et le 24 juillet 2006. Les personnes interrogées devaient répondre à la question suivante : « Quelle personnalité respectez-vous le plus ? » L'ONUCI avait proposé dix noms : Dieu, les parents,

---

[105]K. Popper, *La Société ouverte et ses ennemis*, Paris, Seuil, 1979, tome 2, p. 152.

Nelson Mandela, Mamadou Koulibaly, Didier Drogba, Charles Blé Goudé, Alassane Ouattara, Konan Banny, Konan Bédié et Laurent Gbagbo. Selon le sondage, Alassane Ouattara ne recueille que 9, 4 % de réponses, Banny 7 %, Bédié 4, 7 % alors que 39,3 % des personnes sondées désignent Laurent Gbagbo comme « la personnalité la plus respectée[106] ».

Le second songe consiste à penser que le dénigrement et l'intimidation auront raison de Laurent Gbagbo. Or celui-ci n'est pas homme à capituler facilement, surtout quand il est dans son droit. On peut ne pas l'aimer mais on devrait reconnaître que M. Gbagbo est un des rares Ivoiriens que Houphouët-Boigny n'a réussi ni à acheter ni à dompter.

L'autre question que je voudrais examiner à présent est la suivante : Pourquoi les dirigeants français redoutent-ils la démocratie en Afrique ? Parce qu'elle remettrait en question la politique qu'ils ont conduite jusqu'ici, une politique que Lionel Jospin qualifiait en 1997 d' « interventionniste, de paternaliste et d'affairiste ». Interventionniste et paternaliste car ils n'ont jamais cru les Africains capables de régler leurs conflits. On a entendu ainsi Jacques Chirac railler et critiquer la médiation de Thabo Mbeki, la seule qui ait pourtant été menée de façon respectueuse, objective et impartiale alors que les accords de Marcoussis légitimaient et avantageaient outrageusement la rébellion. C'était à Dakar en avril 2005. Chirac disait notamment que le président sud-africain ne maîtrisait pas la psychologie des Africains de l'Ouest, ce qui, de mon point de vue, est prétentieux et ridicule. Si la démocratie fait peur, c'est aussi parce que l'Élysée, Matignon et le Quai d'Orsay voudraient continuer à faire et à défaire les présidents en Afrique. Chercher à organiser la vie des autres, vouloir la démocratie chez soi et la refuser ailleurs, ce n'est pas seulement se montrer raciste mais ruser avec ses principes. Or, affirme Césaire, « une civilisation qui ruse avec ses principes est une civilisation moribonde[107] ». L'Afrique francophone a beaucoup changé en quatre décennies. La jeunesse africaine, qui représente 60 % de la population, y est décomplexée, politisée,

---

[106]Vincent Hugueux, « Côte d'Ivoire. Le sondage secret qui dérange », *L'Express* du 9 au 15 novembre 2006, p. 14.
[107]Aimé Césaire, *Discours sur le colonialisme*, p. 7.

informée et désire emprunter le train de la démocratie, choisir et renvoyer elle-même ses dirigeants, écrire elle-même son histoire, être dirigée par des chefs d'État libres et dignes comme Thomas Sankara dont le combat pour une véritable indépendance incommodait Paris[108].

Moins d'argent et plus de respect et de justice pour l'Afrique

En un mot, ce qu'il faut aujourd'hui aux Ivoiriens et aux autres Africains francophones, c'est moins d'argent et plus de respect, plus de liberté et plus de justice. Ce qu'ils attendent des responsables français, c'est qu'ils ne diabolisent pas les présidents africains qui ont repris le combat de Thomas Sankara. Dans cette perspective, je voudrais revisiter une réflexion de Mgr Hippolyte Simon sur la séparation de l'Église et de l'État en France en 1905[109]. L'archevêque de Clermont-Ferrand écrit ceci :

« La France avait, comme toute fille, vocation à s'émanciper un jour de sa mère (l'Église) et le fait que cette émancipation se soit souvent mal passée ne signifie pas qu'elle n'aurait pas dû avoir lieu. »

Si on veut appliquer cela aux relations entre la France et ses ex-colonies, on dira que les Africains refusent de dépendre éternellement de la France et que, même si elle s'est quelquefois mal exprimée en Côte d'Ivoire avec les dérapages dont les jeunes ont pu se rendre coupables, leur volonté de substituer le partenariat au tutorat ne devrait nullement choquer ou susciter une levée de boucliers en France. Elle ne devrait surtout pas pousser des individus et des multinationales à financer des rébellions pour massacrer des populations civiles et renverser des présidents démocratiquement élus.

Charles Taylor a été arrêté pour répondre de ses nombreux crimes de guerre et crimes contre l'humanité devant

---

[108] A.-C. Robert, *L'Afrique au secours de l'Occident*, Éditions de l'Atelier, 2005, p. 133.
[109] *Vers une France païenne ?* Paris, Cana, 1999.

le Tribunal spécial de Sierra Leone, preuve que le « crépuscule des crapules » arrive tôt ou tard. C'est un bon signe pour le retour de la paix en Côte d'Ivoire et dans les autres pays de l'Afrique occidentale. Mais Taylor n'est pas le seul à avoir déstabilisé et ensanglanté la sous-région. La justice et la logique voudraient que la communauté dite internationale s'intéresse aussi à Blaise Compaoré, l'homme avec qui Taylor s'est enrichi en pillant les richesses de Sierra Leone, du Liberia, de la Guinée et de la Côte d'Ivoire et à qui plusieurs organisations de défense des droits de l'homme attribuent au moins 116 assassinats politiques.

Chapitre III

En finir avec le complexe d'infériorité

> « *Il y a une différence de traitement entre la compétence étrangère et locale. Il y a des salaires que nous ne demanderons jamais à nos pays car étant conscients des efforts à faire pour atteindre un certain niveau de développement... Il faut que l'Afrique sorte de ce complexe de l'étranger. Sur le profil, nous n'avons rien à envier et il faut que les gens nous fassent confiance. Personne ne viendra développer notre football, c'est à nous de le faire... Il faut démythifier le problème de l'entraîneur étranger.* » (Amara Traoré et Abdoulaye Sarr, entraîneurs de l'équipe nationale de football du Sénégal invités de la rédaction de
> l'Agence de presse sénégalaise, le 11 octobre 2005)

Pourquoi les « Éléphants » ont perdu

Bien qu'ayant battu la Serbie Monténégro, la Côte d'Ivoire n'a pu franchir le cap du premier tour de la XVIIIe Coupe du monde. Certains analystes ont jugé cette sortie prématurée. Pour eux, les Éléphants se seraient qualifiés aisément pour le second tour si l'entraîneur n'avait pas fait de classement fantaisiste : une défense faible et fébrile, Didier Drogba privé de l'appui d'un Aruna Dindane ou d'un Aruna Koné. Pour d'autres, au contraire, cette sortie n'est que logique car, si Didier Drogba et ses compagnons ont su faire circuler le ballon, il leur a néanmoins manqué la finition, le sang-froid devant les buts et la rage de vaincre comme Camerounais et Sénégalais l'ont démontré brillamment en 1990 et en 2002.

Roger Milla a bien résumé ce sentiment dans son diagnostic sur la défaite des Éléphants face aux Pays-Bas :

> « Encore du gâchis ! Du gâchis, rien que du gâchis parce qu'il y avait encore de la place pour gagner ce match. Malheureusement on n'a pas encore compris que, quand les ballons ne vont pas au fond des filets, il n'y a pas de victoire. Je pense qu'aujourd'hui encore et comme devant l'Argentine, la Côte d'Ivoire a péché par le manque de réalisme...C'est une équipe avec plein d'enthousiasme. Une équipe très bonne et elle l'a démontré encore aujourd'hui. C'est peut-être l'expérience de la Coupe du monde qui a fait défaut. Mais je pense que, quand on arrive à ce niveau de compétition, on ne regarde plus s'il y a l'expérience ou pas. Quand il y a une occasion, on fait tout pour la mettre au fond ; c'est ce qui a manqué à cette équipe ivoirienne[110]. »

On l'aura remarqué : à aucun moment, dans cet entretien, l'ancien buteur camerounais n'a fait allusion au fait que les « Éléphants » étaient placés dans un groupe difficile. Comme Milla, je ne crois pas à l'argument du « groupe de la mort » car l'Argentine qui a joué contre la Côte d'Ivoire n'a pas prouvé qu'elle était aussi redoutable que celle de 1990 battue par les Lions indomptables conduits par un Roger Milla volontaire et décomplexé. La Hollande, non plus, ne s'est pas présentée comme un foudre de guerre. Certes, l'arbitrage a été quelquefois scandaleux et injuste ; certes, Henri Michel n'a pas été irréprochable - par exemple, il a eu tort de sortir le guerrier Baky Koné après son beau but contre les Pays-Bas, de garder longtemps Aruna Dindane sur le banc de touche et de ne pas se lever pour galvaniser sa troupe - mais force est de reconnaître que plusieurs occasions de but ont été idiotement gâchées comme au Caire en janvier 2006. Ce gâchis est d'autant moins admissible que la plupart de nos jeunes jouent dans les plus grands clubs européens (Chelsea, Arsenal, Paris Saint-Germain, PSV Eindhoven, etc.) et qu'ils ont reçu de l'État et du public ivoiriens le soutien moral, matériel et financier nécessaire. Espérons qu'ils en prendront conscience et qu'ils ne tarderont pas à corriger leurs nombreuses insuffisances car les prochaines

---

[110]*Cf. Le Nouveau Réveil* du 20 juin 2006.

Coupe d'Afrique des nations (CAN) et Coupe du monde, c'est bientôt.

Victimes de notre naïveté

En attendant, je voudrais revenir sur un mot employé par l'ancien entraîneur à l'endroit des « Éléphants » après leur match contre les Hollandais. C'est le mot « naïfs ». Henri Michel a-t-il injurié nos joueurs en les traitant de naïfs ? Je ne le crois pas. Je crois plutôt qu'il a dit la vérité et que l'adjectif « naïfs » devrait être étendu à l'ensemble des Ivoiriens. Autrement dit, c'est nous tous (joueurs, journalistes, responsables du football ivoirien, supporters, politiques, etc.) qui avons été naïfs en acceptant que notre équipe nationale soit entraînée par un individu dont le pays, selon beaucoup d'entre nous, nous fait la guerre et nous vilipende continuellement parce que nous voulons gérer notre pays comme bon nous semble. Seuls des naïfs peuvent mettre à la tête de leur équipe nationale un entraîneur dont le pays n'a pas renoncé à leur faire payer leur défiance et leur volonté d'indépendance et espérer que cet entraîneur les fera gagner. Il faut vraiment être naïf pour ne pas comprendre que « la guerre de la France contre la Côte d'Ivoire » se jouait aussi au Mondial qui est devenu un puissant moyen de publicité pour les pays du Sud dont les médias occidentaux ne parlent que quand ils sont confrontés à des guerres, à des maladies et à la faim. En effet, si les « Éléphants » avaient franchi le premier tour, ces médias auraient continué à parler d'eux, ce qui aurait permis à certains Occidentaux, Asiatiques et Américains d'en savoir un peu plus sur le pays des « Éléphants » : Où se trouve-t-il ? Comment se porte-t-il ? Quel est son poids économique ? De quels atouts dispose-t-il ? Quelles opportunités offre-t-il ? Qui en est le président ? Si nous avons été éliminés, ce n'est donc pas uniquement à cause du mauvais arbitrage, du manque de solidité de notre défense et des occasions de but gâchées par nos joueurs. C'est aussi à cause de notre naïveté. Comme Meka, le héros de Ferdinand Oyono dans *Le vieux nègre et la médaille*, nous avons trop vite cru que confier notre équipe nationale à Henri Michel pouvait contribuer à réconcilier son pays avec le nôtre, que l'entraîneur français était notre « ami » et qu'il ne voulait que notre bien. Voilà ce que nous croyions jusqu'à ce que nous découvrions ses classements bizarroïdes qui ne pouvaient que nous conduire à la déroute.

Comme si cela ne suffisait pas, c'est au cours d'une conférence de presse, donc en même temps que les journalistes, que M. Jacques Anouma, apprit que l'« ami » Henri avait décidé de déposer ses valises au Qatar[111], ce qui prouve une fois de plus que certains Blancs n'ont aucune considération pour le Noir. Et pourtant il se dit que le président de la Fédération ivoirienne de football (Fif) avait défendu l'ancien entraîneur envers et contre tous quand certains supporters demandaient son limogeage pour incompétence. Une autre explication de notre échec en Allemagne se trouve donc dans notre naïveté, dans notre fausse conception du pardon et de la réconciliation et dans notre stupide complexe d'infériorité qui fait que, en Côte d'Ivoire et ailleurs en Afrique, les entraîneurs étrangers continuent d'être mieux rémunérés que nos propres entraîneurs.

Cesser d'idéaliser le Blanc

Le combat pour la vraie indépendance restera incomplet et illusoire si, dans nos mentalités, persiste l'idée que, après Dieu, c'est le Blanc ; si nous continuons à sous-estimer ce que nous avons, bref si nous pensons que n'est grand, beau et bon que ce qui vient du Blanc. Oui, il nous faut en finir avec cette propension à placer sur un piédestal le Blanc le plus corrompu, le plus pervers, le plus incompétent ou le plus ignorant. Il est temps de valoriser et d'honorer nos propres compétences. Le moment est venu de reconnaître, de responsabiliser et de récompenser ceux de nos frères et sœurs qui ont des talents. N'attendons pas qu'ils meurent pour les décorer, pour les célébrer. « Il est important de dire aux gens qui nous entourent

---

[111] Aux dernières nouvelles, l'entraîneur français aurait été remercié par les autorités sportives de ce pays pour insuffisance de résultats.

qu'on les aime, et de ne pas attendre leur mort, car alors il est trop tard... Il faut nous aimer sur terre, il faut nous aimer vivants ! », résume Patrice Gourrier[112]. Nous avons, dans nos pays et dans les différents secteurs de la vie, des hommes et des femmes remarquables. Ce qui nous empêche de reconnaître leurs qualités et de les valoriser, c'est souvent notre tribalisme, notre jalousie et, *last but not least*, ce que certains Blancs pensent et disent d'eux. Il suffit en effet que ces derniers peignent en noir tel ou tel Africain qui voit clair ou refuse de ramper pour que certains Africains se méfient et s'éloignent de lui. Je le répète : nous avons de grands hommes en Afrique. Et, pour moi, Yéo Martial fait partie de ces grands Africains car c'est avec lui que la Côte d'Ivoire a remporté en 1992 sa première et unique Coupe d'Afrique des nations de football. Je trouve inacceptable que nous ayons ignoré les compétences de cet homme et que nous lui ayons préféré un homme qui non seulement ne défendait pas les mêmes intérêts que nous mais étala de nombreuses carences avant et pendant le Mondial 2006.

C'est l'Allemand Ulrich Stielike qui fut désigné pour succéder à Henri Michel. Avant sa désignation, plusieurs joueurs et journalistes ivoiriens ne voulaient pas que la sélection nationale soit confiée à un entraîneur ivoirien. Leurs arguments étaient les suivants : 1/ Peu d'entraîneurs ivoiriens sont diplômés ; 2/ Évoluant presque tous en Europe, les joueurs n'accepteraient pas de travailler sous les ordres d'une personne moins payée qu'eux ; 3/ Les entraîneurs ivoiriens n'ont aucune expérience internationale. Cet argumentaire, je le trouve peu convaincant. D'abord, parce que, après 1992, l'équipe de Côte d'Ivoire a été entraînée par des expatriés. Et pourtant aucun de ces entraîneurs étrangers ne lui a permis de remporter une seconde coupe d'Afrique des nations. Deuxièmement, si les responsables du football ivoirien veulent vraiment que notre équipe soit dirigée par des nationaux, rien ne les empêche de donner à ces nationaux les mêmes salaires et avantages qu'aux expatriés et d'envoyer ceux qui le souhaitent (anciens joueurs ou non) à l'extérieur pour préparer des diplômes d'entraîneurs.

---

[112]*Cf. J'ai choisi d'être prêtre. Entretiens avec Jacques Rigaud*, Paris, Flammarion / Desclée de Brouwer, 2003, p. 158.

Je ne dis pas que nous gagnerions toutes les coupes si nous avions des locaux à la tête de nos équipes nationales en Afrique. Ce que je veux dire, c'est qu'il est erroné de penser que la compétence et le succès sont dans le camp des expatriés tandis que l'incompétence et l'échec seraient l'apanage des locaux. Je crois, *a contrario*, que l'entraîneur de nationalité ivoirienne mis dans les mêmes conditions et bénéficiant des mêmes moyens que l'entraîneur étranger est en mesure de faire le travail qu'on attend de lui. Si on sort de la Côte d'Ivoire, on s'aperçoit que ce n'est pas avec un expatrié mais avec un Camerounais – Jean-Paul Akono - que les « Lions indomptables » ont gagné la médaille d'or aux jeux olympiques de Sydney en 2000. Un autre exemple est le Nigérian Stephen Keshi qui a qualifié les Éperviers du Togo à la Coupe d'Afrique des nations et à la Coupe du monde de 2006. Mais un sélecteur national pourrait-il suffire ? Ne serait-il pas exposé à des choix subjectifs ? Pour Michel Kaham, ex-entraîneur des « Lions indomptables », il faudrait un collectif d'entraîneurs nationaux. Il en donne les raisons ici :

« La pression… est très difficile quand les grands matches à grand enjeu arrivent. On se souvient que les enfants de Jean-Paul Akono étaient menacés pendant qu'il était avec les Lions ; Jules Frédéric Nyongha avait dû démissionner parce que sa famille était bousculée. Il y a cet environnement qu'il faut maîtriser… Je n'ai rien contre les expatriés mais je pense que les nationaux peuvent bien faire l'affaire… Je ne pense pas que certains nationaux aient des difficultés à entraîner l'équipe du Cameroun. Il y a un atout certain à encadrer les jeunes que vous avez eus hier… La plupart sont passés entre nos mains. Donc, il y aurait forcement une certaine complicité entre nous. Et puis, les joueurs de cet acabit-là savent bien ce qu'ils viennent faire… Il suffit de les conditionner, d'avoir une approche psychologique qu'il faut, et ils feront des résultats… Un des avantages de cette formule, c'est que les choix sont objectifs. Les choix seront toujours discutés. Mais, pour éviter que cela arrive, il faut faire avec un collectif avec certainement un chef. Quand nous avons qualifié l'équipe nationale pour la coupe du monde 1994, Léonard Nseke était l'entraîneur en chef. Il y avait Jean-Pierre Sadi et moi comme adjoints. On avait qualifié l'équipe sans problème. Donc, je pense que le débat n'est plus là. On a des gars compétents qui ont fait leurs preuves.

Maintenant, c'est de les mettre dans les meilleures conditions possibles[113]. »

En résumé, je dirais ceci : engager des entraîneurs nationaux ne signifie pas que nos équipes nationales ne connaîtront jamais d'échec. L'encadrement africain peut échouer. Il a déjà échoué plusieurs fois comme les sélectionneurs étrangers ont eu à échouer à maintes reprises malgré les meilleures conditions de vie et de travail qui furent les leurs.

---

[113] *Cf. Le Messager* du 27 juillet 2006.

Chapitre IV

Le prix de la liberté

Un visa de deux semaines

Koffi est un ami ivoirien. Après le séminaire et l'Université que nous fréquentâmes ensemble, il exerce comme magistrat à Abidjan. Il a une passion pour les droits de l'homme. Ne supportant pas les traitements inhumains, c'est naturellement qu'il entra dans la Ligue ivoirienne des droits de l'homme (Lidho) et la Commission « Justice et paix » de sa paroisse. Jaloux de sa liberté, il n'appartient à aucun parti politique. En juin 2006, de retour de Genève, il me raconta l'histoire suivante : Il devait participer un jour à une réunion à Paris (France). Après moult tracasseries à l'ambassade de France à Abidjan, il obtint un visa de deux semaines. Avant la crise ivoirienne, pour ce type de réunions, le minimum que l'ambassade de France pouvait lui accorder, c'était un mois. La réunion devait durer dix jours, ce qui signifie qu'il n'avait que soixante-douze heures pour flâner, faire le lèche-vitrines et, éventuellement, rendre visite à quelques amis. Avant d'atterrir à l'aéroport Charles de Gaulle, il avait décidé de loger chez l'un d'entre eux. Celui-ci s'appelait Dali. C'est chez ce dernier qu'il fila aussitôt après avoir récupéré sa valise. Dix jours plus tard, Dali dit à son hôte : « Koffi, on ne t'a pratiquement pas vu à cause de ta réunion. J'espère que tu nous consacreras au moins une semaine avant ton départ. Ça fait tellement longtemps qu'on ne t'a pas revu. » Mais Koffi lui répondit : « Ce ne sera pas possible puisque je suis à la fin de mon séjour. En effet, l'ambassade de France ne m'a accordé que deux semaines. » Et Dali de s'exclamer : « Tu pars sous peu ? Donc, si je comprends bien, tu n'auras passé que trois jours avec nous. » Il s'en prit alors à la résistance ivoirienne, aux patriotes - Charles Blé Goudé, Mamadou Koulibaly et consorts - dont les discours ne pouvaient, selon lui, que retarder la normalisation des relations entre la Côte d'Ivoire et la France. Koffi était estomaqué d'entendre cela. Lui qui, en voyage quelques mois plus tôt à l'Ouest de la Côte d'Ivoire avec l'ancienne ministre des Droits de l'homme, avait vu des maisons et des cases incendiées, des enfants et femmes carbonisés, des hommes tailladés à la machette, ne comprenait pas que son ami ne se mette pas en colère contre les auteurs et les commanditaires de ces actes de barbarie perpétrés au vu et au su de la force Licorne et de l'ONUCI. Pour lui, s'il fallait pester et récriminer, ce n'était pas contre ceux qui refusaient la prise du pouvoir par les armes mais contre la rébellion et tous ceux qui la soutiennent à l'intérieur et à l'extérieur de la Côte d'Ivoire.

Koffi n'avait pas fini d'avaler cette grosse couleuvre que Dali revint à la charge en ces termes :

« Mon cher ami, Il faut être réaliste. Ce qui se passe actuellement entre Ivoiriens et Français ressemble au combat du pot de terre contre le pot de fer. Il est vrai que, avec la fronde et la pierre, David triompha du Philistin Goliath (1 Samuel 17, 40-54) mais une fois n'est pas coutume. Il ne sert donc à rien de continuer à résister. Le combat contre la France est perdu d'avance. La France est trop puissante pour être vaincue par la Côte d'Ivoire. Et puis, Jacques Chirac est trop orgueilleux pour admettre qu'il a échoué à renverser Laurent Gbagbo qui ne veut pas se soumettre à lui comme les autres présidents africains. J'ajouterais que tous les pays du monde ont une puissance tutélaire. C'est comme ça et ce n'est pas nous, les Ivoiriens, qui allons changer les choses. Le pays est paralysé depuis septembre 2002. Plus rien ne marche à Abidjan. Plusieurs entreprises ont fermé et sont parties s'installer à Lomé, à Bamako, à Ouagadougou ou à Dakar. Des hommes et des femmes meurent, faute d'argent. Le jour où nous donnerons aux Français ce qu'ils veulent, toute cette souffrance sera terminée, la rébellion désarmée et le pays réunifié. Et toi, quand tu voudras revenir en France, on ne te donnera plus deux semaines mais trois mois. »

Le combat pour la liberté a un prix

Koffi savait que Dali était un militant de l'ancien parti au pouvoir et qu'il devait à ce parti sa place actuelle dans une entreprise française mais était-ce une raison pour que son ami d'enfance soutienne l'insoutenable, défende l'indéfendable et prêche la capitulation ? Il connaissait en effet, à Abidjan, des gens qui, tout en militant dans le même PDCI, avaient pris fait et cause pour la République et avaient marché plusieurs fois pour dire « non » aux coups de force et à la recolonisation du pays par la France. Il comprit alors que Dali et lui n'étaient pas sur la même longueur d'onde, que l'un et l'autre ne se battaient pas pour la même cause, qu'ils ne voyaient pas le futur de la Côte d'Ivoire de la même manière, etc. Dès lors, était-il important de répondre ? Arriverait-il à convaincre son interlocuteur ? Il se posait toutes ces questions. Finalement, il décida d'apporter une réplique à son hôte :

« Je n'ai jamais mis en doute la 'puissance' militaire de la France. L'Histoire nous apprend cependant que cette « puissante » France fut défaite et humiliée en Indochine tout comme l'armée américaine mordit la poussière au Vietnam et en Somalie. L'armée française est sûrement capable de tuer des milliers d'Ivoiriens – ne l'a-t-elle pas prouvé en novembre 2004 devant l'hôtel Ivoire ? - mais elle ne pourra pas massacrer tous les Ivoiriens, ni tuer dans les survivants les idées de liberté, de justice et de démocratie. Tu connais sûrement ce passage où Édouard Glissant et Patrick Chamoiseau affirment : 'La grandeur d'une Nation ne tient pas à sa puissance, économique ou militaire, mais à sa capacité d'estimer la marche du monde, de se porter aux points où les idées de générosité et de solidarité sont menacées ou faiblissent, de ménager toujours, à court et à long terme, un avenir vraiment commun à tous les peuples, puissants ou non[114]'. Pour revenir à la question de mon visa, l'ambassade française m'aurait octroyé deux jours que je ne me serais point offusqué. Car la lutte pour la liberté et la justice a un prix que nous devons accepter de payer. Voilà un an que je ne suis pas sorti de la Côte d'Ivoire. Je n'en suis pas mort pour autant ! »

La lutte pour la liberté et la justice a un coût

Comment ne pas voir dans ce témoignage une allusion à la vie de Nelson Mandela, cet homme qui fut traité de terroriste

---

[114] É. Glissant et P. Chamoiseau, « Lettre ouverte à Nicolas Sarkozy », *L'Arbre à Palabres*, n° 18, janvier 2006, p. 164.

avant de passer vingt-sept années de sa vie dans la prison de *Robben Island* pour avoir refusé la discrimination dont les Noirs étaient victimes en Afrique du Sud ? Comment ne pas penser, si nous restons dans le même pays, à ces six cents écoliers noirs tombés en même temps que Steve Biko à Soweto en 1976, à l'exil que connurent les Oliver Tambo, Walter Sisulu, Joe Slovo, Hamed Kathrada, Moses Kotane, Govan Mbeki et tant d'autres ? Ces hommes savaient que leur combat pour l'égalité et la justice les exposait à être arrêtés et emprisonnés. Ils n'ignoraient pas qu'ils pouvaient être fauchés à tout moment par la mort comme Dulcie September le fut à Paris, le 29 mars 1988. Ils avaient fait leur deuil du confort personnel, de la vie douce et tranquille. Bref, ils avaient compris que la lutte pour la liberté et la justice a un coût. Un coût qu'ils avaient accepté de payer. Je pourrais multiplier les exemples pour montrer avec Serge Bilé que « la véritable histoire s'effectue par des ruptures et des larmes et non par le seul jeu des bons sentiments[115] ». La rupture avec l'ordre ancien caractérisé par le mépris et le paternalisme de l'ex-puissance colonisatrice ne peut se faire sans sacrifice. Chacun doit consentir à perdre quelque chose et à bouger au lieu de se résigner, de ne compter que sur l'Éternel, d'être défaitiste ou de voir dans la néo-colonisation une fatalité. Chacun doit comprendre que « ne plus se battre, ne même plus tenter de résister aux forces extérieures, c'est déjà accepter sa soumission, sinon sa défaite[116] ».

    Dali avait accepté la soumission à la France parce qu'il n'était guère prêt à perdre son poste dans l'entreprise parisienne qui l'avait embauché, parce qu'il voulait continuer à boire le vin de Bordeaux et à manger le camembert ou la moutarde de Dijon. Contrairement à feu Sékou Touré, il préférait l'abondance dans l'esclavage à la liberté dans la pauvreté. Bref, il tenait à profiter de la sécurité sociale et des moyens de transports que la France lui offrait, oubliant que des Français et des Françaises s'étaient battus, voire sacrifiés pour cela. Malheureusement, Dali n'est pas un cas isolé car les gens pensant comme lui, s'étant assis sur leur dignité et ayant jeté

---

[115]*Cf. Sur le dos des hippopotames. Une vie de Nègre*, Paris, Calmann-Lévy, 2006, p. 145.
[116]*Ibid.*, p. 102.

l'éponge comme lui se rencontrent un peu partout en Afrique. De Dakar à Brazzaville, nombreux sont ces Africains qui refusent de se battre pour le bien de tous, sont peu intéressés par les relations d'égal à égal et ne souhaitent qu'un changement capable de se faire paisiblement. Or, écrit Bilé, « parfois la rupture surgit sans la guerre, mais c'est rare[117] ». De son côté, Shanda Tonme écrit :

> « Continuer de croire que nous sommes des êtres civilisés et normaux au sens de la jouissance des droits inhérents à ce statut me semble difficile face à tant de travers, de silence, d'omissions et de contradictions... Les autres recourent à toutes sortes de manifestations physiques, matérielles, mécaniques et même scientifiques pour faire entendre leur colère et conquérir leurs libertés pendant que, chez nous, la peur, l'indifférence et les souffrances solitaires règnent. Ma conviction profonde est que nous n'avons pas encore payé le prix qu'il faut, pour mériter la liberté et la démocratie... Le prix de la liberté et de la démocratie s'exprime en de lourds sacrifices intelligents qui n'ont rien de commun avec les protestations molles et opportunistes des années 1950 que nous avons connues... C'est un tort de remettre son destin entre les mains de quelques combines des bureaux feutrés et insolents de l'ONU, monstre impersonnel manipulé par ces oiseaux criminels nommés Grandes puissances. Aucun peuple ne sachant se battre dans le contexte des oppressions contemporaines ne peut dorénavant prétendre à la dignité. Il s'agit d'opposer une réponse appropriée à la cruauté et au radicalisme des imbéciles accrochés au pouvoir avec la bénédiction des chiens de garde étrangers[118]. »

Faire le choix d'une vie simple

On peut ne pas approuver le fait de prendre les armes ou de poser des bombes qui tuent des innocents ; on peut ne pas considérer les attentats suicides comme une « réponse appropriée » à l'injustice et au mépris que nous subissons depuis plusieurs décennies ; on peut ne pas imiter les kamikazes palestiniens, irakiens ou tchétchènes. On devrait toutefois reconnaître que l'Afrique noire francophone n'a pas encore

---

[117] *Ibid.*, p. 145.
[118] *Cf. Le Messager* du 26 avril 2006.

payé le prix qu'il faut pour accéder à la liberté. Lorsque je parle de « prix à payer », je ne pense pas uniquement à ceux et celles qui ont versé leur sang pour notre liberté et méritent, pour cela, le respect et la reconnaissance de l'Afrique. Je vois aussi les hommes et femmes au quotidien qui osent dire non aux dépenses somptuaires, à la folie des grandeurs et au gaspillage, qui ont fait le choix de ce que Barni appelle « la modération dans les désirs et la simplicité dans les goûts[119] ». Gandhi en est un exemple, qui a vaincu le colonialisme britannique en partie parce qu'il menait une vie sobre et simple. Par contre, ceux qui n'ont jamais appris à réprimer d'eux-mêmes « cet amour des jouissances matérielles et du luxe[120] » ont échoué dans leur lutte contre l'impérialisme.

---

[119] *Cf. La Morale dans la démocratie*, Paris, Kimé, 1992, p. 137.
[120] *Ibid.*

Chapitre V

Pour un engagement social de la jeunesse catholique africaine

> « *Ma mère et mes frères, ce sont ceux qui entendent la parole de Dieu, et qui la mettent en pratique.* »
> (Jésus dans Luc 8, 21)

Une Église désertée par les jeunes

Le 21 août 2005, environ un million de jeunes catholiques du monde entier étaient rassemblés à Cologne pour la messe présidée par Benoît XVI. Quelques jours auparavant, ils avaient fait connaissance, échangé, chanté et prié. Mais, ce jour-là, la ville allemande n'accueillait pas que les jeunes. S'y trouvaient aussi des prêtres, évêques et cardinaux arrivés des cinq continents. À quoi pouvait bien penser la hiérarchie catholique européenne et nord-américaine au cours de la messe de clôture de ces XXᵉ Journées mondiales de la jeunesse (JMJ) ? Peut-être se posait-elle des questions du genre : « Les dernières JMJ donneront-elles un nouvel élan à l'Église d'Occident ? Après que les lampions de cette rencontre se seront éteints, les jeunes seront-ils aussi nombreux dans les paroisses d'Allemagne, de France, du Portugal, d'Espagne, d'Irlande, d'Italie, de Pologne, de Suisse, de Belgique, du Canada et des États-Unis ? Accepteront-ils d'apporter leur enthousiasme, leur énergie et leur créativité ? » J'avais cru, moi aussi, à un changement dans le comportement des jeunes après les JMJ de Cologne. J'avais pensé qu'ils consentiraient enfin à s'engager et que leur engagement donnerait un nouveau souffle à une Église où, selon la formule du philosophe français André Compte-Sponville, les paroisses « ressemblent de plus en plus à des clubs du 3e âge[121] ». Bref, j'avais espéré que les jeunes rejoindraient les anciens pour rendre l'Église qui est en Occident plus dynamique et plus vivante mais rien ne vint. Le renouveau dont j'avais rêvé ne fut pas au rendez-vous. Aucun changement ne se produisit puisque, dans la plupart des paroisses parisiennes et de la banlieue parisienne, ce sont les mêmes personnes (nouveaux retraités ou gens du troisième âge) qui se rendent disponibles pour la décoration de l'église, pour initier les enfants à la foi chrétienne, pour faire la quête et les lectures ou pour chanter pendant la messe dominicale.

Pourquoi les jeunes désertent-ils ainsi les églises ? Pourquoi l'Église catholique les mobilise-t-elle si peu au quotidien ? Pourquoi la relève des anciens a-t-elle du mal à être assurée ? Le problème viendrait-il d'une mauvaise présentation du message chrétien par les prêtres et les évêques ? Voici la réponse de Benoît XVI au P. Eberhard Von Gemmingen – responsable de la rédaction allemande de Radio Vatican – qui l'interrogeait le 16 août 2005 à Castelgandolfo :

« Nous essayons tous de présenter l'Évangile aux jeunes de manière à ce qu'ils se disent : 'voilà le message que nous attendions' ! Il est vrai aussi que, dans notre société occidentale moderne, il y a de nombreuses lourdeurs qui nous éloignent du christianisme. La foi apparaît très lointaine, Dieu lui-même apparaît très lointain... La vie au contraire est pleine d'occasions et de devoirs... et fondamentalement les jeunes veulent être les maîtres de leur propre vie, la vivre jusqu'au bout de ses possibilités[122]. »

---

[121] *Cf. La Croix* du 29 novembre 2004, p. 10.
[122] http:// www.generationjpii.org/article737.html

Le pape poursuit en disant :

« Je crois cependant que les jeunes commencent à se rendre compte que tous ces divertissements qui leur sont offerts, tout ce qu'on fait, tout ce qu'on peut faire, que l'on peut acheter et vendre, finalement que cela ne peut pas être le 'tout'... Et on en arrive à la grande question : Qu'est-ce que l'essentiel ? Cela ne peut pas être tout ce que nous avons et que nous pouvons acheter ! Et voilà alors le marché des religions qui d'une certaine manière lui aussi offre la religion comme une marchandise et qui donc la dégrade, certainement. Et pourtant cela prouve qu'il y a une attente. Il faut voir cette attente, ne pas l'ignorer, ne pas écarter le christianisme comme une chose qui a fait son temps, mais faire en sorte qu'il puisse être compris comme une occasion toujours nouvelle, parce qu'elle vient de Dieu, qui cache et révèle sans cesse en Lui des nouvelles dimensions... Voilà ce que devrait être cet événement : la rencontre entre l'annonce de l'Évangile et la jeunesse[123]. »

Pourquoi la jeunesse occidentale déserte les églises

Les 18-24 ans ne voient pas les choses de la même manière que le successeur de Jean-Paul II (1920-2005). Pour eux, s'ils sont peu nombreux à aller à la messe[124], c'est parce que certaines homélies sont ennuyeuses et parce que les chants sont tristes et peu vivants. Quand j'avais cet âge, je n'étais pas loin de penser comme eux. Je considérais en effet comme une perte de temps le fait d'écouter une personne qui non seulement parle pour ne rien dire mais reste collé à son texte et trébuche sur ses propres mots. Quant aux chants, j'avais horreur qu'ils soient mal exécutés. Le chant et la prédication étaient donc importants pour moi, si importants que j'estimais avoir eu une belle messe lorsque la chorale avait bien chanté et que le prêtre avait bien prêché, c'est-à-dire lorsque son commentaire des

---

[123] *Ibid.*
[124] Selon un sondage réalisé par Pèlerin TNS-Sofres, 4 % des jeunes participent régulièrement à la messe dominicale alors que 13 % y participent de manière occasionnelle. *Cf. Pèlerin* du 17 mars 2005.

textes du jour avait fait le lien avec les problèmes des gens, avait été étayé d'exemples concrets, avait allié profondeur et humour et n'avait pas excédé dix minutes. La messe, dans ces conditions, n'était pas une corvée mais un véritable bonheur. C'est ce bonheur que je connus à la paroisse Saint-André de Yopougon entre 1979 et 1982. J'étais alors saisi et transporté de joie par les chants de la chorale paroissiale et par les prêches du P. Jacob Agossou. Un autre endroit, où la prédication et les chants m'apportèrent beaucoup de consolation, est le Moyen Séminaire de Yopougon-Kouté. Au terme d'une récollection qui avait duré quarante-huit heures, le P. Julien Penoukou avait prêché sur les noces de Cana (Jean 2, 1-12). Je fus littéralement séduit et par les enseignements de cette page d'évangile et par la façon dont le prédicateur s'y prit pour faire passer son message. Il en fut de même quand, à la demande du P. Eugenio Basso qui était notre accompagnateur spirituel, le P. Meinrad Hebga vint nous entretenir, pendant un week-end, de son ministère de prière et de guérison auprès des personnes se disant perturbées par les sorciers et autres mauvais esprits[125]. Sans doute est-ce de ces années-là que date mon intérêt pour les prédications qui bousculent. En effet, à mon avis, une prédication ne devrait pas connaître le même sort que de l'eau sur le dos d'un canard mais toucher, interroger, déranger, voire déstabiliser, bref ne pas laisser de marbre ceux et celles qui l'entendent.

    C'est pourquoi le prédicateur ne devrait pas se préoccuper de savoir si ses auditeurs voient les choses comme lui, pensent comme lui, croient comme lui. La seule chose dont il devrait se soucier, c'est que les gens ne soient pas en train de dormir ou de regarder leur montre pendant sa prédication. Car cela voudrait dire qu'ils s'ennuient et qu'ils ont envie que son « baratin » prenne fin. Pour arriver à ne pas ennuyer son auditoire, un prédicateur doit écouter ceux qui prêchent bien, s'entretenir avec eux, lire des homélies et des ouvrages sur la prédication, s'initier aux techniques d'expression et de

---

[125] M. Hebga, *Sorcellerie, chimère dangereuse...?*, Abidjan, Inades-Édition, 1979 ; *Sorcellerie et prière de délivrance*, Abidjan/ Paris, Inades-Édition/ Présence africaine, 1982.

communication comme saint Jean Chrysostome (« bouche d'or ») né à Antioche au Ve siècle.

L'éloquence de Jean Chrysostome

Chrysostome fut en effet élève de Libanius, le plus illustre rhéteur de cette époque. C'est auprès de lui qu'il apprit comment prêcher. S'il fut un grand prédicateur, si la parole fut sa passion à Constantinople où il fut archevêque, s'il fut apprécié pour son éloquence et pour son audace face aux souverains, c'est en grande partie parce qu'il fut à l'école de Libanius. C'est donc une erreur de croire qu'il suffit d'être ordonné diacre, prêtre ou pasteur pour devenir un grand prédicateur. Le sacrement de l'ordre n'opère pas magiquement. Si cela était vrai, Chrysostome ne se serait pas donné la peine de se former auprès de Libanius. Il va de soi qu'un prêtre qui ne lit jamais, qui est incapable de s'asseoir, qui ne prépare son homélie que deux heures avant la messe, etc. ne sera qu'un piètre prédicateur.

Une autre erreur est de s'imaginer que plus on en dira, plus facilement on réussira à convaincre son auditoire car quantité ne rime pas toujours avec efficacité. Sur ce point, Jésus avait raison de dire à ses disciples : « Ne rabâchez pas comme les païens qui s'imaginent qu'en parlant beaucoup ils se feront mieux écouter[126]. » Une homélie peut être courte mais riche et nourrissante. À part le fait que le prédicateur devrait être aussi bref que possible, comment faire pour accrocher son auditoire et le maintenir en éveil ? Qu'est-ce qu'un prêtre ou un pasteur devrait faire pour que quelque chose se passe pendant l'homélie, pour que la parole qui sort de sa bouche ne revienne pas vers lui sans effet, sans avoir réalisé l'objet de sa mission (Isaïe 55, 11) ? Il me semble que Timothy Radcliffe, ancien maître général des dominicains, a donné une réponse intéressante à cette question. Pour lui, le prédicateur doit se mettre dans la peau de ses auditeurs, « entrer dans le désert où ils vivent, écouter avec leurs oreilles et reprendre leurs questions…, partager leurs interrogations [car], si l'Église parle

---

[126]Matthieu 6, 7.

souvent sans autorité, c'est parce qu'elle semble trop sûre d'elle ». Or, soutient le dominicain anglais, « ce n'est que lorsque les gens voient que nous sommes perplexes, peu sûrs de nous-mêmes, et même effrayés comme Moïse qui demandait à Dieu de comprendre, qu'ils croiront que nous avons rencontré le Dieu vivant dans le désert ». Et Radcliffe conclut ainsi : « Quand nous prêchons, les gens doivent se retrouver dans nos paroles[127]. » Je suis effectivement d'avis que, en écoutant ou après avoir écouté le prédicateur, le fidèle devrait pouvoir se dire : « Je croyais que j'étais seul à faire telle ou telle chose mais je me rends compte que ce prêtre, lui aussi, a eu peur, a manqué de foi, a été méchant, jaloux, égoïste ou faible. » Aujourd'hui encore, quand j'assiste à la messe d'un autre prêtre, je suis sensible à ces deux choses : de beaux chants et une belle homélie. Je connais beaucoup de laïcs qui, comme moi, souhaiteraient que la chorale chante bien et que le prêtre ne leur serve pas d'homélie plate et creuse. Ils y tiennent tellement qu'ils n'hésiteront pas à parcourir plusieurs kilomètres pour aller à la messe dans une paroisse où ils sont certains d'être touchés et remués par les chants de la chorale et l'homélie du prêtre. Ont-ils raison ou non d'agir ainsi ? Faut-il les blâmer et les rappeler à l'ordre ?

Ce que je sais, c'est que les homélies bâclées et la tristesse des chants ne sont pas l'unique explication de la désaffection des jeunes catholiques occidentaux. Ceux-ci estiment aussi que l'assemblée ecclésiale n'est pas assez chaleureuse et assez solidaire pour les attirer et les retenir. Or, révèle le P. Laurent Le Boulch, les jeunes « sont en recherche d'une vérité plus grande dans l'expression de leur foi, d'un accueil convivial, d'une communauté qui fait la démonstration de son espérance ». Pour l'ancien responsable de la pastorale des jeunes dans le diocèse de Saint-Brieuc (Bretagne), il faut « peu de choses pour répondre à leur attente : un accompagnement musical adapté, un rituel plus habité, des moments de méditation plus nombreux[128] ». Certaines paroisses

---

[127] Cf. *Connaissance des Pères de l'Eglise*, n° 99, septembre 2005, pp. 113-124.
[128] *Ibid.*

comme Saint-Ignace (l'église des jésuites dans le VIe arrondissement de Paris) proposent des messes où les jeunes ont l'opportunité de jouer de la guitare, du piano ou d'autres instruments de musique. On signalera aussi l'expérience des communautés nouvelles liées au Renouveau charismatique catholique. La journaliste Stéphanie Lambert a rencontré, près de Toulouse (France), une de ces communautés nouvelles : les Béatitudes[129]. Après avoir participé à une de leurs messes, elle témoigne ainsi :

> « Les bras largement ouverts vers le ciel, ils prient dans l'attente de l'Esprit saint. Des chants s'élèvent, certains en hébreu. La ferveur est impressionnante. Comme tous les dimanches matin, les fidèles dansent, prient et frappent dans leurs mains au rythme des percussions qui résonnent dans la petite chapelle du monastère Sainte Catherine de Sienne, à Blagnac, en banlieue toulousaine. Après l'eucharistie, chacun... prend son voisin dans ses bras et se souhaite la paix de Jésus. Rien de comparable avec les messes traditionnelles des églises désertées... Car les frères, les sœurs, les familles et les célibataires sont réunis là pour vivre l'Évangile à la manière des premiers apôtres... La communauté toulousaine organise, tous les samedis du mois, la soirée jeunes destinée aux 17-30 ans. Au programme : messe, prêche et rock'n'roll chrétien... Après la messe, un buffet est servi pendant que les jeunes sont invités à se relayer par petits groupes pour l'adoration du Saint-Sacrement toutes les vingt minutes[130]. »

Mgr Deniau, évêque de Nevers, n'est pas d'un avis différent lorsqu'il affirme :

> « Dans un monde occidental où la rationalité et la retenue caractérisent les relations sociales et la relation à Dieu, le Renouveau

---

[129] La communauté des Béatitudes a démarré en 1974 avec un couple : Gérard Croissant, ancien pasteur protestant qui prendra le nom d'Ephraïm, et son épouse Josette. Les membres de cette communauté mettent leurs biens en commun. On y trouve des mariés et des célibataires, des prêtres et des laïcs. Les autres communautés d'inspiration charismatique sont *l'Emmanuel, le Chemin-Neuf, le Pain de vie, le Puits de Jacob*, Réjouis-toi, *la Fondation, Communauté catholique Mère du Divin Amour* (Côte d'Ivoire), *Communauté de la Pierre vivante et de la Louange* (Côte d'Ivoire).

[130] S. Lambert, « La conquête charismatique », *Histoire & Patrimoine*, n° 6 (2005), pp. 98-102.

charismatique me semble rouvrir la possibilité d'une expression des sentiments, du corps, d'une joie sensible, d'une communauté affective. En ce sens, il s'adapte à un besoin de notre monde. Cela ne peut convenir à tout le monde, mais c'est une forme intéressante de la vie ecclésiale[131]. »

La chaleur, l'exubérance, la convivialité et la solidarité agissante, qui font la force du Renouveau charismatique catholique, ne sont cependant pas propres à cette communauté. Ces valeurs, on les rencontre également dans les églises baptiste, évangélique[132] ou pentecôtiste. Ce dernier mouvement connaît, depuis quelques années, un grand « succès »[133]. En Europe et en Amérique du Nord, notamment, il attire certains catholiques africains et antillais. Jean-Paul Willaime, spécialiste du protestantisme à l'École pratique des hautes études de Paris, dit ici pourquoi l'Église pentecôtiste a le vent en poupe actuellement :

« Dans nos sociétés occidentales, en perte de repères, certains croyants apprécient de sentir un Dieu proche, concret, ce que leur offrent moins les religions traditionnelles où Dieu est une référence plus abstraite. Dans le pentecôtisme, au contraire, il y a un rapport expérimental à Dieu où le fidèle ressent l'immédiateté de l'action divine et son efficacité. On constate aussi une prise en charge

---

[131]*Cf. Histoire & Patrimoine*, n° 6 (2005), p. 7.
[132]Sur l'essor des Évangéliques dans le monde, lire l'enquête de Slimane Zeghidour et Sophie des Déserts, « Évangéliques. La secte qui veut conquérir le monde », *Le Nouvel Observateur* du 26 février-3 mars 2004, pp. 16-30. Le mot « secte » appliqué ici aux évangéliques est-il approprié ? Ne faudrait-il pas plutôt parler de « nouveau mouvement religieux », appellation moins polémique et plus neutre ? En tout état de cause, les sociologues allemands M. Weber et E. Troeltsch estiment que trois choses distinguent la secte de l'Église : 1/ on naît dans l'Église alors qu'on entre dans la secte par conversion ; 2/ l'Église ne fuit pas le monde tandis que la secte refuse de s'engager dans le monde; 3/ la distinction clercs-laïcs qu'on rencontre dans l'Église n'existe pas dans la secte. Françoise Champion garde le terme de secte entre guillemets. Lire son interview dans *Actualité des religions*, n° 6, juin 1999, p. 40. Voir aussi l'ouvrage qu'elle a écrit avec Martine Cohen, *Sectes et démocratie*, Paris, Seuil, 1999.
[133]Tout n'est cependant pas rose dans ces nouveaux mouvements religieux. On les accuse, par exemple, de voir le diable partout, de diviser les couples et les familles et d'exploiter la crédulité et la fragilité de certaines personnes pour s'enrichir.

symbolique du malheur et de la souffrance, d'où le succès du mouvement chez des personnes déstabilisées psychologiquement, mais aussi déstructurées socialement... Il (le pentecôtisme) répond ainsi, par son aspect thérapeutique, au besoin de donner un sens et un but à sa vie, dans une société froide et lointaine, d'où son audience de plus en plus forte parmi les classes moyennes... Chacun peut prendre la parole, quels que soient son sexe, sa condition sociale ou ses capacités intellectuelles. Le caractère émotionnel du mouvement touche plus particulièrement les femmes qui prophétisent plus souvent que les hommes... Le courant a aussi beaucoup d'incidences parmi les plus démunis. Il leur permet de reconstruire une identité mise à mal par diverses mutations économiques et sociales[134]. »

De ce qui précède, il découle que les jeunes catholiques occidentaux ne retrouveront la joie d'être chrétiens[135] que si l'assemblée ecclésiale leur offre autre chose que la tristesse et la froideur des célébrations, si l'individualisme et l'indifférence font place au partage et à plus d'attention aux démunis et aux paumés de la société, bref si l'Église « résiste à la funeste dichotomie entre le service du prochain et la louange divine – comme si ces dimensions pouvaient se cloisonner dans le dessein de Dieu pour l'homme[136] ». En attendant le jour où les catholiques s'aimeront en actes et en vérité et non pas avec des paroles et des discours, en attendant le jour où ceux qui jouissent des biens de ce monde ne fermeront plus leurs entrailles à leurs frères dans le besoin (1 Jean 3, 17-18), en attendant aussi le jour où les fidèles seront autorisés à se trémousser et à danser en pleine messe comme le roi David et la maison d'Israël dansant et tournoyant de toutes leurs forces devant Yahvé au son des cithares, des harpes, des tambourins, des sistres et des cymbales à l'occasion de l'arrivée de l'arche à Jérusalem (2 Samuel 6, 5 et 14), nous devons constater que la tristesse des chrétiens et de leurs célébrations a encore de beaux jours devant elle dans les églises du Nord. Une tristesse qui semble ne pas dater d'aujourd'hui car F. Nietzsche (1844-1900) reprochait déjà aux chrétiens du Vieux Continent de ne pas avoir l'air sauvés et de donner l'impression que leur

---

[134]*Cf. Actualité des religions*, n° 19, septembre 2000, p. 59.
[135]*Cf. La Croix* du 16 août 2005, p. 5.
[136]*Cf. La Croix* des 17 et 18 juin 2006, p. IV.

Seigneur n'était pas ressuscité. Si le philosophe allemand était encore en vie et qu'il faisait un tour en Afrique, il est certain qu'il ne tiendrait pas le même discours car la joie fait partie des choses dont la traite négrière, l'esclavage, la colonisation et le néocolonialisme n'ont pas réussi à déposséder les Africains. La joie dont nous parlons n'a rien à voir avec l'insouciance ni avec une quelconque naïveté. Pour être fréquemment aux prises avec la famine, la sécheresse, la maladie et la dictature de certains régimes, l'Africain est bien placé pour savoir que la vie ne fait pas de cadeau, qu'elle est parfois tragique et que la souffrance et les traversées du désert font partie intégrante de la condition humaine.

Ce que je veux souligner ici, c'est que le fait d'être confronté aux pires souffrances n'empêche pas de présenter un visage joyeux. Cette joie qu'affichent nombre de petites gens malgré la dureté de la vie (chômage, pauvreté, manque de dispensaire et de puits, etc.), je l'ai vue un jour de 1990 en me rendant avec des coopérants français à Kyabé (Tchad). Notre voiture – une Lada - était tombée en panne dans un village. Trois femmes portant chacune un bébé sur le dos et trois hommes – étaient-ce leurs époux ?- et quelques gamins étaient venus spontanément nous apporter de l'eau à boire et savoir ce qui nous était arrivé. Ils étaient mal habillés, un peu amaigris mais quelle joie et quelle sérénité sur leurs visages ! Ils représentaient cette Afrique rieuse et heureuse mais pas imbécile que l'écrivain guinéen Camara Laye a su décrire dans son roman autobiographique *L'Enfant noir*. Ce spectacle les avait tellement marqués que nos collègues français n'avaient fait qu'en parler pendant et après notre séjour dans le pays des Sara-Kaba. C'est la même joie que les jeunes trouvent et apportent dans les églises en Afrique. Par son engagement dans les chorales, dans la préparation de la liturgie, dans l'animation des différents mouvements d'action catholique (Légion de Marie, Mouvement eucharistique des jeunes, Jeunesse étudiante chrétienne, Jeunesse ouvrière chrétienne, Renouveau charismatique, Scouts et guides, etc.), la jeunesse catholique africaine montre en effet qu'elle est actrice au même titre que les adultes et pas seulement consommatrice. Dresser un tel portrait, ce n'est point idéaliser cette jeunesse. En effet, si cette dernière ne rechigne pas – pour l'instant - à aller à la messe en semaine et le dimanche, cela ne signifie pas qu'elle est sans problème.

Les défis qui attendent la jeunesse catholique africaine

Disons plutôt qu'elle a d'autres problèmes. Par exemple, on peut lui reprocher d'en rester à de belles et chaudes célébrations sans aucun impact sur la bonne marche de la société dans laquelle ils vivent. Or, témoigne le P. Raniero Cantalamessa, « l'on ne peut séparer, en l'homme, la dimension religieuse de la dimension matérielle ». Selon le prédicateur de la maison pontificale, la tentation des apôtres fut à un moment de négliger les besoins matériels des personnes qui suivaient Jésus en proposant à ce dernier de congédier la foule afin qu'elle aille se procurer à manger dans les villages environnants. Ce à quoi Jésus répondit : « Donnez-leur vous-mêmes à manger[137] ! »[138] La tentation qui guette la jeunesse catholique africaine, de nos jours, c'est de penser qu'elle est quitte avec Dieu, qu'elle a fait ce qui Lui plaît dès lors qu'elle L'a loué et adoré dans les églises comme s'Il se trouvait uniquement dans le temple. Or Jean Corbineau insiste sur le fait que « le temple où Dieu désormais attend notre offrande..., c'est le temple de l'humanité où Dieu se dit à fleur de visages... [car] depuis que Dieu s'est fait homme en Jésus-Christ, quand l'homme est blessé, méprisé, exclu, c'est Dieu lui-même qui est atteint[139] ». L'Évangile ne nous demande pas de prier uniquement pour ceux qui ont faim de nourriture, de justice, de connaissance et de liberté. Il nous demande aussi de faire tout ce qui est en notre pouvoir pour combattre la faim, l'injustice, l'ignorance et l'oppression. Concrètement, il s'agit de dénoncer non seulement ce que Marcel Gauchet nomme « le mal absolu », c'est-à-dire les génocides, les purifications ethniques,

---

[137] Matthieu 14, 16.
[138] R. Cantalamessa, « Homélie du 30 juillet 2006 », *ZENIT.org* du 28 juillet 2006.
[139] J. Corbineau, *Dire l'évangile avec les mots d'aujourd'hui*, Paris, Karthala/ CFRT, 2004, 3ᵉ édition, p. 178.

les tortures infligées dans les prisons çà et là, le bombardement des innocents, etc. mais aussi « le mal quotidien », qu'il s'appelle indifférence, mépris, exclusion ou injustice[140]. C'est dire que la foi a une dimension sociale. À cet égard, une des innovations majeures des XXe JMJ a été l'organisation d'une réflexion sur l'engagement social. Les jeunes devaient plancher sur le thème suivant : « Construis avec nous un monde juste. » La jeunesse catholique africaine ne peut se tenir à l'écart d'une telle mission car Jésus n'a pas fait que parler de Dieu et du Royaume des cieux. Il n'est pas resté sur la montagne, n'a pas choisi entre mystique et politique - au sens le plus large de ce terme - mais est descendu dans la plaine pour guérir les malades, nourrir les foules affamées, réconforter les affligés, dénoncer tout ce qui bafoue la dignité humaine, prendre le parti des faibles et des pauvres, protester contre ceux qui affament ou exploitent les autres.

Cela signifie que le néocolonialisme dont le seul but est de piller nos richesses et perpétuer le sous-développement économique et social de l'Afrique, les fonds publics détournés et placés à l'étranger par certains chefs d'État et leurs ministres, les mauvais traitements infligés aux veuves, les violences conjugales, les funérailles qui engloutissent beaucoup d'argent, le tribalisme qui gangrène certains diocèses et certaines congrégations religieuses[141], la corruption qui enrichit une minorité de personnes, la violence dont se servent certains pseudo politiciens pour accéder au pouvoir, etc., toutes ces questions devraient interpeller la jeunesse catholique africaine.

---

[140] *Cf. La Vie* du 29 juin 2006, p. 13.

[141] Ici, je ne vise pas seulement l'évêque ou le supérieur religieux qui place les gens de son ethnie aux postes juteux et prestigieux du diocèse ou de la Congrégation. Je pense aussi à ces diocèses qui donnent l'impression qu'ils peuvent envoyer des évêques chez les autres mais que les prêtres des autres diocèses n'ont pas le droit de devenir évêques chez eux. Au Cameroun, le Vatican a mis fin à cette pratique scandaleuse en 1999 en nommant un Bamiléké (feu André Wouking) à Yaoundé et un Ewondo (Joseph Atanga) à Bafoussam. On attend que le Saint-Siège fasse de même dans d'autres pays africains, ce qui ferait comprendre à tout un chacun qu'aucun diocèse n'est la propriété privée d'un groupe ethnique tout comme les dicastères romains et le cardinalat ne sont pas la chasse gardée des Occidentaux.

Celle-ci doit comprendre une fois pour toutes que « changer le monde » (Vincent Cosmao), faire en sorte que ce monde devienne plus juste, plus humain et plus fraternel est une tâche qui doit être assumée par tout baptisé et que la lutte pour une transformation sociale n'est pas quelque chose de facultatif pas plus que la dénonciation des travers de la société n'incombe aux seuls évêques. L'Église du Congo Brazzaville vient de le prouver avec l'arrestation de Christian Mounzéo et Brice Massoko. Ces deux laïcs, qui font partie l'un de la Rencontre pour la paix et les droits de l'homme et l'autre de la Commission Justice et paix de Pointe-Noire, ont été incarcérés après avoir été accusés par la justice congolaise d'abus de confiance et de faux en écriture. La vérité est qu'ils étaient devenus dérangeants pour le régime de Sassou Nguesso qui n'a jamais apprécié leur combat pour une transparence dans la gestion des revenus pétroliers[142]. Comme on aurait aimé que les jeunes catholiques du continent suivent l'exemple de Mounzéo et Makosso dont les évêques congolais ont demandé « la libération inconditionnelle et immédiate en raison du caractère judiciaire arbitraire de leur détention[143] » !

La vraie spiritualité n'est pas désincarnée

S'il est vrai que la jeunesse catholique européenne fréquente peu la messe dominicale, on ne peut en revanche lui reprocher de déserter le front social. J'en veux pour preuve la promptitude avec laquelle la JOC française s'est prononcée en avril 2006 sur le Contrat première embauche de M. Villepin. On aimerait que les Africains militant dans la JEC, la JOC, le MEJ ou le Renouveau charismatique aient ce genre de réaction au lieu de se limiter à des campagnes d'évangélisation, à des retraites spirituelles. Car la vraie spiritualité n'est pas désincarnée ; elle appelle non pas à s'évader du monde mais à tenir ensemble contemplation et action. En clair, les pétitions, les *sit-in*, les boycotts, les grèves, les marches pacifiques, etc. sont aussi importants que la prière lorsque les richesses ne bénéficient pas à tous dans la société et qu'il vous est difficile

---

[142]*Cf. La Vie* (hebdomadaire catholique) du 20 avril 2006, p. 16.
[143]*Ibid.*

d'accéder à tel ou tel poste ou de réussir un concours parce que vous n'êtes pas l'enfant d'un baron. Je vois certaines Églises venues du continent américain louer Dieu et fustiger Satan pendant leurs campagnes d'évangélisation. Fort bien mais, après la louange et les attaques contre le diable, qu'est-ce qui est fait contre le chômage, la pauvreté, la violation des droits de l'homme et le manque d'hôpitaux et d'écoles ? Qu'est-ce que ces Églises apportent concrètement à leurs fidèles et aux pays où elles sont implantées ? Voici la réponse de Serge Bilé :

« Elles proposent trop souvent aux populations un fatalisme trompeur au nom duquel aucune action humaine n'égalera jamais la force de la volonté divine. Si Dieu seul peut les sauver, pourquoi s'en faire, pourquoi lutter, pourquoi même agir ? Comme par hasard, ce sont souvent ces religions qui prolifèrent dans les endroits les plus pauvres du globe ; courbez la tête, Dieu fera le reste ! Mais Dieu n'est pas, ne doit pas être l'unique recours des hommes. Le premier recours des hommes, c'est leur volonté d'agir pour changer les choses, et rien d'autre. Dieu ne fait qu'accompagner cette volonté[144]. »

C'est donc en priant et en agissant à la fois que la jeunesse catholique africaine contribuera à changer les choses. Et sa première action consiste à faire en sorte que les prochaines JMJ soient organisées en Afrique. D'une part, cela permettrait à la jeunesse catholique occidentale de découvrir un autre visage de l'Église, une autre manière de vivre la foi chrétienne. D'autre part, parce qu'on ne peut pas gloser sur la catholicité de l'Église et continuer à ignorer une bonne partie de cette Église. Certains objecteront qu'il n'y a pas de sécurité en Afrique, que la guerre et la violence y sévissent continuellement. À ceux-là on pourrait rétorquer que l'Occident n'est pas plus en sécurité aujourd'hui car le terrorisme a frappé l'Espagne en mars 2004 et la Grande-Bretagne en juillet 2005.

---

[144] *Sur le dos des hippopotames...*, *op. cit.*, pp. 60-61.

Chapitre VI

Clergé et pouvoir politique en Afrique[145]

Il n'y a pas que les jeunes qui devraient prendre à bras-le-corps les problèmes et défis du continent. Le clergé devrait, lui aussi, s'impliquer dans ce combat. De quelle manière ? Rappelons ici que, lorsque des évêques catholiques[146] furent choisis pour présider les conférences ou concertations nationales en Afrique, au début des années quatre-vingt-dix, l'opinion publique était divisée. Certains voulaient que prêtres et évêques descendent dans l'arène politique.

L'argument avancé par eux était que les hommes politiques seraient égoïstes, menteurs et malhonnêtes alors que les clercs sont sérieux et intègres[147]. D'autres y étaient farouchement opposés, préférant que les curés se consacrent uniquement au spirituel parce que, selon eux, le prêtre n'est pas suffisamment armé et outillé pour affronter la politique qui serait une réalité complexe, sale et impitoyable.

Entre les partisans de la thèse selon laquelle le prêtre doit s'engager activement dans la politique et ceux qui

---

[145] Le mot « clergé » sert ici à désigner les évêques, les prêtres et les diacres.
[146] Il s'agit de feu Isidore de Souza (Bénin), Philippe F. Kpodzro (Togo), Ernest Kombo (Congo-Brazzaville), Laurent Monsengwo (ex-Zaïre), Basile Mve (Gabon). Au Burkina Faso, c'est l'abbé Séraphin Roamba (actuel évêque de Koupéla) qui dirigea les travaux du débat national en 1992. En 2003, Les tombeurs de Kumba Yala firent appel à Mgr José Cãmnate Na Bissign, évêque de Bissau, pour diriger le Conseil national de transition.
[147] Il n'est pas juste de dire ou de penser que les clercs sont plus intègres et plus honnêtes que les laïcs. Car on trouve des laïcs honnêtes tout comme on rencontre des clercs cupides et malhonnêtes. D'autre part, ce n'est pas d'abord en raison de leur intégrité que certains clercs ont été sollicités pour jouer le rôle de médiateurs entre les acteurs politiques en Afrique. Je dirais plutôt avec Siméon Ahouana (archevêque de Bouaké) que c'est parce qu'on était sûr qu'ils ne brigueraient pas de poste ministériel ou présidentiel. Voir son interview dans Idriss Diabate, Ousmane Dembele et Francis Akindes (éds), *Intellectuels ivoiriens face à la crise*, Paris, Karthala, 2005, p. 40.

soutiennent qu'il ne doit pas sortir de la sacristie, nous pensons qu'il y a place pour une troisième voie qui consisterait à dire que le prêtre peut avoir un engagement politique mais pas n'importe lequel[148]. Notre première tâche sera donc de reprendre la distinction que le jésuite italien Bartolomeo Sorge fait entre « Politique » et « politique »[149]. Cette distinction nous permettra de donner ensuite les raisons pour lesquelles, de notre point de vue, le prêtre devrait faire non pas la « politique » mais la « Politique ».

« Politique » et « politique »

B. Sorge appelle « Politique » tout ce qui participe à la bonne marche de la cité (*polis*). Et, pour la bonne marche de la *polis*, les hommes ne sont pas obligés de penser et de faire la même chose car l'uniformité n'est pas enrichissement mais appauvrissement. Ce qu'on attend d'eux, c'est qu'ils acceptent l'altérité, c'est-à-dire qu'ils reconnaissent et respectent leurs différences et qu'ils règlent leurs inévitables conflits non par la violence mais par le dialogue. Car la violence appelle toujours la violence. Elle est, de ce fait, destructrice de vies humaines et de biens ainsi que nous le constatons chaque jour en Irak, en Palestine, au Liban, en République démocratique du Congo et ailleurs. Ce qui est donc en jeu dans la « Politique », c'est le bien commun que le second concile de Vatican définit comme un « ensemble de conditions sociales qui permettent, tant aux groupes qu'à chacun de leurs membres, d'atteindre leur perfection d'une façon plus totale et plus aisée (et qui) prend aujourd'hui une extension de plus en plus universelle, et par suite recouvre des droits et des devoirs qui concernent tout le genre humain[150] ». C'est pourquoi, à la suite de Damien Le Douarin, on peut considérer la Politique comme « le lieu

---

[148]Pour aller plus loin sur la question, voir notre ouvrage *L'engagement politique du clergé catholique en Afrique noire*, Paris, Karthala, 2001, 303 p.
[149]Voir son ouvrage *Per una civiltà dell'Amore. La proposta sociale della Chiesa*, Brescia, Queriniana, 1996.
[150]*Gaudium et spes*, 26, §1.

du vivre ensemble, de la recherche du bien commun, du contrôle de la violence toujours latente, de la maîtrise de l'avenir commun d'une collectivité[151] ». C'est cette « Politique » qui est à l'œuvre quand des mouvements ou des associations de la société civile (ligue des droits de l'homme, par exemple) se mobilisent pour protester contre le racisme, l'injustice, le chômage, les violences conjugales, la torture infligée aux opposants et aux prisonniers et d'autres maux capables de nuire au vivre ensemble. C'est à la même « Politique » que nous avons affaire quand un prêtre, un pasteur ou un imam dénonce la mauvaise gestion des gouvernants ou les travers de la société dans laquelle il vit. C'est pour cette raison que Jean-Paul II la définit comme « l'action multiforme, économique, sociale, législative, administrative, culturelle qui a pour but de promouvoir, organiquement et par les institutions, le bien commun[152] ». Le terme « Politique » est ainsi compris *largo sensu*, c'est-à-dire dans son sens le plus large.

Il en va différemment du mot « politique » qui a un sens plus restrictif et qui peut être défini comme conquête du pouvoir d'État, engagement dans tel ou tel parti politique, etc. Il va sans dire que « politique » et « Politique » ont des liens dans la mesure où la première est au service de la seconde. En effet, c'est pour travailler au bien-être de tous que des hommes et des femmes deviennent députés, maires ou président de la République par le biais d'un parti politique ou non. Que, dans la pratique, certains s'occupent davantage de leur famille, de leur ethnie ou de leur formation politique que de la nation, on ne peut que le regretter. Mais le but premier de la « politique » est le service de la communauté. La politique vise aussi à « substituer le droit et la parole à la violence[153] ». Contrairement à ce qu'on peut lire ou entendre ici ou là, elle n'est donc pas le lieu de la violence verbale ou physique même si on doit reconnaître que des hommes et des femmes ont eu à y perdre la vie. Je pense notamment à l'Américain John Fitzgerald Kennedy, aux Indiens Indira et Rajiv Gandhi, au Togolais Sylvanus Olympio, au Congolais Patrice Lumumba, à

---

[151] *Cf. Questions actuelles*, janvier-février 2001, p. 43.
[152] Jean-Paul II, *Christifideles laici*, 42.
[153] *Cf. Questions actuelles, op. cit.*, p. 43.

l'Égyptien Anouar El Sadate, à l'Israélien Yitzhak Rabin, à l'Algérien Mohammed Boudiaf, au Burkinabè Thomas Sankara, au Nigérien Bare Maïnassara...

Inutile de dire que la politique a besoin d'hommes et de femmes croyant en des valeurs (vérité, justice, défense des faibles, accueil de l'étranger, humilité, tolérance, honnêteté, etc.) et ayant une vision et un projet de société clairs et connus de tous. Ces valeurs ne sont pas de trop quand on rêve de mettre ses compétences et ses idées au service de ses compatriotes. C'est la raison pour laquelle Pie XI (1857-1939) voyait la politique comme « le domaine de la plus vaste charité ». Autant dire que la « politique » est nécessaire, quelles que soient les dérives que l'on peut y rencontrer. Nécessaire parce que « dans le monde très complexe où nous vivons et où véritablement tout se tient, les vraies solutions qui vont faire triompher la justice et la fraternité sont finalement des décisions politiques[154] ». En effet, la bonne volonté, la générosité ne sont pas suffisantes pour apporter des solutions durables à des problèmes aussi cruciaux que la misère, la faim, le chômage des diplômés, etc. Il en résulte que la politique mérite autre chose que la déconsidération et le boycott. C'est ce que les évêques français veulent signifier quand ils déclarent :

> « La noblesse de l'engagement politique est indéniable. Les abus qui existent ne doivent pas être l'arbre qui cache la forêt de tous ceux qui, animés par le souci de la justice et de la solidarité, se dépensent pour le bien commun et conçoivent leur activité comme un service et non comme un moyen de satisfaire leur ambition personnelle[155]. »

Dans la même optique, J.-B. Metz pense qu'il serait « objectivement déloyal d'alléguer l'ambiguïté foncière des réalités politiques pour justifier par là l'inexistence des prises de position ecclésiales et rationaliser l'abstention de l'Église ». Pour le théologien allemand, les limites et les imperfections de la politique ne devraient pas servir de prétexte à « une Église

---

[154]F. Varillon, *Joie de croire, joie de vivre*, Paris, Le Centurion, 1981, 2ᵉ édition, p. 238.
[155]Les évêques de France, *Réhabiliter la politique* (1999), 11.

qui sous couvert de neutralité, ou alléguant l'innocence politique de l'Église, cultive un vieil intégrisme et stabilise des alliances politiques bien établies, sans égard pour la souffrance concrète et l'oppression réelle[156] ».

À ce qui vient d'être affirmé il convient d'ajouter que tout est politique en ce sens que la politique intervient dans l'économie, dans le sport, dans la culture, dans la santé, dans le religieux, etc., ce qui ne revient pas à dire que la politique est le tout ou l'essentiel de l'homme. En effet, la vie ne se résume ni ne se réduit à la politique car on peut vivre - et même bien vivre - en dehors de la politique. Rien de plus éloquent, à cet égard, que l'exemple de Nelson Mandela qui continue d'être admiré après son départ de la présidence de la République sud-africaine en 1999. Senghor n'était pas malheureux après avoir quitté le pouvoir en 1980. Comme on aimerait que d'autres suivent ces deux exemples sur le continent au lieu de s'éterniser au pouvoir malgré un bilan largement négatif ! Affirmer que la politique n'est pas tout, c'est reconnaître aussi qu'elle ne saurait être sacralisée et, donc, que ceux qui y sont engagés ne méritent pas d'être déifiés ou adorés. C'est à Dieu en effet que reviennent gloire, louange et adoration. Car tout lui appartient, même César qui, à la fin, aura à rendre compte de sa gestion. Telle est notre compréhension de la réponse de Jésus aux pharisiens venus lui demander s'il fallait payer ou non l'impôt à César : « Rendez à César ce qui est à César et à Dieu ce qui est à Dieu[157]. » Pour le dire autrement, César n'est pas Dieu. Par conséquent, c'est un devoir de contester tout homme politique qui veut se substituer à Dieu. Est, de ce point de vue, instructif le texte d'Isaïe où Dieu déclare au roi Cyrus : « Je t'ai rendu puissant alors que tu ne me connaissais pas, pour que l'on sache, de l'Orient à l'Occident, qu'il n'y a pas de Dieu en dehors de moi[158]. » Oui, Dieu seul est Dieu. Le chrétien - mais pas seulement le chrétien - se rend donc ridicule quand il tremble ou s'aplatit devant ceux qui détiennent momentanément le pouvoir, quand il prend tel ou tel politique pour un messie.

---

[156] J.-B. Metz, *La foi dans l'histoire et dans la société*, Paris, Cerf, 1979, p. 114.
[157] Matthieu 22, 21.
[158] Isaïe 45, 6.

Un évêque ivoirien n'a pas hésité à voir en Konan Banny un messie quand ce dernier fut choisi en décembre 2005 pour succéder à l'ancien Premier ministre Seydou Diarra. Cet évêque devrait se souvenir que, pour les catholiques, le seul messie s'appelle Jésus-Christ. En résumé, je dirais que nous devons rendre à César ce qui lui revient, c'est-à-dire payer l'impôt, respecter les lois de la République, nous intéresser aux affaires de la Cité. Mais, en même temps, nous ne devons pas manquer de rendre à Dieu ce qui lui est dû, c'est-à-dire l'adoration. On voit ainsi que l'État « n'a pas tous les droits[159] », que le respect dû aux autorités civiles n'est pas absolu et que la politique, bien qu'utile, est insuffisante car l'homme, créé à l'image et à la ressemblance de Dieu, ne vit pas seulement de pain. Son destin et sa grandeur, c'est de partager la vie même de Dieu. Cela prouve que l'homme mérite un respect absolu, que toute vie humaine est sacrée et que nul n'a le droit d'ôter la vie à son semblable pour conquérir ou garder le pouvoir.

Tout ce qui a été dit jusqu'ici avait pour but de distinguer la « Politique » de la « politique » et de montrer en même temps que les deux termes entretiennent des rapports car, répétons-le, la « politique » est au service de la « Politique ». Cette distinction étant faite, il devient plus facile pour nous de répondre à la question qui nous occupe : l'engagement politique du prêtre est-il acceptable ou non ? Pour nous, un prêtre n'a besoin ni de militer dans un parti politique, ni de solliciter les suffrages des électeurs pour combattre l'injustice, la misère, le mensonge, le tribalisme, etc. Par conséquent, la « politique » ne devrait pas l'intéresser. Seule la « Politique » devrait trouver grâce à ses yeux et mobiliser ses énergies. Pourquoi ? Comment peut-il faire la Politique ? C'est ce que la deuxième partie de notre étude cherchera à démontrer.

---

[159]Noël Quesson, *Les entretiens du dimanche. Année A*, Paris, Droguet-Ardant, 1998, p. 199.

Pourquoi le prêtre doit faire de la « Politique »

Pour commencer, nous tenons à préciser que nous ne souhaitons aucunement que la société africaine soit régentée par les clercs comme c'était le cas en France jusqu'en 1905, année de l'adoption de la loi qui sépare État et Église[160]. Loin de plaider pour un quelconque néo-cléricalisme, nous sommes pour la laïcité qui, tout en reconnaissant la place et l'importance des religions, ne privilégie aucune confession. Nous sommes donc en phase avec Marcel Gauchet lorsqu'il écrit :

 « On n'annonce pas… la mort en quelque sorte physique des dieux et la disparition de leurs fidèles. On met en évidence le fait que la Cité vit d'ores et déjà sans eux, y compris ceux de ses membres qui continuent de croire en eux. Ils survivent ; c'est leur puissance qui meurt[161]. »

L'Église toute-puissante est morte au Concile Vatican II (1962-1965) qui « accepte les principes de la sécularisation, sans le mot et admet donc qu'économie, politique, culture, ordre international aient à trouver du dedans même de leur exercice les principes de leur développement[162] ». De plus, on ne le souligne pas assez, nous sommes désormais dans un monde où « on ne peut imposer aux citoyens un *credo* philosophique ou religieux[163] ».

Ceci étant, voyons les raisons pour lesquelles le prêtre devrait s'engager dans la Politique. La première, c'est que le prêtre est un *zôon politikon*, c'est-à-dire un animal vivant en société, pour parler comme Aristote (384 av. J.-C.- 322 av. J.-C.)[164]. Si les clameurs et les souffrances de cette société devaient le laisser de marbre, s'il ne peut pas avertir le méchant

---

[160] N. Sarkozy, *La République, les religions, l'espérance. Entretiens avec Thibaud Collin et Philippe Verdin*, Paris, Cerf, 2004, p. 126.
[161] M. Gauchet, *Le désenchantement du monde*, Paris, Gallimard, 1985, p. III.
[162] P. Valadier, *L'Église en procès*, Paris, Calmann-Lévy, 1987, p. 29.
[163] Jacques Rollet, *Religion et politique*, Paris, Grasset, « Le livre de poche », 2001, p. 158.
[164] *Cf. La Politique*, I, 2.

d'abandonner sa conduite, non seulement il démissionnerait de son rôle de veilleur mais il s'exposerait à rendre compte plus tard du sang de son frère (Ézéchiel 33, 7-8).

Deuxième raison : l'Évangile appelle le chrétien à l'action et pas seulement à la compassion. Car Jésus ne s'est pas borné à compatir à la douleur de la veuve de Naïn (Luc 7, 11-17) ou au désarroi des foules affamées (Matthieu 14, 15-21). Commentant la parabole du bon Samaritain, François Varillon (1905-1978) écrit à ce propos :

> « Un chrétien ne peut se contenter de s'apitoyer sur les malheurs d'un pauvre homme blessé ou malade. Il doit travailler, directement ou indirectement, à trouver les solutions qui feront qu'il y aura moins de brigands, non pas dans les déserts mais dans les sociétés multinationales, les banques, les chancelleries, les grands intérêts financiers[165]. »

Le prêtre ne peut pas se cacher derrière une pseudo-neutralité pour laisser les uns dépouiller, exploiter ou affamer les autres dans une société dont le Créateur a destiné les biens à tous[166]. Pour la simple raison qu'il est des circonstances où ne rien faire peut être parfois une façon de faire, tout comme ne pas s'exprimer peut être une manière de s'exprimer. F. Varillon le résume bien quand il note :

> « Le silence ou l'abstention en matière politique sont une pesée politique. Beaucoup pensent ne pas faire de politique. Pourtant, en n'en faisant pas, ils en font parce que leur silence, leur abstention font partie du rapport des forces. Tout est rapport de forces dans un pays et dans le monde : il y a les forces morales, militaires, économiques, etc. Il ne faut pas dire du mal de la force : la santé, par exemple, est une force. Il faut dire du mal de la violence... car la violence est une force détachée de la raison[167]. »

Une autre raison pour laquelle le prêtre est obligé de s'intéresser à la « Politique », c'est que l'Évangile ne lui demande pas de s'évader du monde ou de s'enfermer dans le

---

[165] F. Varillon, *Joie de croire, joie de vivre, op. cit.*, p. 238.
[166] *Gaudium et spes*, 69.
[167] F. Varillon, *op. cit.*, p. 240.

spirituel. Pour lui comme pour les autres chrétiens, « la dichotomie du temporel et du spirituel est à jamais condamnée par la loi même de l'Incarnation[168] ».

Nous venons de voir pourquoi le prêtre ne peut pas se désintéresser de la Politique. La première raison que nous avons donnée est que le prêtre ne vit pas au désert ; la seconde est que le message chrétien l'appelle à l'action car, selon Jésus, « ce ne sont pas ceux qui disent 'Seigneur, Seigneur' qui entreront dans le Royaume mais ceux qui font la volonté du Père qui est aux cieux » (Matthieu 7, 21). La dernière raison est que tout chrétien est invité à incarner sa foi dans le monde, à y devenir « sel et lumière ». Reste maintenant à résoudre la question suivante : Comment le prêtre peut-il faire la « Politique » ?

Comment le prêtre peut-il faire la « Politique » ?

La première façon de faire la Politique est de dénoncer clairement et vigoureusement les discours et comportements susceptibles de porter atteinte au vivre ensemble. Le prêtre doit parler haut et fort en faveur de ceux que Frantz Fanon nommait « les damnés de la terre » au nom du Dieu qui s'est identifié aux plus petits (Matthieu 25, 31-46). Il a l'obligation de s'exprimer quand les droits de l'homme sont bafoués, quand des hommes et des femmes sont traqués, persécutés ou torturés à cause de leurs convictions religieuses ou politiques, quand les pauvres sont oubliés dans le partage du bien commun, quand une ethnie est outrageusement privilégiée, etc. Sa bouche doit être « la bouche des malheurs qui n'ont point de bouche » et sa voix, « la liberté de celles qui s'affaissent au cachot du désespoir[169] ». L'Ancien Testament et le Nouveau portent trace de cet engagement en faveur des « sans-voix » à travers les personnages de Jérémie, Ézéchiel, Amos, Nathan, Isaïe et autres Jean-Baptiste qui n'avaient pas leur langue dans la poche. Cette mission, des prêtres et évêques l'ont courageusement assumée à

---

[168] J.-M. Aubert, « Théologie et politique : les composantes politiques d'une réflexion théologique », R. Metz et J. Schlick, *Politique et foi*, Strasbourg, Cerdic publications, p. 160.
[169] Aimé Césaire, *Cahier d'un retour au pays natal*, Paris, Présence africaine, 1983, p. 22.

leurs risques et périls. Je pense notamment au Brésilien Dom Helder Camara, au Salvadorien Oscar Romero, au cardinal antinazi Clemens Von Galen, béatifié le 9 octobre 2005 à Saint-Pierre de Rome. Benoît XVI a donné la raison de cette béatification : « Il a fait briller la lumière de la vérité et s'est opposé avec courage à la tyrannie. » Difficile de ne pas voir dans l'adresse du pape « une allusion aux hauts dignitaires de l'Église et, surtout, le pape Pie XII qui ne surent pas s'opposer radicalement au nazisme[170]. » Pour mémoire, il est bon de savoir que les sermons de l'ancien évêque de Munster fustigeaient l'élimination des handicapés. En Afrique, comment oublier le cardinal Christian Tumi soupçonné par les proches de Paul Biya de vouloir prendre le pouvoir en raison de « sa détermination à promouvoir une société respectueuse de la justice, des droits et libertés et des valeurs morales au Cameroun[171] » ? L'archevêque de Douala s'était déjà fait remarquer à Yagoua et à Garoua en s'opposant à Ahidjo qui faisait de la conversion à l'islam une condition *sine qua non* pour se faire embaucher dans l'administration au Nord-Cameroun[172].

L'Église d'Afrique a besoin d'évêques, de prêtres, religieux et religieuses de cette trempe. Elle a aussi besoin de missionnaires capables de « prononcer une parole prophétique à l'encontre de leurs pays, marchands de canon et de mort, qui excitent les uns contre les autres les fils et filles de nos contrées, qui continuent de vendre ou de distribuer des armes de destruction aux factions rivales pour mieux s'implanter et continuer à exploiter les richesses de nos États[173] ». Pour cela, est nécessaire le courage de ramer à contre-courant, de « dénoncer ceux qui se croient au-dessus de la loi et qui se prennent pour le roi des rois[174] », de s'attaquer au mensonge et de démasquer les fausses paix. Celui qui accepte d'assumer une

---

[170] *Cf. La vie*, 3137, du 13 octobre 2005, p. 17.
[171] *Cf. La Nouvelle Expression* (quotidien paraissant à Douala), du 20 octobre 2005.
[172] *Idem*.
[173] P. Meinrad Hebga, « Mission et génocide. Pour un discours prophétique », F. Rutembesa et *alii*, *Rwanda. L'Église catholique à l'épreuve du génocide*, Greenfield Park, Les Éditions Africana, 2000, p. 197.
[174] *Cf.* Frédéric Ehui alias Meiway, « Le chant des martyrs », *Golgotha*, 2005.

telle mission ne peut espérer être bien vu ou avoir beaucoup d'amis et d'admirateurs. Le cardinal Emmanuel Suhard (1874-1949) et le jésuite chilien Alberto Hurtado (1901-1952) en étaient bien conscients. Le premier écrivait :

> « Le prêtre, dans la cité, sera toujours, par quelque côté, l'adversaire. On ne lui pardonnera jamais d'évoquer et de perpétuer, de génération en génération, Celui qu'on croyait avoir supprimé pour toujours. Comme le Christ, le prêtre est la pierre angulaire, l'angle vif du Royaume d'en haut[175]. »

Hurtado ne contredit pas Suhard lorsqu'il affirme :

> « Nous, les prêtres, comme Judas, pouvons trahir la cause de Jésus, et nous le ferons si nous ne Le défendons pas sur le terrain où Il est attaqué. Rien ne nous autorise à garder le silence, ni la crainte d'inquiéter ceux à qui nous devons peut-être beaucoup de services, ni la timidité face au pouvoir, ni le danger d'être mal interprétés. Ne prêcher que la résignation et la charité face aux grandes souffrances des hommes serait cacher l'injustice[176]. »

Le prêtre qui essaie de bousculer ceux qui se rendent coupables de graves injustices apparaîtra forcément comme un empêcheur de tourner en rond, comme celui qui importune. Pour l'ancien archevêque de Paris, on ne devrait pas maudire un tel homme mais accorder plus d'attention à sa parole car « l'un des premiers services qu'il rend au monde, c'est de lui dire la vérité ». C'est pourquoi, ajoute-t-il, « il (le prêtre) doit rester dans la grande ligne prophétique. Sa voix doit ressusciter les accents terribles ou déchirants des grands Inspirés d'autrefois... Il doit être le ministre de l'inquiétude, le dispensateur d'une soif et d'une faim nouvelles[177] ».

Deuxièmement, le prêtre fait de la Politique en dénonçant tout ce qui blesse la dignité humaine. Car, s'il y a un

---

[175] E. Suhard, *Le prêtre dans la Cité*, Paris, Éd. A. Lahure, 1949, p. 35.
[176] http://www.puc.cl/hurtado/traducciones/02%20textos_frances/texto06.htm
[177] E. Suhard, *op. cit.*, p. 32-33.

temps pour se taire, il y a aussi un temps pour parler. En effet, peut-on se taire devant la barbarie et la tyrannie ? Peut-on garder le silence quand une minorité accapare toutes les richesses dans un pays, quand un président fait ce qu'il veut, quand d'anciennes puissances coloniales veulent contrôler la vie politique et économique des anciennes colonies, quand un étranger est traqué et humilié uniquement parce qu'il est étranger, etc. ? Dans toutes ces situations, le silence est-il synonyme de sagesse et de prudence ? Ne signifie-t-il pas lâcheté et complicité avec le crime ? L'abbé Pierre révèle ainsi être entré en résistance, changeant de nom et de ville et utilisant de faux papiers, non seulement pour ne pas être complice de la barbarie nazie[178] mais aussi parce qu'il avait vu des gens pleurer l'enlèvement de leurs proches[179]. La résistance ne se limite cependant pas à prendre le maquis. Elle peut consister aussi à soutenir moralement ceux qui se battent pour le respect des droits de l'homme et le triomphe de la justice. Dans ce sens, un laïc qui abandonne sa famille pour combattre l'injustice et l'arbitraire au nom de sa foi devrait être soutenu par le clergé. Le cardinal Stefan Wyszinski, ancien archevêque de Varsovie longtemps maintenu en résidence surveillée, Mgr Adam Sapieha, ancien archevêque de Cracovie, et feu Jean-Paul II qui soutint ouvertement Lech Walesa et *Solidarnosc*, furent dans la Pologne communiste trois hautes figures de cette résistance. Le dernier exemple qui me vient à l'esprit est l'ancien cardinal philippin Jaime Sin qui donna son soutien moral en janvier 2001 à une révolte populaire contre le président Joseph Estrada accusé de corruption[180]. Quinze ans plus tôt, le même cardinal avait appelé les prêtres et religieux de son diocèse à descendre dans la rue pour protester pacifiquement contre Ferdinand Marcos qui ne voulait pas reconnaître la victoire de Cory Aquino. La résistance peut se traduire également par une participation du prêtre à des marches ou à des manifestations pacifiques pour contester une décision ou une loi injuste.

---

[178] Bernard Violet, *L'abbé Pierre*, Paris, Fayard, 2004, p. 115- 156.
[179]*Ibid.*, p. 116.
[180]*Cf. Famille chrétienne*, 1341, du 27 septembre au 3 octobre 2003, p. 6.

Une autre manière de faire la « Politique », c'est de s'investir dans des œuvres de charité. Lorsque nous parlons d' « œuvres de charité », il ne s'agit nullement de « bonnes œuvres des belles dames riches d'autrefois[181] ». Car, pour l'abbé Pierre, « être charitable, ce n'est pas seulement donner, c'est avoir été, être blessé de la blessure de l'autre. C'est aussi unir toutes mes énergies aux siennes pour guérir ensemble de son mal devenu le mien[182] ». C'est cette conception non restrictive de la charité qui est au cœur de *Centesimus annus* où Jean-Paul II déclare :

> « Il ne s'agit pas seulement de donner de son superflu, mais d'apporter son aide pour faire entrer dans le cycle du développement économique et humain des peuples entiers qui en sont exclus ou marginalisés. Ce sera possible non seulement si l'on puise dans le superflu, produit en abondance par notre monde, mais surtout si l'on change les styles de vie, les modèles de production et de consommation, les structures de pouvoir établies qui régissent aujourd'hui les sociétés. »

S'engager dans cette charité qui nous fait aller à la racine de la faim et de la misère, c'est s'engager dans la « Politique ». C'est cette Politique que fait l'abbé Pierre à travers les communautés Emmaüs implantées un peu partout dans le monde. C'est la même Politique que fait Pedro Opeka qui a créé en 1989 *Akamasoa* (« les bons amis » en langue malgache) dont le but est d'intégrer des gens vivant dans la rue. L'association a ainsi construit 16 villages autour de la capitale Antananarivo. Le combat du prêtre argentin a déjà profité à 20 000 personnes dont 9 000 élèves[183]. Dénoncer le mal, résister à tout ce qui détruit l'humain, agir pour que les déshérités et les faibles puissent retrouver le sourire et le goût de vivre, arracher la société à ses fausses inquiétudes et illusions, amener les hommes politiques à voir plus loin que leur famille, ethnie, parti

---

[181] Abbé Pierre, *Je voulais être marin, missionnaire ou brigand*, Paris, Le Cherche midi, 2002, p. 189.
[182] *Idem*.
[183] *Cf*. Denise Gault, *Père Pedro ou les collines du courage*, Paris, Albin Michel, 1994.

politique et religion, voilà le seul engagement politique qui vaille pour le prêtre.

Pour y parvenir, il est important que prêtres et évêques soient attentifs à deux choses : d'une part, qu'ils ne soient pas trop liés à ceux qui détiennent le pouvoir politique et financier comme cela s'est passé avec Mgr Vincent Nsengiyumva dans le Rwanda de Juvénal Habyarimana. Conseiller spirituel du couple présidentiel et membre de l'ancien parti au pouvoir, l'ancien archevêque de Kigali n'était plus en mesure d'entendre le cri des victimes de la dictature de J. Habyarimana[184]. C'est le lieu de rappeler que l'Église catholique n'avait pas toujours soutenu les Hutu. Elle avait été plutôt du côté des Tutsi au début. Pendant quarante ans, elle fit ainsi la promotion des Tutsi. C'est seulement en 1959 qu'elle se détourna des Tutsi. Pourquoi ? Parce que les élites tutsi avaient remis en question son quasi-monopole sur l'enseignement. Elle soutint alors Grégoire Kayibanda[185]. Ce que je veux souligner ici, c'est ceci : les légitimes relations que nous pouvons et devons avoir avec les élites politiques et économiques ne devraient pas nous empêcher d'interpeller ou de critiquer ces dernières si elles n'agissent pas pour le bien commun. Il faudra même, pour défendre la vérité et la justice, accepter de perdre certaines amitiés et autres privilèges. Tel est le sens de la déclaration de Vatican II :

> « Certes, les choses d'ici-bas et celles qui, dans la condition humaine, dépassent ce monde, sont étroitement liées, et l'Église elle-même se sert d'instruments temporels dans la mesure où sa propre mission le demande. Mais elle ne place pas son espoir dans les privilèges offerts par le pouvoir civil. Bien plus, elle renoncera à l'exercice de certains droits légitimement acquis s'il est reconnu que leur usage peut faire douter de la pureté de son témoignage ou si les circonstances nouvelles exigent d'autres dispositions[186]. »

---

[184]Voir « le génocide rwandais » dans notre ouvrage *Changer de politique vis-à-vis du Sud. Une critique de l'impérialisme occidental*, Paris, L'Harmattan, 2004, p. 107-119.
[185]François-Xavier Verschave, *Complicité de génocide ? La politique de la France au Rwanda*, Paris, La Découverte, 1994, pp. 145-146
[186]*Gaudium et spes*, 76, § 5.

Le deuxième point qui mérite attention est le respect de la liberté d'opinion et d'expression dans l'Église[187]. En effet, le discours de l'Église sur le respect des droits de l'homme a peu de chances d'être entendu si les hommes d'Église sont les premiers à bafouer ces droits au sein de l'Église. À ce propos, le synode des évêques sur la justice dans le monde invitait à considérer les points suivants : examen des possessions et du style de vie de l'Église (n. 43), le traitement (salaires, assurance sociale, possibilité de promotion, etc.) de personnes employées par l'Église, prêtres et religieux y compris (n. 44), la place de la femme dans la vie communautaire de la société et de l'Église (n. 45), la liberté convenable de parole et de pensée (n. 47), le droit de l'accusé « de connaître ses accusateurs et le droit à une défense appropriée » (n. 48)[188]. C'est dans la même perspective qu'il faut situer ces propos du cardinal Christian Tumi :

« L'Église doit être une école de la démocratie dans les pays où il n'y a pas de démocratie. C'est là où les gens doivent avoir la liberté d'expression... Ce n'est pas parce que je suis évêque que je suis plus intelligent que les autres chrétiens... Donc nous devons laisser les laïcs mettre en cause la manière de gérer dans nos Églises. C'est alors qu'ils seront aussi prêts à mettre en cause ce qui se passe dans le gouvernement. Il faut que nos Églises soient des milieux de liberté d'expression dans une situation où la démocratie est nominale... Il faut que nous nous laissions mettre en cause par les fidèles qui ont le droit et même le devoir de le faire, et ainsi on va mieux les préparer pour la démocratie et la responsabilité[189]. »

En résumé, tout prêtre est appelé à faire la « Politique » tout en veillant à ce que sa parole ne soit pas en désaccord avec ses actes. Quant à la « politique », nous estimons qu'elle ne devrait pas intéresser le prêtre. Pourquoi ?

---

[187]Sur cette question, lire le chapitre « Liberté et autorité dans l'Église » de notre livre *Rome et les Églises d'Afrique. Propositions pour aujourd'hui et demain*, Paris, L'Harmattan, 2005, p. 63-82.
[188]*Cf. La Documentation catholique*, 1600 (1972), p. 12-18.
[189] http://www.cipcre.org/ecovox/eco1/evenmnt.htm.

Pourquoi le prêtre devrait se désintéresser de la « politique »

D'abord, parce que Jésus, « le grand prêtre par excellence » (Hébreux 4, 14), a refusé tout pouvoir terrestre. Il a en effet dit « non » quand on voulait lui faire jouer un rôle de messie socio-politique comme en témoigne sa fuite dans la montagne alors qu'on le cherchait pour le faire roi après la multiplication des pains (Jean 6, 14-15). Citons aussi sa réponse à Pierre qui voulait l'empêcher de souffrir à Jérusalem : « Passe derrière moi, Satan ! Tu me fais obstacle car tes pensées ne sont pas celles de Dieu mais celles des hommes[190]. » Pensons encore à sa réaction quand Pilate voulait savoir s'il était le roi des Juifs : « Mon royaume n'est pas de ce monde[191]. » Ces trois passages montrent clairement que Jésus n'a pas désiré régner sur un territoire et sur des hommes, être gardé par une soldatesque mais appeler les hommes à la conversion (Marc 1, 15), rendre témoignage à la vérité (Jean 18, 37), dire que tous les hommes sont les enfants d'un même père, le Père des cieux, et, donc, qu'ils sont frères et doivent se traiter comme tels (Luc 11, 2). Il n'a pas succombé à la tentation d'être compté parmi les autorités politiques et religieuses de son temps même s'il parlait avec autorité. En effet, à la différence des pharisiens qui se contentaient de répéter et de commenter ce qui a été dit, le Galiléen était coutumier de la première personne « qui fait éclater tous les systèmes clos » et soucieux « de faire grandir ses auditeurs et de les renvoyer à eux-mêmes[192] ». C'est à la même mission que le prêtre est appelé : annoncer le Règne de Dieu - qui est un Règne de justice, d'amour, de paix et de vérité - au lieu de chercher à occuper tel ou tel poste politique.

La seconde raison a quelque chose à voir avec le sacrement de l'eucharistie. Seul le prêtre est habilité à dispenser ce sacrement. C'est d'ailleurs une des choses qui le distinguent du diacre. Comme le dit Jean-Paul II, l'eucharistie est « la principale et centrale raison d'être du sacrement de l'ordre[193] ».

---

[190] Matthieu 16, 21-23.
[191] Jean 18, 36.
[192] Jean-Pierre Bagot, *Jésus, un homme... Et puis ?*, Paris, Cerf, 2005, p. 78.
[193] *Cf.* Lettre du jeudi saint 1980.

Le pape confirme cette conception de l'eucharistie dans *Pastores dabo vobis* : « Sans prêtre il ne peut y avoir d'offrande eucharistique[194]. » L'eucharistie étant le sacrement qui rassemble la communauté chrétienne, l'unité de cette communauté risquerait d'être brisée si le prêtre adhérait à un parti politique. On risquerait alors de ne plus voir le prêtre comme le porte-parole de Dieu mais comme le porte-drapeau de telle ou telle formation politique. En d'autres termes, seule une partie de la communauté se reconnaîtrait dans sa parole.

La troisième raison est juridique. En effet, le Code de droit canonique de 1983 interdit au prêtre de faire la « politique ». Nous avons ainsi le canon 285, § 3 qui « interdit aux clercs de remplir les charges publiques qui comportent une participation à l'exercice du pouvoir civil ». Même si le paragraphe 4 du même canon 285 est plus nuancé, il porte aussi l'interdiction de faire la politique : « Sans la permission de leur Ordinaire, les clercs ne géreront pas des biens appartenant à des laïcs ni les charges séculières comportant l'obligation de rendre des comptes... » Quant au canon 287, § 2, il laisse penser qu'il peut y avoir des exceptions à l'interdiction de faire la politique quand on est prêtre :

« Ils ne prendront pas une part active dans les partis politiques ni dans la direction des associations syndicales, à moins que, au jugement de l'autorité ecclésiastique compétente, la défense des droits de l'Église ou la promotion du bien commun ne le requièrent[195]. »

On reviendra sur ce canon à propos des prêtres qui ont été députés, maires, ministres ou chefs d'État. Pour l'instant, il n'est pas inutile de rappeler que Vatican II avait déjà étudié la question, soutenant que « la vocation propre des laïcs consiste à chercher le règne de Dieu précisément à travers la gérance des choses temporelles qu'ils ordonnent selon Dieu[196] ». Si la

---

[194] Jean-Paul II, *Pastores dabo vobis* (exhortation apostolique post-synodale), 25 mars 1992, n° 48.
[195] *Code de droit canonique latin-français*, Paris, Centurion-Cerf-Tardy, 1984, p. 49.
[196] *Lumen gentium*, 31.

« politique » revient aux laïcs, quel est alors le rôle des prêtres ? Selon Vatican II, la mission des clercs consiste à « aider les laïcs à cheminer à travers le temporel, c'est-à-dire les domaines familiaux, économiques et politiques, pour que leur vie ne soit pas en contradiction avec les exigences fondamentales de l'Évangile mais qu'elle travaille à réaliser la réconciliation des hommes signifiée par l'eucharistie[197] ». Les évêques américains abondent dans le même sens lorsqu'ils écrivent :

> « C'est aux laïcs qu'incombe principalement la responsabilité de l'activité dans les affaires politiques car ils sont les principaux responsables de la rénovation de l'ordre temporel... La hiérarchie a, elle aussi, une lourde responsabilité qui lui est propre... En tant que maîtres et pasteurs, les évêques doivent établir des normes pour la formation de la conscience des fidèles, apporter leur soutien aux efforts en faveur d'une plus grande paix et justice et agir en guides et même en chefs à l'occasion, lorsque les droits de l'homme sont en danger[198]. »

La quatrième raison, c'est qu'un prêtre qui militerait dans un parti politique ne serait plus suffisamment libre pour critiquer ou contester certaines décisions et choix de ce parti à cause de ce qu'on appelle la discipline du parti. Or le prêtre a le devoir d'interpeller et de critiquer tous les partis politiques - parti au pouvoir comme partis de l'opposition – quand les besoins du petit peuple ne sont pas pris en compte, quand les gens sont muselés dans les différents partis politiques, quand la politique risque d'être discréditée par certaines pratiques : culte de la personnalité, course à l'enrichissement, arrogance, détournement des deniers publics, ouverture de comptes bancaires à l'étranger, etc. Si l'adhésion partisane prive le prêtre de la liberté nécessaire pour dénoncer ce qui ne va pas dans le fonctionnement de tel ou tel parti politique, il est aussi vrai qu'elle lui ôte toute autorité pour réconcilier adversaires ou ennemis. Si Jésus parlait avec autorité, si partisans et adversaires de l'impôt à payer à César eurent recours à son

---

[197] F. Varillon, *Joie de croire, joie de vivre*, p. 239.
[198] Conférence catholique des États-Unis, « Responsabilité politique : des choix pour l'avenir », *La Documentation catholique*, 1955 (1988), p. 166-172.

arbitrage, c'est justement parce qu'il n'appartenait à aucun des groupes qui existaient dans la société de son temps : Zélotes, Hérodiens, Pharisiens, Sadducéens. Le principal avantage de cette neutralité, c'est que Jésus pouvait dire à chaque groupe ses quatre vérités. Pour nous, il est important que le prêtre soit dans cette neutralité s'il veut parler librement aux différentes formations politiques, y compris celle dont il partagerait les idées. Telles sont les raisons pour lesquelles le prêtre ne devrait pas faire la « politique ». Peut-on en conclure qu'il y a une « incompatibilité radicale entre ministère sacerdotal et engagement politique » (Jacques Jullien) ? En d'autres mots, prêtres et évêques se sont-ils toujours contentés de faire la Politique ?

Les prêtres-politiques

Non, les prêtres n'ont pas toujours observé la règle leur défendant de « remplir les charges publiques qui comportent une participation à l'exercice du pouvoir civil ». Pour Jacques Jullien, « la pratique de l'Église...montre que, de fait, il y a eu, tout au long de l'Histoire, des prêtres et des évêques engagés politiques au sens fort que nous avons retenu... pour ne pas parler de l'action d'un certain nombre de papes[199] ». En Afrique, on peut ainsi distinguer deux cas de figure à propos de l'engagement politique du clergé. Le premier cas, ce sont les prêtres-présidents de la République au début des années soixante. On peut citer ici le Congolais Fulbert Youlou renversé en 1963 et le Centrafricain Barthélemy Boganda qui trouva la mort dans un mystérieux accident d'avion le 29 mars 1959[200]. Un mot sur le premier avant d'aller plus loin. Youlou était fort apprécié quand il luttait avec d'autres pour la décolonisation. Il était si apprécié que la population se montra généreuse à son endroit afin qu'il ne manquât de rien dans l'accomplissement de sa mission. De plus, on voyait en lui un autre André Matsoua.

---

[199]J. Jullien, *Les prêtres dans le combat politique*, Paris, Les Éditions ouvrières, 1972, p. 124.
[200]Sur la vie et le combat de B. Boganda, lire l'abbé Benoît Basile Siango, *Barthélemy Boganda, premier prêtre oubanguien, fondateur de la République centrafricaine*, Pierrefitte-sur-seine, Éditions Bajag-Meri, 2004, 158 p.

Parvenu au pouvoir, il dut malheureusement faire face à la grogne des syndicats qui lui reprochaient une mauvaise gestion budgétaire et financière. On l'accusait aussi de ne s'occuper que des gens de son ethnie et de sa région et d'étaler avec ses ministres « un luxe insolent au milieu des masses affamées et dénudées[201] ». Le Gabonais Paul Mba Abessole n'a pas encore accédé à la présidence de la République. Et on ne sait pas si ça l'intéresse toujours. En tous les cas, il comptait sur son parti, le Rassemblement National des Bûcherons (RNB), pour parvenir à la magistrature suprême. Après avoir dirigé la mairie de Libreville, le prêtre spiritain semble désormais avoir choisi d'aller à la soupe de l'inamovible Omar Bongo dont il devint d'abord le ministre des droits de l'homme[202], puis le vice-Premier ministre. Entre-temps, le RNB se transforma en Rassemblement pour le Gabon (RPG) et, comme il fallait s'y attendre, perdit plusieurs militants du fait de son ralliement à la majorité présidentielle[203].

Nous avons ensuite les évêques-présidents des conférences nationales. Excepté feu Isidore de Souza qui sut tirer son épingle du jeu, force est de reconnaître que les évêques sollicités ne furent pas à la hauteur des espoirs placés en eux. Pourquoi échouèrent-ils ? Ce n'est ni la bonne volonté ni la générosité qui leur firent défaut. Il leur manqua simplement ce qui manqua à l'abbé Pierre quand il était député. Le fondateur du mouvement *Emmaüs* s'en est expliqué dans un récit que nous avons déjà cité. Écoutons-le :

« Nous n'avons qu'une raison d'être présents au labeur politique : dire et redire, naïvement peut-être, mais comme le sent un peuple au milieu de qui… nous avons voulu rester à pâtir chaque jour, partageant ses peines et ses travaux, dire et redire les élémentaires équités qu'aucune conjoncture ne peut permettre d'enfreindre, faute de quoi tout se déshonore et s'effondre. Il fallait cela. Mais il eût fallu le reste aussi, la compétence. Et je ne me décidais pas à consacrer d'abord à l'acquérir le temps qu'il eût fallu…. À vrai dire, je découvrais à l'évidence que pour faire avec succès le dur effort

---

[201]Rémy Boutet, *Les trois glorieuses ou la chute de Fulbert Youlou*, Dakar, Éditions CHAKA, 1990, pp. 61-66.
[202]*Cf. Jeune Afrique / L'Intelligent*, n° 2191, du 5 au 11 janvier 2003, p. 59.
[203]*Cf. L'Union Plus* du 4 février 2005.

d'acquérir les compétences nécessaires à l'exercice utile de ce beau métier de parlementaire, il faut porter en soi en quelque sorte le goût du pouvoir, le goût de l'exercice de cette sorte de responsabilité. Et ce goût, sûrement je ne l'avais pas[204]. »

Il faut lever toute ambiguïté ici : quand l'abbé Pierre dit qu'il lui manquait « le goût du pouvoir », il ne s'agit pas d'une quelconque soif du pouvoir. Ce qu'il veut dire, c'est qu'il n'avait pas la vocation politique, qu'il n'était pas appelé à cela car on entre en politique comme on entre en religion. Pour le dire autrement, ne fait pas la politique qui veut mais qui possède cet « art de rendre possible ce qui est nécessaire » dont parlait Robert Buron. Pour employer la distinction de Max Weber, le peuple n'a pas besoin de gens vivant de la politique mais engagés dans la politique pour apporter un peu de bonheur à la communauté[205]. Pour tout dire, on n'entre pas en politique pour acquérir richesse, prestige et honneurs, pour devenir « quelqu'un », pour se servir et asservir mais pour servir la communauté. En ce sens, la politique n'est pas un métier. On a vu les deux cas de figure de l'engagement politique du clergé en Afrique. Quelle conclusion peut-on en tirer ? Nous soutenons avec Paul VI (1897-1978) que la politique n'est pas « la seule manière de vivre l'engagement chrétien au service des autres[206] ». D'autre part, nous l'avons déjà dit, l'adhésion d'un prêtre à un parti politique pourrait porter atteinte à l'unité de la communauté chrétienne. Un prêtre l'a bien exprimé durant la Révolution de 1848 en France :

« User de mon influence auprès des électeurs de ma paroisse, jamais... Ma conscience me le reprocherait un jour. Avant tout je suis ministre du Seigneur dans la portion du peuple qu'il m'a confiée ; en cette qualité mon but principal doit être de gagner l'estime et l'amour de tous sans distinction de partis ; et c'en serait fait du succès de mon ministère si la politique venait à briser ce lien céleste qui unit les brebis à leur pasteur[207]. »

---

[204] B. Chevallier, *op. cit.*, p. 123-124.
[205] *Cf.* M. Weber, *Le savant et le politique*, Paris, Plon, 1959.
[206] *Cf. Octogesima adveniens* (14 mai 1971), 46, § 3.
[207] Paul Christophe, *Les choix du clergé dans les Révolutions de 1789, 1830 et 1848*, Tome II, Lille, 1976, p. 169.

Cela dit — et le Droit canonique l'autorise —, nous ne voyons aucun inconvénient à ce que tel ou tel prêtre brigue un mandat municipal, législatif ou présidentiel. Pourvu que soient remplies quelques conditions. La première est que le prêtre doit avoir l'autorisation de son évêque ou de son supérieur religieux. Deuxième condition : qu'un grand nombre de personnes souhaitent que le prêtre ou le religieux soit candidat à tel ou tel poste politique. Troisièmement : que ce soit pour un temps court comme pour les évêques qui eurent à diriger la transition politique en Afrique au début de la décennie 90. Dernière condition : que le prêtre accepte de ne pas dire publiquement la messe pendant tout le temps où il sera député, maire, ministre ou président de la République.

La question de départ qui était « oui ou non, le prêtre peut-il avoir un engagement politique ? » a été transformée pour devenir « quel type d'engagement politique le prêtre peut-il avoir ? » Pour y répondre, nous avons distingué entre « Politique » et « politique ». Nous avons ensuite vu que la politique ou conquête du pouvoir d'État ne devrait pas intéresser le prêtre pour diverses raisons, la plus importante étant qu'il n'est pas nécessaire d'entrer dans un parti politique ou de briguer un poste politique pour lutter contre l'exclusion, la misère et l'injustice. Seule la Politique devrait, à notre sens, mobiliser les énergies des hommes d'Église parce que le Christ appelle tout chrétien à vivre une foi incarnée et, d'autre part, parce que le prêtre doit se percevoir comme veilleur, c'est-à-dire comme responsable, avec les autres citoyens, de la bonne marche de la *polis*. Nous n'avons pas omis de répondre à une autre question non moins importante : comment le prêtre doit-il faire la Politique ?

Si notre étude a évoqué le cas de certains prêtres qui eurent à s'engager directement dans la politique, preuve que la règle interdisant aux clercs d'assumer des charges publiques n'est pas absolue, il n'en demeure pas moins que, pour nous, le rôle des ecclésiastiques consiste « à guider, à conseiller, à informer les croyants (et si nécessaire à les critiquer) sur leur devoir de témoigner et de faire respecter les valeurs chrétiennes[208] ». Certains hommes et femmes, y compris dans l'Église, ne voient pas les choses de cette manière. Pour eux, le prêtre ne devrait pas intervenir dans les choses temporelles parce qu'elles seraient sales et salissantes. Cette raison nous paraît fallacieuse. Pour nous, la vraie raison est qu'ils ne veulent pas être dérangés quand ils agissent mal contre l'homme créé à l'image et à la ressemblance de Dieu. N'en déplaise à ces personnes qui ont une perception étriquée et fausse du prêtre (et de sa mission), nous soutenons que celui-ci doit s'engager dans la Politique. Dans un continent qui possède tout ce qu'il faut pour nourrir ses enfants mais qui est aujourd'hui sous perfusion pour des raisons à la fois externes et internes, prêtres et évêques n'ont pas d'autre alternative que de parler et de résister à tout ce qui porte atteinte à la dignité humaine. Est pertinente, de ce point de vue, la réflexion de Meinrad Hebga. C'est à lui que je laisserai la parole pour clore cette étude :

> « Aujourd'hui et non pas demain, nous devons prendre une attitude et tenir un discours chrétien engagé. Sans nous égarer dans la politique politicienne, dans nos pays respectifs, sans nous laisser intimider par les groupes de pression, les puissances hégémoniques, ou piéger par l'appât de l'argent et des promotions ecclésiastiques, assumons nos responsabilités et réclamons à temps et à contretemps, les droits de nos peuples. Que l'option pour les pauvres, pour les sans-voix, les persécutés, les laissés-pour-compte ne soit pas une formule creuse et un slogan de propagande ! Que justice et paix proclamées au cours de meetings houleux avec des banderoles aux couleurs criardes ne soit pas une formule-alibi, un leurre et une dérobade. Écoutons le Seigneur nous lançant des paroles de feu : le juste périt et nul n'y prend garde. Les gens de bien sont enlevés et nul n'y fait attention (Isaïe 57, 1)[209]. »

---

[208] Christoph Schönborn, *Le défi du christianisme*, Paris, Cerf, 2003, p. 88.
[209] M. Hebga, *art. cit.*, p. 195.

Chapitre VII

Cohérence et constance en politique

La constance de Mamadou Koulibaly

Guessiguié est un village de la sous-préfecture d'Agboville au Nord d'Abidjan. Mamadou Koulibaly s'y rendit, le 19 novembre 2005, pour assister à la rentrée politique des sections du FPI de 21 villages du canton Khos. Invité à prendre la parole, le président de l'Assemblée nationale demanda aux Ivoiriens de ne plus reculer devant les rebelles qui exigeaient d'avoir le poste de Premier ministre[210]. Le principal enseignement que l'on peut tirer de la prise de position de Koulibaly, c'est qu'elle nous montre un homme cohérent et constant. Pour ceux qui ne le sauraient pas, c'est en janvier 2003 que l'homme se fit remarquer pour la première fois en quittant Marcoussis – ville française, située près de Paris, où étaient réunis les principaux partis politiques et les rebelles ivoiriens pour trouver une solution à la crise - afin de ne pas cautionner le coup d'État constitutionnel de Pierre Mazeaud contre la Côte d'Ivoire. Quelques semaines après, il publira (en collaboration avec l'Américain Gary K. Busch et l'Ivoirien Antoine Ahua) *La guerre de la France contre la Côte d'Ivoire* dont la thèse centrale peut s'énoncer comme suit : puisque c'est la France qui fait la guerre à la Côte d'Ivoire, c'est avec elle que le gouvernement ivoirien devrait discuter et non avec les Ouattara, Soro et autres misérables pions. C'est encore lui qui avait prédit que, quelles que soient les concessions qui seront faites par Laurent Gbagbo, les rebelles ne déposeraient jamais les armes. De fait, le pays est toujours coupé en deux malgré l'amnistie accordée aux insurgés, l'entrée de ces derniers dans le gouvernement (quelle hérésie !), la révision de

---

[210]C'est le gouverneur de la BCEAO, Charles Konan Banny, qui fut finalement désigné à ce poste, le 4 décembre 2005, en remplacement de Seydou Elimane Diarra qui avait échoué à désarmer la rébellion.

certaines lois, l'acceptation de la candidature de M. Alassane Ouattara à l'élection présidentielle, etc. Le président de l'Assemblée nationale fait enfin partie de ceux qui ont compris les vraies raisons de cette guerre injuste et abjecte. Lesquelles raisons peuvent être résumées ainsi : la volonté des Ivoiriens de se prendre en charge au lieu d'en passer toujours par l'ancienne puissance coloniale, traiter d'égal à égal avec les autorités françaises, que leurs richesses agricoles, minières et énergétiques profitent à tous les Ivoiriens et pas seulement aux dirigeants français (droite et gauche confondues) et à une minorité d'Ivoiriens corrompus et complexés, élargir le cercle de nos partenaires, faire ce qui est bon pour les Ivoiriens, etc. Jamais Koulibaly ne s'est départi de cette perception des choses tout comme il n'a jamais demandé que la Côte d'Ivoire rompe ses relations avec la France. Ce qu'il demande, c'est un changement de comportement autant chez les Africains que chez les autorités françaises : que les premiers arrêtent de trembler et de faire la courbette devant n'importe quel petit Blanc, qu'ils fassent passer l'intérêt général avant leurs intérêts personnels, que le droit l'emporte sur les petits arrangements politiques, etc. ; que l'ancienne puissance coloniale tourne le dos à l'arrogance, à l'infantilisation des Africains, à l'injustice (nos matières premières achetées à des prix faibles et instables) et à la prétention de savoir et de dire ce qui est bon pour les Africains.

« Les Bété son infiniment plus redoutables que les Corréziens »

Cette cohérence et cette constance, je ne les ai pas toujours vues chez le président de la République. Avant de donner quelques exemples pour illustrer mon propos, je tiens à dire que j'ai été touché quand Laurent Gbagbo a écourté sa visite en Italie en septembre 2002 pour rentrer dans son pays qui venait d'être lâchement attaqué. Peu de chefs d'État africains ont fait montre d'un tel courage, d'un tel patriotisme et d'un tel sens du sacrifice. J'ai applaudi quand il refusa d'aller à Abuja le 30 septembre 2005 pour le sommet de la CEDEAO qui, à mon avis, n'avait aucun sens dès lors que le président

Thabo Mbeki avait clairement indiqué d'où venaient les blocages du processus de paix. Réticent au départ, je finis par accepter tous les déplacements qu'il eut à faire ici et là parce que c'était sa façon de contribuer à trouver avec d'autres une solution à notre problème. Je pense aussi à la capacité de l'homme à rebondir et à déjouer les plans de ses adversaires intérieurs et extérieurs. Pourquoi est-il toujours à la barre malgré la tentative de coup d'État de septembre 2002 et les accords de Marcoussis, d'Accra et de Pretoria ? Qu'est-ce qui lui a permis de survivre à toutes les campagnes de dénigrement et de désinformation menées par la presse occidentale contre son régime ? Voici l'explication du Camerounais Blaise Pascal Talla :

« En réalité, ce que les adversaires du président Laurent Gbagbo, les politologues et experts des chancelleries étrangères n'ont pas compris, c'est que l'ancien professeur d'histoire auquel ils croient avoir toujours affaire s'est transformé depuis bien longtemps en professeur de stratégie politique. En effet, sous ses airs désordonnés et terre-à-terre, l'homme fort d'Abidjan est un féroce calculateur qui ne laisse rien au hasard, qui anticipe tous ses coups, prévoit les réactions de ses adversaires avant d'agir. Comme un joueur d'échecs, il est capable de conduire tout le monde sur une fausse piste, le temps d'organiser tranquillement l'acte politique qu'il voudrait mettre en œuvre. En général, ses adversaires comprennent toujours trop tard dans quelle direction il voulait véritablement aller[211]. »

Les adversaires de L. Gbagbo ne vendaient pas cher sa peau. Ils prédisaient qu'il n'en avait pas pour longtemps à la tête de l'État ivoirien après la rencontre de Marcoussis qui l'avait quasiment dépouillé de l'essentiel de ses pouvoirs. Sa mise à l'écart par tous les moyens, y compris par la force comme l'ont démontré les événements de novembre 2004, était devenue une obsession pour Jacques Chirac[212]. Ce dernier

---

[211] B.-P. Talla, « Laurent Gbagbo, professeur de stratégie politique », *Journal de l'Afrique en Expansion*, n° 370, juin 2006, pp. 13-14.
[212] Des tireurs d'élite français postés dans des chambres de l'hôtel Ivoire avaient pour mission de tirer sur la résidence du chef de l'État située non loin de là.

pensait réaliser son funeste projet avant le 31 octobre 2006. Malheureusement, pour lui, Laurent Gbagbo continue à diriger la Côte d'Ivoire. Pourquoi le président français a-t-il échoué ? Pourquoi n'a-t-il pas réussi, malgré le soutien qui lui fut apporté par Kofi Annan, Bongo, Obasanjo, Wade, Tandja et Compaoré, à remplacer Laurent Gbagbo par un homme à sa solde ? Le journaliste François Soudan, qui aurait ses entrées à l'Élysée et n'a jamais porté Laurent Gbagbo dans son cœur, apporte une réponse assez surprenante pour un hebdomadaire réputé être payé pour dénigrer et salir le président ivoirien :

« Au jeu du malin, malin et demi, les Bété sont infiniment plus redoutables que les Corréziens... Le président ivoirien est un manœuvrier. Cela fait trente ans qu'il mouille sa chemise en politique intérieure et il connaît le terrain mieux que personne. Il contrôle le Sud, Abidjan, la rue, la jeunesse, et son bras de fer avec Chirac ne diminue en rien sa popularité – tout au contraire : il est sans doute, parmi les candidats à l'élection présidentielle, celui qui a le plus progressé depuis deux ans. Il a de l'argent, beaucoup d'argent, des caisses réservées et des rentrées parallèles qui lui permettent de pratiquer une efficace diplomatie régionale et de neutraliser certains de ses adversaires[213]. »

Le moins que l'on puisse dire ici, c'est que celui qui se considère comme le spécialiste de la politique africaine de *Jeune Afrique* a tardé à avouer ce que nombre d'Ivoiriens savaient déjà, à savoir que M. Chirac perdrait tôt ou tard cette guerre injuste et stupide livrée à Laurent Gbagbo depuis le 19 septembre 2002. Trois ou quatre jours après le déclenchement de la crise, en effet, un baron du PDCI m'avait confié que la France était derrière la tentative de coup d'État et qu'elle sortirait vaincue et discréditée de cette crise parce que Gbagbo était dans son droit. Quel sera le dénouement de cette crise ? Quand interviendra-t-il ? La seule certitude, c'est que, nonobstant les moyens diplomatiques, médiatiques et militaires dont il disposait et dont il ne s'est pas privé, le président français n'aura pas réussi à faire plier le président d'un petit

---

[213] F. Soudan, « Comment Chirac a perdu », *Jeune Afrique*, n° 2388, du 15 au 21 octobre 2006, p. 58.

pays d'Afrique. Le principal enseignement de cette triste affaire, c'est donc que la loi du plus fort n'est pas toujours la meilleure et qu'une guerre peut se gagner autrement que par les chars et les kalachnikovs. En ce sens, F. Soudan n'a pas tort de dire que « au jeu du malin, malin et demi, les Bété sont infiniment plus redoutables que les Corréziens ». Une manière diplomatique de dire que, dans cette crise dont la France aurait pu se passer, le président ivoirien s'est montré plus réfléchi et plus stratège que le locataire de l'Élysée. C'est ici que prend tout son sens l'affirmation de Nicolas Machiavel : « Il y a deux manières de combattre, l'une avec les lois, l'autre avec la force. La première est propre aux hommes, l'autre nous est commune avec les bêtes. » Alors que le président français n'arrêtait pas de déverser soldats, chars et armes en Côte d'Ivoire, son homologue ivoirien s'appuyait sur le droit, demandant que toute solution de sortie de crise ne se fasse pas en dehors de la loi fondamentale ivoirienne. Si ce n'est pas de l'intelligence et de la sagesse de la part de Laurent Gbagbo, qu'est-ce que ça peut être ?

Malgré toutes ces qualités qui ont permis au président ivoirien de faire échec aux complots de ses adversaires internes et externes, j'ai l'impression - et c'est là où je voudrais faire un parallèle avec Mamadou Koulibaly - qu'il n'est pas toujours cohérent et constant, ce qui pourrait avoir pour conséquence de démobiliser et de décourager tous ceux qui le soutiennent. Car comment Laurent Gbagbo peut-il dire - et cela est vrai - que la Côte d'Ivoire a été attaquée à partir du Burkina Faso et féliciter Blaise Compaoré avant même la proclamation des résultats de la dernière présidentielle[214] ? Félicite-t-on une personne qui non seulement héberge des gens qui n'ont pas renoncé à vous renverser mais fait partie des Africains que la France officielle utilise pour déstabiliser les présidents désireux de briser ce que Koulibaly appelle « les servitudes du pacte colonial » ? Je serais à la place de Laurent Gbagbo que je n'aurais pas tardé à rompre les relations diplomatiques avec Blaise Compaoré et à porter plainte contre lui comme cela arriva le 15 avril 2006 entre le Tchad et le Soudan quand le président Idriss Deby se rendit

---

[214] Elle eut lieu le 13 novembre 2005.

compte que la rébellion qui faillit le renverser était partie du territoire soudanais.

Le second exemple concerne la réintégration des rebelles dans le gouvernement. Contre toute attente, en effet, Laurent Gbagbo revint sur sa décision de limoger des ministres incompétents et payés à ne rien faire. Décision qui avait été applaudie par la majorité des Ivoiriens. En reprenant ceux qu'il avait virés parce que certains chefs d'État de l'Afrique occidentale le lui auraient demandé, L. Gbagbo semblait donner raison à ceux qui pensent qu'il n'a pas encore l'étoffe des Paul Kagamé, Yoweri Museveni, Robert Mugabe, Fidel Castro, Ariel Sharon, Thabo Mbeki et autres Chavez qui vont jusqu'au bout quand ils prennent une décision et ne se laissent impressionner par personne. Troisièmement, la décision de réparer les établissements français endommagés en janvier 2003 me semble inopportune et choquante dans la mesure où J. Chirac n'a pas encore réparé nos aéronefs.

Le 3 janvier 1999, réagissant au coup d'État contre Henri Konan Bédié, Laurent Gbagbo déclarait entre autres à Bruno Minas de Radio France internationale :

« Je cherche à ce qu'on ait un processus qui puisse faire en sorte que les gens ne puissent plus dire : on va voler et on restera impuni. Il faut enlever de la tête des hommes politiques qu'on vient à la politique pour faire de l'argent ... »

Aucune sanction n'ayant été prise jusqu'à maintenant contre certains Refondateurs qui auraient puisé dans les caisses de l'État pour ouvrir des comptes à l'étranger et construire des villas à Angré et à la Riviera palmeraie, on peut se demander si la promesse de Laurent Gbagbo de ne pas laisser impuni l'enrichissement illicite et rapide n'était pas un vœu pieux.

Il y a enfin la réconciliation et le pardon auxquels le président, sa femme et Blé Goudé invitent les Ivoiriens depuis quelques mois. Je ne suis pas contre la réconciliation et le pardon mais je pense que l'on se réconcilie plus facilement avec celui ou celle qui reconnaît et avoue le mal qu'il (elle) a fait, s'attelle à réparer ce qui peut l'être et demande à être pardonné(e). La paix est en revanche plus difficile à faire avec celui qui a tué mais refuse de déposer son arme, avec celui qui se glorifie d'avoir pris les armes. Autant dire que nous devons renoncer à la paix à tout prix, à la paix qui refuse qu'on sache qui a fait quoi, à la paix qui renvoie dos à dos le bourreau et la victime, à la paix qui fait l'impasse sur la justice, etc. Les morts et les blessés de cette guerre ne méritent pas que nous fassions la promotion d'une paix à tout prix parce qu'elle ne serait ni vraie, ni durable. Ils ne méritent pas que certains d'entre nous, pour sauver leur fauteuil, fassent de petits arrangements avec la France officielle et bradent la lutte pour l'indépendance réelle de la Côte d'Ivoire. C'est ce qui pousse Arsène Ouégui Goba à écrire :

« On en assez des volte-face du président... Au nom d'une paix de plus en plus arlésianesque, il n'a de cesse de faire des concessions au camp adverse sans la moindre contrepartie palpable... La politique, dit-on, est une saine appréciation des réalités du terrain et du moment. Alors, que Laurent Gbagbo apprécie sainement les choses et qu'il édifie son peuple sur ce qui est possible et ce qui ne peut l'être à ce stade de la lutte émancipatrice, on le comprendrait aisément. Mais l'homme a pris cette dangereuse habitude de dire non pour finir par dire oui, tant et si bien qu'à chaque fois qu'il hausse le ton face à une revendication des rebelles, on s'attend, et à juste titre, à une nouvelle concession de sa part. Cette situation ne peut perdurer, car elle nuit à la vitalité du combat patriotique et entame significativement sa crédibilité d'homme d'État. La lutte pour se soustraire au joug néocolonial sera longue, et son aboutissement ne saurait incomber à un seul individu[215] ! »

Sylvain Maier, un autre admirateur de Laurent Gbagbo, s'exprime en des termes analogues dans l'ouvrage de Philippe Duval : « Laurent, je l'adore. Il est brillant intellectuellement, chaleureux, extrêmement gentil, mais il ne sait pas prendre de décision. Avec lui, c'est le dernier qui a parlé qui a raison[216]. »

---

[215] A. Ouégui Goba, « Laurent Gbagbo comme toujours », http://www.notreafrique.net/Editorial.php
[216] *Fantômes d'Ivoire*, Paris, Éditions du Rocher, 2003, p. 264.

Contre une réconciliation au rabais

    Il serait aberrant que les liens économiques et culturels entre la Côte d'Ivoire et la France disparaissent à cause de l'animosité de Jacques Chirac à l'égard de Laurent Gbagbo. Tout en déplorant le fait qu'« une misérable querelle personnelle » (Jean Jaurès) plombe les relations entre les deux pays, je ne suis pas pour une réconciliation au rabais, c'est-à-dire sans conditions. Je veux dire par là que, pour nous réconcilier avec les Français, il y a des préalables. Par exemple, juger et sanctionner ceux qui ont donné l'ordre de tirer sur les jeunes qui manifestaient pacifiquement en novembre 2004, dédommager l'État ivoirien pour les avions sauvagement détruits sur ordre de J. Chirac, que la licorne et le 43e BIMA quittent la Côte d'Ivoire aussitôt après que la paix sera revenue comme les troupes américaines quittèrent la France parce que le général de Gaulle ne voulait plus leur présence sur le sol français après la Seconde guerre mondiale, que la France accepte notre légitime désir de nous autodéterminer.

    Pour que ce mot ne soit pas un slogan creux ou une simple incantation, je propose que nous nous employions dès maintenant à chercher par nous-mêmes les voies et moyens de sortir de cette crise car ce n'est pas l'ONU qui y mettra fin. L'Organisation des nations unies n'est en Côte d'Ivoire que pour s'enrichir et passer du bon temps à la plage et dans les bistrots. Oui, c'est à nous, Ivoiriens, de mener jusqu'au bout le combat de la vraie indépendance. Cela suppose que nous soyons davantage cohérents et constants, c'est-à-dire que notre oui soit oui et notre non, non. Cela suppose aussi que le sommet soit constamment à l'écoute de la base et ne pose pas d'actes importants sans l'avis de cette dernière. Cela suppose enfin que les dirigeants ne vivent pas dans un luxe insolent pendant que le petit peuple se débat dans une misère déshumanisante. À ce propos, il est bien beau de dire que les fonctionnaires continuent à être payés. Mais les autres Ivoiriens (étudiants, chômeurs, paysans, entrepreneurs, etc.) ont-ils aujourd'hui les moyens de se soigner, de se nourrir, de voyager, etc. ?

    Mais Laurent Gbagbo n'est pas le seul homme politique ivoirien à dire non pour dire ensuite oui. Citons aussi Konan

Bédié qui, après avoir matraqué et traqué Alassane Ouattara en déclarant que ce dernier n'était pas Ivoirien né de père et de mère eux-mêmes ivoiriens, le reconnaît désormais comme un frère. L'ennemi d'hier serait-il devenu aujourd'hui un ami et le loup un agneau ? Certains en doutent, qui qualifient le rapprochement des deux hommes de superficiel, qui y voient un contrat de dupes et prédisent l'échec de la nouvelle alliance des héritiers d'Houphouët. Selon eux, chacun des protagonistes de cette alliance compte utiliser l'autre pour arracher le pouvoir à Laurent Gbagbo. Ce que l'on reproche surtout à Bédié, c'est de soutenir Ouattara dans son combat pour la délivrance des certificats de nationalité à des gens qui n'y ont pas droit. Pierre Lemauvais le résume bien lorsqu'il écrit :

« Opposé hier au président du RDR dans sa propension maladive à devenir un national, alors qu'il n'en remplit pas les conditions, le président Henri Konan Bédié a dû batailler ferme pour faire annuler le faux certificat de nationalité que le juge Zoro Bi Ballo venait de délivrer, un jour non ouvrable, au mentor des républicains... Alors, on comprend difficilement que Bédié veuille se jouer de l'histoire récente de la Côte d'Ivoire, en prenant position pour une audience foraine entachée d'irrégularités et la délivrance des certificats de nationalité dans des conditions similaires à celles dont a profité Alassane Ouattara pour se faire établir ses pièces douteuses. En cautionnant le directoire du RHDP pour une déclaration visant à récuser le "guide des audiences foraines "élaboré par la primature, en collaboration avec la présidence de la République, Henri Konan Bédié montre à l'envi qu'il est incapable d'assurer ses actes jusqu'au bout. Et qu'il change d'avis et d'humeur selon ses intérêts du moment[217]. »

---

[217] *Cf. Le Matin d'Abidjan* du 16 août 2006.

Chapitre VIII

La paix du monde passe par le respect de la vision du monde des autres

L'arrogance de l'Occident

Le 9 février 2006, dans le quotidien italien *La Repubblica*, le cardinal Renato Rafaele Martino accusa l'Occident d'arrogance. Une accusation qui, à mon avis, fera date. D'une part, parce que le Vatican, à travers le président du Conseil pontifical pour la justice et la paix, ose enfin dire à l'Occident (Europe et Amérique du Nord) ses quatre vérités. D'autre part, parce qu'il le fait en des termes peu diplomatiques. Il n'est pas inutile de rappeler que ce sont les caricatures du Prophète Mahomet publiées pour la première fois le 30 septembre 2005 par le journal danois *Jyllands-Posten* qui sont à l'origine de la sortie du cardinal italien. Cette sortie ne peut que donner des raisons d'espérer à des hommes et à des femmes qui se battent depuis longtemps contre l'impérialisme occidental et pensent que le fait de se moquer de l'islam, de caricaturer Mahomet ou de tourner en dérision le pape et l'Église catholique révèle un mépris pour les autres et leur vision du monde. C'est ce mépris de la vision du monde des autres et de leurs valeurs qui est dangereux pour la paix dans le monde. Certes, je n'approuve pas les actes de violence que l'on a vus dans certains pays en réponse aux caricatures du fondateur de l'islam mais je suis d'accord avec les musulmans pour dire que l'arrogance de l'Occident, ça suffit et que l'avènement d'une paix durable dans notre monde passe nécessairement par « la façon dont l'Occident arrivera à avoir de la considération pour les autres, leur situation, leur histoire, leur dignité, et leur culture » (Cardinal Renato Martino). Merci au président de Justice et Paix d'avoir rappelé cette vérité essentielle ! Ce faisant, il fait la démonstration qu'une des missions de l'Église est de dénoncer les mensonges et la violence des soi-disant grands de ce monde. Je ne puis que le féliciter pour son franc-parler et son courage. Il reste à souhaiter que nos cardinaux, évêques et prêtres en Afrique lui emboîtent le pas dans la condamnation de l'impérialisme et de l'arrogance de l'Occident.

Cela dit, je trouve inapproprié l'emploi du passé composé par le cardinal Martino. Si l'on en croit l'essayiste français Jean-Claude Guillebaud, l'Occident qui « tend à se barricader dans le refus de l'autre, clos sur lui-même, inaccessible à l'interrogation » reste encore sûr de lui et n'arrête pas de donner des leçons aux autres peuples invités à penser et à faire comme lui[218]. Pour toutes ces raisons, je pense qu'il eût fallu que l'ancien représentant du Saint-Siège aux Nations unies utilisât le présent de l'indicatif et non le passé composé. L'Occident demeure arrogant car un bon nombre de ses fils continuent - y compris dans l'Église catholique - à mépriser les façons de voir, de vivre et de faire des autres peuples. Autrement dit, l'Occident n'a jamais eu de respect pour la culture des autres. Certains de ses missionnaires qui prétendaient être venus pour nous « civiliser » et nous « sauver » - on n'a jamais su de quoi et on se demande bien si ce ne sont pas eux qui auraient besoin d'être sauvés de leur arrogance et de leur volonté de domination -, ont raillé les cultures des Sud-Américains et des Africains avant de les saccager et de les détruire. L'essai d'Aimé Césaire, *Discours sur le colonialisme*, l'a suffisamment démontré pour qu'il soit nécessaire d'y revenir ici. En effet, pour parler comme Meka qui finira par découvrir le fossé entre les paroles douceureuses des Blancs et leur comportement réel, « rien de ce que nous vénérons n'a d'importance à leurs yeux, nos coutumes, nos histoires, nos remèdes, nos hommes mûrs, tout cela, c'est comme les affaires de leur boy[219] ».

---

[218]*Cf. Le Monde* du 18 février 2006.
[219]*Cf.* Ferdinand Oyono, *Le vieux nègre et la médaille*, Paris, Julliard, 1956.

Pour paraphraser le héros du romancier camerounais, je dirais que l'Occident se moque royalement de nos Constitutions, de nos Parlements, de nos Conseils constitutionnels, de nos Églises, etc. si ceux-ci sont incarnés par des hommes et des femmes qui voient et pensent clair (Césaire), refusent de s'aplatir devant lui et ne sont pas près de brader la liberté et les richesses des Africains. Il faut se placer dans ce cadre pour comprendre pourquoi J. Chirac ne recule devant rien pour saboter la médiation sud-africaine dans la crise ivoirienne, pourquoi le Groupe de travail international demanda implicitement en janvier 2006 la dissolution du Parlement ivoirien avec la complicité et la bénédiction de quelques Ivoiriens renégats, médiocres et affamés. Le plus grave, ce n'est pas que l'Occident ait dénigré et déprécié ce qui était important pour nous mais qu'il nous ait fait croire, à travers certains de ses missionnaires, que nos masques et statues étaient des objets contraires à la foi chrétienne. En fait, le but – jamais avoué - de ces missionnaires était de nous dépouiller puisque ces masques et statues ont atterri dans leurs musées. Cette escroquerie morale n'est pas sans rappeler la mystification des Kenyans par les missionnaires arrivés au Kenya avant l'accession de ce pays à l'indépendance. Cette mystification, Jomo Kenyatta la décrit à merveille dans *Au pied du mont Kenya* : « Quand le missionnaire est venu, il nous a dit : Prions. Nous avons alors fermé les yeux. La prière terminée, nous avons répondu : Amen. Nous avions la Bible dans les mains, mais nous étions dépouillés de nos terres. » L'escroquerie, ce sont aussi ces « promesses non tenues vis-à-vis des pays pauvres » dont parle le cardinal Martino. En effet, au somment franco-africain de la Baule de 1990, François Mitterrand avait annoncé que son pays n'aiderait plus que les pays qui se démocratiseraient et respecteraient les droits de l'homme. Mais qu'avons-nous vu ? La France (droite et gauche confondues) n'a pas arrêté de soutenir et de protéger des présidents cruels, incompétents et corrompus. On a constaté aussi une diminution de l'aide financière en direction des pays africains alors qu'on avait promis de l'augmenter.

Une décolonisation fictive

D'autres exemples d'escroquerie sont la décolonisation de l'Afrique et le dialogue des cultures. Pourquoi la proclamation des indépendances africaines en 1960 est-elle une escroquerie ? Pourquoi la décolonisation fut-elle fictive ? Voici la réponse de Claude Lamirand, l'un des rares universitaires de l'Hexagone à sortir des sentiers battus :

« Avant l'indépendance des colonies européennes en Afrique, les délégations des futurs États africains faisaient régulièrement le déplacement dans les capitales des empires pour venir chercher de l'argent. L'après deuxième guerre mondiale a vu s'accentuer la pression africaine pour obtenir des fonds toujours plus importants des métropoles. Le maintien des empires risquait de s'avérer ruineux pour des États européens en pleine reconstruction, coûteux d'un point de vue militaire comme en Indochine et en Algérie pour la France, coûteux d'un point de vue civil si les métropoles se mettaient à reconnaître le statut de citoyens aux habitants de leurs empires... La décolonisation est la conjonction entre le principe de libre disposition des peuples par eux-mêmes et le principe comptable de l'équilibre budgétaire des métropoles... En faisant de chaque circonscription impériale africaine un État libre et indépendant, l'Europe trouvait le moyen d'éviter les lourds investissements civils et sociaux que risquait de lui apporter la reconnaissance de la citoyenneté métropolitaine aux Africains colonisés.[220]. »

Dans la même ligne de pensée, Serge Bilé affirme :

« Accorder l'indépendance revenait à se donner le beau rôle idéologique tout en sauvant l'essentiel, à savoir le partenariat économique. L'opération était donc doublement gagnante : *via* ses placements financiers et sa coopération, la France allait pérenniser les prélèvements dont elle avait besoin tout en se dégageant des charges qu'il aurait fallu acquitter auprès de tous ces Français noirs. Il n'est donc pas excessif d'affirmer que cette indépendance, accueillie avec

---

[220] http://www.action-liberale.org/articles/Reflexion/LAMIRAND_UN+CONTRAT+POUR+L%92+AFRIQUE.html

enthousiasme par les Noirs, relevait du cadeau aussi inespéré qu'empoisonné [221]. »

On peut donc dire que l'Afrique francophone n'a pas été décolonisée, que la France n'en est jamais partie parce que ce territoire devait lui permettre de se hisser au niveau où elle est parvenue aujourd'hui. En voyage au Bénin en mai 2006, Nicolas Sarkozy a osé dire que la France n'attendait rien de l'Afrique sur le plan économique. La réponse qu'on peut lui donner est la suivante : ou bien il ne sait pas de quoi il parle ou bien il est de mauvaise foi car, si la France ne retire rien de l'Afrique, pourquoi ses autorités y maintiennent-elles des bases militaires ? Pourquoi y soutiennent-elles des présidents vomis par les populations ? Non, la France n'est pas en Afrique pour rien. Elle y intervient de façon intempestive parce qu'elle a d'immenses intérêts à défendre et, pour cela, elle a besoin d'avoir à la tête de nos pays des présidents renégats, légers, cupides et égoïstes. Ce n'est donc pas pour les beaux yeux des Ivoiriens que de nombreux soldats ont été déployés depuis 2002 en Côte d'Ivoire. Les journaux français ont beau écrire que leur pays ne profite en rien de la crise ivoirienne et que leurs soldats sont en Côte d'Ivoire pour éviter la répétition de ce qui s'est passé au Rwanda en 1994, ils ne parviendront jamais à nous convaincre. Sarkozy, qui s'offusque de voir certains Français s'excuser et faire repentance pour les crimes perpétrés par la France (esclavage, colonisation, etc.), veut faire croire aujourd'hui que la France se porterait mieux si elle était débarrassée des étrangers clandestins. Il est vrai que celui qui quitte son pays pour entrer dans un autre devrait le faire de manière régulière, que celui qui est accueilli n'a pas le droit d'imposer ses coutumes à ceux qui l'accueillent et que ceux qui ont fini leur formation en France ou ailleurs devraient retourner dans leur pays d'origine à moins que leur vie n'y soit menacée mais tout ceci ne devrait pas occulter le fait que, si nombre de jeunes africains fuient le continent, c'est parce que celui-ci n'a plus rien à leur offrir. Viviane Forrester l'a bien perçu lorsqu'elle écrit :

---

[221] *Cf. Sur le dos des hippopotames, op. cit.*, p. 144.

« L'opinion se soucie davantage (et avec véhémence) de la présence d'étrangers pauvres supposés rafler des emplois inexistants, gruger les autochtones, dévaliser l'aide sociale... Ces immigrés, n'oublions pas que, s'ils migrent dans des pays plus prospères, ces mêmes pays, dont le nôtre, sont allés chez eux et qu'ils y vont encore, et pas seulement pour ces questions de salaires à bas prix. Ils y exploitent leurs matières premières, leurs ressources naturelles, quand ils ne les ont pas déjà épuisées. Ne pas donner, ne pas distribuer est une chose, mais rafler, priver, s'octroyer des biens, sous prétexte que l'on est mieux qualifié pour les exploiter (au profit d'autres régions), en est une autre. Nos forces vives, liées à nos États, colonisent toujours économiquement beaucoup de ces pays qui les ont ainsi enrichies. Les habitants déjà pauvres, mais encore appauvris de ces contrées dont on a emprunté les ressources et dont on a, de ce fait, désorganisé les modes de vie économique spécifiques, désormais non viables, émigrent chez ceux (alors indignés) qui sont intervenus, en Afrique, par exemple, en visiteurs bien plus intéressés que nos immigrés ne le seront jamais[222]. »

Au-delà de la question de la régularisation des étrangers et de la fermeture des frontières françaises, le problème de fond est là : ne plus priver les Africains de leurs richesses, cesser de coloniser et d'appauvrir leur continent. Pour sa part, Jean Ziegler propose que les pays africains soumettent au contrôle national les filiales des sociétés transcontinentales, qu'ils sortent de la zone CFA et que la priorité soit donnée à la souveraineté alimentaire[223]. Si la France officielle comprend enfin cela, elle n'aura plus besoin de régulariser les sans papiers ni de surveiller ses frontières. Donc, quand la droite française dit que l'armée française est en Côte d'Ivoire pour éviter une « rwandisation » de ce pays, elle ne dit pas la vérité. Si la France dépense beaucoup d'argent pour l'entretien de son armée en Côte d'Ivoire, ce n'est pas pour empêcher les Ivoiriens de s'entretuer mais d'abord pour faire main basse sur le pétrole, le gaz, l'or, le cacao, le café, etc. Les États-Unis avaient fait de même en 1964 au Sud-Viêtnam. Par la voix de Mc Namara, ils avaient fait croire que le but de leur

---

[222] V. Forrester, *L'horreur économique*, Paris, Fayard, 1996, pp. 142-143.
[223] *Cf. Fraternité Matin* du 28 décembre 2004.

intervention était de contrer la Chine communiste. En réalité, ils voulaient y disposer de bases terrestres, maritimes et aériennes[224].

Le musée du quai Branly accueillera-t-il les Africains ?

La seconde escroquerie concerne le dialogue des cultures dont M. Jacques Chirac est devenu le chantre depuis quelque temps. Il l'a encore prouvé lors de l'inauguration du musée du quai Branly. Construit au pied de la tour Eiffel - au cœur de Paris - et abritant 300 000 pièces issues des civilisations d'Afrique, d'Asie, d'Océanie et des Amériques, ce musée du quai Branly fut inauguré le 20 juin 2006. Ce jour-là, M. Jacques Chirac prononça une allocution dont voici un extrait :

« Il s'agissait pour la France de rendre l'hommage qui leur est dû à des peuples auxquels, au fil des âges, l'histoire a trop souvent fait violence. Peuples brutalisés, exterminés par des conquérants avides et brutaux. Peuples humiliés et méprisés, auxquels on allait jusqu'à dénier qu'ils eussent une histoire. Peuples aujourd'hui encore souvent marginalisés, fragilisés, menacés par l'avancée inexorable de la modernité. Peuples qui veulent néanmoins voir leur dignité restaurée et reconnue... Au cœur de notre démarche, il y a le refus de l'ethnocentrisme, de cette prétention déraisonnable et inacceptable de l'Occident à porter, en lui seul, le destin de l'humanité... C'est d'abord cette conviction, celle de l'égale dignité des cultures du monde, qui fonde le musée du quai Branly[225]. »

Mais le musée du quai Branly n'est pas qu'un musée. Ceux qui l'ont voulu lui ont assigné une mission bien précise. Écoutons le président français à ce sujet :

« Il veut promouvoir, auprès du public le plus large, un autre regard, plus ouvert et plus respectueux, en dissipant les brumes de l'ignorance, de la condescendance ou de l'arrogance qui, dans le

---

[224]Hannah Arendt, *Du mensonge à la violence*, Paris, Calmann-Lévy, 1972, « coll. Agora », pp. 29-32.
[225]*Cf. Le Figaro* du 20 juin 2006.

passé, ont été si souvent présentes et ont nourri la méfiance, le mépris, le rejet... En montrant qu'il existe d'autres manières d'agir et de penser, d'autres relations entre les êtres, d'autres rapports au monde, le musée du quai Branly célèbre la luxuriante, fascinante et magnifique variété des œuvres de l'homme. Il proclame qu'aucun peuple, aucune nation, aucune civilisation n'épuise ni ne résume le génie humain. Chaque culture l'enrichit de sa part de beauté et de vérité, et c'est seulement dans leurs expressions toujours renouvelées que s'entrevoit l'universel qui nous rassemble[226]. »

J'aurais été présent dans la foule qui écoutait le président français que j'aurais applaudi à tout rompre car, à mon avis, Jacques Chirac a su trouver les mots qu'il fallait pour asséner des vérités que l'ancienne puissance coloniale, incapable d'assumer son passé colonial, n'a pas coutume de dire. Son discours est remarquable car il ne se contente pas de réhabiliter ces « millions d'hommes à qui on a inculqué savamment la peur, le complexe d'infériorité, le tremblement, l'agenouillement, le désespoir, le larbinisme[227] ». Il porte aussi un *mea culpa*, la reconnaissance de la destruction de civilisations riches et brillantes. Je n'ai donc rien à redire à la forme de cette allocution. J'y vois plutôt un véritable chef d'œuvre comme la langue de Molière sait en produire. Bref, s'il fallait attribuer une note, j'aurais donné volontiers 10/10 à cette allocution que seraient bien inspirés de lire et de méditer ceux et celles qui, en France, estiment que la colonisation a été positive et salutaire. Mais suffit-il de bien parler comme le président français l'a fait ? Quelle est la sincérité de son discours ? Quel crédit lui accorder quand on sait que, un mois plus tôt, le Parlement français où la majorité est détenue par l'Union pour la majorité présidentielle (UMP) – sa famille politique - avait voté la loi Sarkozy sur l'immigration choisie selon laquelle la France n'accueillerait désormais que les Africains ayant des talents et des compétences ? Lorsqu'on n'a rien fait pour empêcher l'adoption d'une loi aussi controversée et aussi dangereuse, lorsqu'on ne proteste pas contre l'expulsion des

---

[226] *Cf. Le Figaro* du 20 juin 2006.
[227] *Discours sur le colonialisme*, p. 24.

sans-papiers dont les enfants sont scolarisés en France, lorsqu'on trouve normal le fait de refuser le visa à des chercheurs africains invités à des colloques en France, peut-on exalter le « dialogue des cultures » ? Est-on fondé à gloser sur les « peuples qui veulent voir leur dignité restaurée et reconnue » après avoir donné, en novembre 2004, l'ordre de tirer à balles réelles sur des Ivoiriens manifestant pacifiquement contre l'occupation et la recolonisation de leur pays ? Est-il sérieux de dire qu'il existe « d'autres manières d'agir et de penser, d'autres relations entre les êtres » alors qu'on est prompt à user de la force pour faire taire ceux qui ne demandent qu'à vivre dignement et librement et qu'on croit dur comme fer que les accords de Marcoussis qui légitiment l'accession au pouvoir par les armes sont l'unique solution à la crise ivoirienne ? Les Africains pourront-ils visiter le musée du quai Branly ? Ces questions n'ont pas échappé à certains intellectuels africains. C'est le cas d'Aminata Traoré pour qui « le musée du quai Branly est bâti sur un profond et douloureux paradoxe, à partir du moment où la quasi-totalité des Africains, des Amérindiens et des Aborigènes d'Australie, dont le talent et la créativité sont célébrés, n'en franchiront jamais le seuil, compte tenu de la loi sur l'immigration choisie[228] ». La construction du musée du quai Branly est-elle une bonne nouvelle pour les propriétaires des « arts premiers » ? Permettra-t-elle vraiment la rencontre et l'échange des cultures ? L'ancienne ministre malienne de la Culture en doute et le fait savoir haut et fort :

« Nos œuvres ont droit de cité là où nous sommes, dans l'ensemble, interdits de séjour. À l'intention de ceux qui voudraient voir le message politique derrière l'esthétique, le dialogue des cultures derrière la beauté des œuvres, je crains que l'on soit loin du compte. Un masque africain sur la place de la République n'est d'aucune utilité face à la honte et à l'humiliation subies par les Africains et les autres peuples pillés dans le cadre d'une certaine coopération au développement[229]. »

---

[228] *Cf. La Vie* du 29 juin 2006, p. 42.
[229] *Ibid.*

A. Traoré met ici le doigt sur un des aspects négatifs de la mondialisation. Celle-ci donne en effet l'impression de vouloir les produits sans les auteurs de ces produits. C'est comme si les Occidentaux disaient aux autres peuples : « Nous avons besoin de vos matières premières (pétrole, gaz, uranium, or, cuivre, etc.), de vos objets d'art, mais notre sol vous est interdit. En outre, nous avons le droit d'aller chez vous mais vous, nous ne pouvons pas vous laisser venir chez nous. » Difficile d'approuver cette « amitié » à sens unique, d'embarquer dans cette mondialisation qui profite davantage au Nord qu'au Sud, de ne pas dénoncer « ces contradictions, incohérences et paradoxes de la France dans ses rapports à l'Afrique[230] ». Le dialogue des cultures commencera véritablement le jour où le Nord cessera de voir l'Afrique comme une vache à lait, comme un champ que l'on peut piller impunément, comme un continent auquel on n'a aucun compte à rendre. Il sera une réalité quand il n'y aura plus de tracasseries dans les consulats occidentaux pour les Africains désireux de se rendre à Paris, à Berlin, à Londres, à Rome ou à Bruxelles, quand l'Afrique sera délestée de tous les jougs qui l'empêchent de marcher droit. C'est en ce sens que la sociologue malienne écrit :

> « Je voudrais m'adresser à ces œuvres de l'esprit qui sauront intercéder auprès des opinions publiques... Aux dieux des chrétiens et des musulmans qui ont contesté votre place dans nos cœurs et vos fonctions dans nos sociétés s'est ajouté le dieu argent... Appauvris, désemparés et manipulés par des dirigeants convertis au dogme du marché, vos peuples s'en prennent les uns aux autres, s'entre-tuent ou fuient. Parfois, ils viennent buter contre le long mur de l'indifférence, dont Schengen. N'entendez-vous pas les lamentations de ceux et celles qui empruntent la voie terrestre, se perdre dans le Sahara ou se noyer dans les eaux de la Méditerranée ? N'entendez-vous pas les cris de ces centaines de naufragés dont des femmes enceintes et des enfants ? Si oui, ne restez pas muettes, ne vous sentez pas impuissantes. Rappelez à ceux qui vous veulent tant dans leurs musées et aux citoyens français et européens qui les visitent que l'annulation totale et

---

[230] *Ibid.*

immédiate de la dette extérieure de l'Afrique est primordiale. Dites-leur que, libéré de ce fardeau, du dogme du tout marché qui justifie la tutelle du FMI et de la Banque mondiale, le continent noir redressera la tête et l'échine[231]. »

---

[231] *Cf. Libération* du 20 juillet 2006.

Chapitre IX

Des intellectuels comme Cheikh Anta Diop pour l'Afrique

> « *La vérité, je la dirai... Mon devoir est de parler. Je ne veux pas être complice. Mes nuits seraient hantées par le spectre de l'innocent qui expie là-bas, dans la plus affreuse des tortures, un crime qu'il n'a pas commis.* » (Émile Zola)[232]

> « *Il y a dans la tête de la plupart des gens cultivés... une dichotomie qui me paraît tout à fait funeste : la dichotomie entre* scholarship *et* commitment *- entre ceux qui se consacrent au travail scientifique, qui est fait selon des méthodes savantes à l'intention d'autres savants et ceux qui s'engagent et portent au dehors leur savoir. L'opposition est artificielle et, en fait, il faut être un savant autonome qui travaille selon les règles du* scholarship *pour pouvoir produire un savoir engagé, c'est-à-dire un* scholarship with commitment. *Il faut, pour être un vrai savant engagé, légitimement engagé, engager un savoir... Autrement dit, il faut faire sauter un certain nombre d'oppositions qui sont dans nos têtes et qui sont des manières d'autoriser des démissions : à commencer par celle du savant qui se replie dans sa tour d'ivoire. La dichotomie entre* scholarship *et* commitment *rassure le chercheur dans sa bonne conscience...* » (Pierre Bourdieu)[233]

---

[232] *Cf.* « J'accuse », 13 janvier 1898.
[233] P. Bourdieu, « Pour un savoir engagé », *Le Monde diplomatique*, février 2002, p. 3.

Le dernier pharaon

Cela fait 20 ans que Cheikh Anta Diop (1923-1986) nous a quittés. Certains l'ont surnommé le « dernier pharaon ». Probablement parce qu'il a travaillé sur l'Égypte pharaonique et parce qu'il a largement contribué à rétablir la place de l'Afrique dans l'histoire universelle. Je pense que ce surnom n'est guère usurpé, d'autant que le savant sénégalais a beaucoup apporté au continent africain. Un de ses apports, c'est d'avoir réhabilité les cultures noires, d'avoir démontré par A+B que l'Afrique avait bien eu une écriture, une histoire et des civilisations. Je n'ai pas eu la chance de le rencontrer. Je me rappelle seulement que, en formation au Cameroun de 1982 à 1984, des amis m'avaient parlé d'une conférence qu'il avait donnée à l'Université de Yaoundé. Selon eux, Diop avait parlé 6 à 7 heures d'affilée et ceci brillamment. De l'Égypte ancienne qui, pour lui, était négro-africaine[234], de la nécessité de décoloniser l'histoire africaine mais aussi du devoir de combattre tous les racismes. Quatre ans plus tard, je me retrouverai à entendre parler encore de cet homme. Je faisais des études de philosophie à Kinshasa à l'Institut Saint-Pierre Canisius de Kimwenza fondé par les jésuites. Notre école était située à moins de dix kilomètres du campus universitaire. Les deux centres de formation étaient si peu éloignés l'un de l'autre qu'il nous arrivait de faire le chemin à pied quand le dernier bus en provenance du rond point N'Gaba et en direction de Kimwenza était déjà passé.

C'est donc sur le campus universitaire de Kinshasa que j'eus l'occasion de côtoyer la pensée de Cheikh Anta Diop. Un groupe d'étudiants avait créé un cercle de réflexion un an après sa disparition. Je garde un souvenir impérissable de nos débats et échanges. J'appris ainsi que, au lycée Van Vollenhoven de Dakar déjà, Cheikh Anta Diop avait rompu les lances avec un de ses professeurs, un certain M. Boyaud qui était aussi raciste que Gobineau, que sa thèse de doctorat avait été refusée par l'Université française parce qu'elle battait en brèche un certain nombre de préjugés sur l'Afrique, que n'étaient plus mises en

---

[234]*Cf. Nations nègres et culture*, Paris, Présence africaine, 1954.

doute « l'historicité des sociétés africaines, l'antériorité de l'Afrique et l'africanité de l'Égypte[235] », que l'Unesco organisa, en 1974 au Caire, un colloque international sur ses travaux, etc. À saint-Pierre Canisius de Kimwenza, même si nos formateurs nous parlaient plus d'Emmanuel Kant et d'Eric Weil que de la philosophie africaine, il n'était pas rare, une fois les cours terminés, d'évoquer les travaux de l'égyptologue sénégalais. Je n'oublierai pas de sitôt, à ce propos, les discussions que nous avions jusqu'à 2 h du matin dans la chambre de mon ami Mutombo. Installé aujourd'hui aux États-Unis, ce dernier était le plus passionné et le plus fasciné par les idées et le combat de Cheikh Anta Diop. À cause de cela, nous l'avions surnommé « Cheikh ».

Je ne sais pas s'il a persévéré dans cette voie. Pour ma part, après la philo, j'ai continué à m'intéresser à la pensée de Cheikh Anta Diop. Je l'ai même enseignée, entre 1989 et 1991, au Collège Charles Lwanga de Sarh (Tchad) où j'avais pour mission d'initier les élèves de Troisième et de Première C à la littérature africaine. Ce fut une expérience magnifique. Et pourtant Cheikh Anta Diop - comme Mongo Beti, Ahmadou Kourouma, Ferdinand Oyono, Aimé Césaire ou Sembène Ousmane - m'attira les pires ennuis. Par exemple, je fus qualifié de petit rêveur, accusé d'être antifrançais, de pousser mes élèves à la révolte, etc. Je dois préciser que, peu de temps auparavant, l'hebdomadaire parisien *Jeune Afrique* avait publié deux textes que je lui avais proposés. L'un était un poème dédié à Thomas Sankara pour le second anniversaire de sa disparition. L'autre était une prise de position contre le parti unique et avait été écrit après la chute du mur de Berlin et l'effondrement du communisme en Europe centrale et orientale. J'y défendais l'idée que la liberté ne se donne pas comme une obole et que, pacifiquement, les Africains devraient mettre fin au règne du parti unique au lieu d'attendre je ne sais quel messie. Certains confères français le prirent très mal. Pourquoi ? Était-ce parce qu'ils avaient des atomes crochus avec l'ancien dictateur Hissène Habré ou bien parce que la politique française en

---

[235] Fabrice Hervieu Wané, « Cheikh Anta Diop, restaurateur de la conscience noire », *Le Monde diplomatique*, janvier 1998, p. 24.

Afrique leur semblait irréprochable ? Je ne l'ai jamais su. Une chose est sûre : ils étaient choqués que mon modèle ne fût pas un Houphouët-Boigny ou un Senghor mais un jeune capitaine qu'ils jugeaient impertinent et violent. Ils commencèrent alors à me marginaliser et à penser que ma place n'était pas dans l'ordre fondé par le Basque espagnol Ignace de Loyola. C'est à N'Djamena que je l'appris de la bouche du provincial de l'époque alors que nous nous rendions à Mongo pour l'ordination sacerdotale de feu Deby Yomtou. En fait, on ne me pardonnait pas l'esprit critique que mes élèves commençaient à afficher. On trouvait inadmissible que je fasse entendre un autre son de cloche sur l'Afrique, sur le Blanc, etc. Un jour, en effet, des élèves de Terminale D m'avaient demandé une conférence sur la coopération franco-africaine. Et je leur avais dit qu'il me semblait plus exact de parler de recolonisation que de coopération à cause de l'ajustement structurel auquel nous étions soumis et que, pour qu'il y ait coopération, il fallait que « nous sortions de la coopération inégalitaire dans laquelle nous sommes embarqués. [Car] il ne peut pas y avoir une coopération entre le lion et le petit agneau[236] ». Quinze ans plus tard, mon avis n'a guère changé sur la question car la coopération demeure déséquilibrée entre la France et ses anciennes colonies comme en témoigne une étude publiée en juillet 2005 par le collectif *Les Renseignements généreux* et intitulée « Les contradictions de l'aide publique française au développement ». Selon cette étude, la France reçoit plus d'argent de l'Afrique qu'elle ne lui en donne. La même étude soutient que, de façon générale, « les pays industrialisés fonctionnent davantage comme des pompes à capitaux que comme des généreux donateurs ». Pour étayer sa thèse, le collectif se base sur un rapport du Centre français du commerce extérieur qui établit que « la France a dégagé 29 milliards d'euros de bénéfices commerciaux avec l'Afrique entre 1989 et 1998 tandis qu'elle lui a versé sur la même période 21 milliards d'euros d'aides[237] ». Marie Poussart et Georges Courade pensent, eux aussi, qu'il est erroné de croire que « l'Afrique reçoit plus

---

[236] http://www.cipcre.org/ecovox/eco28/rencontre.htm
[237] http://www.les-renseignements-genereux.org/fichier.php?id=870#I

d'argent qu'elle n'en rembourse ». Pour eux, en effet, contre une aide effective de 296 milliards de dollars US entre 1970 et 2002, l'Afrique subsaharienne a déboursé 478 milliards de dollars US (capital et intérêts)[238].

Le combat contre le mépris du Noir

Cheikh Anta Diop fut l'un des tout premiers à faire pièce à ce genre d'idées reçues et à s'opposer à la falsification de l'histoire africaine comme le laisse voir le passage suivant :

« Au moment où l'impérialisme atteint son apogée, dans les temps modernes, en tout cas au XIXe siècle, l'Occident découvre que c'est l'Égypte et une Égypte noire qui a apporté tous les éléments de la civilisation à l'Europe, et cette vérité, il n'était pas possible de l'exprimer… L'Occident, qui se croyait chargé d'une mission civilisatrice en direction de l'Afrique, découvre, en fouillant dans le passé, que c'est précisément cette Afrique noire… qui lui a donné tous les éléments de la civilisation, aussi extraordinaire que cela puisse paraître[239]. »

Et l'égyptologue sénégalais de poursuivre :

« Et cette vérité, tous les savants n'étaient pas également disposés à l'exprimer sans nuances. Donc la communauté des savants s'est scindée en deux groupes : - les savants de bonne foi qui ont eu le courage de regarder la vérité en face. Volney faisait partie de ces savants… Et toute la lignée presque des égyptologues qui ont falsifié l'histoire de l'humanité de générations en générations et qui ont commis un crime le plus grave contre la science et l'humanité… C'est de falsifications en falsifications qu'on en est arrivé à dire que l'Égypte était un accident en Afrique et que, quand on parle de l'Égypte, on parle de l'Orient. L'Égypte, ce n'est pas l'Orient, c'est l'Afrique ! L'Orientalisme est une frustration, c'est une falsification. Il y a eu des falsificateurs de l'histoire[240]. »

---

[238] G. Courade, *L'Afrique des idées reçues*, Paris, Belin, 2006, pp.59-60.
[239] *Nations nègres et culture*, Paris, Présence africaine, 1979, p. 62.
[240] *Ibid.*

Prophète de la renaissance africaine et apôtre de la dignité et de la liberté de l'Afrique, Diop était-il irréprochable ? A-t-il eu tout juste ? Non car certains comme Amady Dieng et Ibrahima Thioub regrettent qu'il n'ait pas parlé autant de la traite négrière et de la colonisation que de l'Égypte. Mais, pour avoir contribué à la réhabilitation de la culture négro-africaine, il ne serait pas exagéré de dire qu'il fut à l'Afrique ce que Zola (1840-1902) fut au capitaine Alfred Dreyfus (1859-1935) en France sous la IIIe République. Alsacien d'origine juive, Dreyfus fut dégradé, puis déporté de 1895 à 1899 dans le bagne de l'île du Diable (Guyane). Qu'avait-il fait pour subir pareil châtiment ? Que lui reprochait-on ? Marie Bastian, embauchée comme femme de ménage à l'ambassade d'Allemagne et indicateur du service du contre-espionnage français, avait récupéré une lettre non signée dans la corbeille du bureau de l'attaché militaire allemand Schwartzkoppen. L'auteur de cette lettre se présentait comme officier de renseignement français et annonçait à son correspondant l'envoi en pièces jointes de copies de documents sur les dispositifs de défense français, notamment en matière d'artillerie. En raison de la ressemblance d'écriture, les soupçons se portèrent sur l'artilleur Alfred Dreyfus. Sans preuves tangibles, il fut arrêté et condamné. Pour Zola, il s'agissait d'une décision injuste et arbitraire. L'auteur de *Germinal* ne tardera pas à réclamer une révision du procès. Comment s'y prend-il ?

Il publiera un premier article dans *Le Figaro* du 25 novembre 1897 mais le journal se désengage vite devant l'ampleur de cette affaire qui divise l'opinion publique française entre dreyfusards et antidreyfusards. À ce propos, l'assomptionniste français Michel Kubler reconnut en 1998 que « les rédacteurs de *La Croix* [quotidien catholique] eurent en ce temps-là une attitude que rien ne saurait excuser et signèrent des lignes mortifères[241] ». Le 13 janvier 1898, Zola prend attache avec le journal « L'Aurore ». Celui-ci publiera à sa Une le fameux « J'accuse », une lettre adressée au président de la République Félix Faure et tirée à 300 000 exemplaires[242].

---

[241] *La Croix* du 12 janvier 1998.
[242] *Cf. La Croix* des 17 et 18 juin 2006, p. 4.

Zola sera rejoint par des écrivains, des artistes, des scientifiques et des hommes politiques parmi lesquels Jean Jaurès mais les choses ne se passent pas sans difficulté. Le général Billot porte plainte contre Zola que la Cour d'assises de la Seine condamnera à 3 000 francs d'amende et à un an de prison pour diffamation contre l'armée. Zola ne baisse pas les bras pour autant. Il continue de se battre pour la réhabilitation de Dreyfus. Le 3 juin 1899, le président Émile Loubet signe l'arrêt de révision du procès de Dreyfus. Ce dernier peut comparaître devant un second conseil de guerre à Rennes. Le 19 septembre de la même année, Dreyfus bénéficie de la grâce présidentielle. Mais il faudra attendre le 12 juillet 1906 pour que le verdict de 1899 soit annulé par la Cour de cassation. Le plus important résidait dans cette annulation qui proclamait l'innocence de Dreyfus et non dans la grâce. Voici les propos tenus ce jour-là par Alexis Ballot Beaupré, le premier président de la Cour de cassation :

« Attendu, en dernière analyse, que de l'accusation portée contre Alfred Dreyfus, rien ne reste debout, la Cour annule le jugement du Conseil de guerre qui, le 9 septembre 1899, a condamné Dreyfus à dix ans de détention et à la dégradation militaire ; elle dit que c'est par erreur et à tort que cette condamnation a été prononcée[243]. »

Zola était mort quatre ans plus tôt. En juin 1908, ses cendres seront transférées au Panthéon. J'ignore si le Sénégal bâtira un jour un panthéon et si Cheikh Anta Diop aura l'honneur d'y entrer. Ce que je sais, c'est que Diop fut nommé en 1981 professeur d'histoire ancienne associé à la Faculté des lettres et des sciences humaines et que, depuis quelques années, l'université de Dakar est devenue l'université Cheikh Anta Diop[244]. Ces deux gestes, on aurait aimé qu'ils fussent posés par l'homme de culture qu'était Léopold Sédar Senghor (1906-2001). Celui-ci refusa-t-il d'honorer Diop parce qu'il voyait en

---

[243] *Ibid.*, p. 3. Voir l'article d'Emmanuelle Réju, « Affaire Dreyfus. Le *mea culpa* de la justice ».
[244] *Cf.* Cheikh M'Backé Diop, *Cheikh Anta Diop, l'homme et l'œuvre*, Paris, Présence africaine, 2003, 416p.

lui un rival ou bien parce qu'il ne voulait pas froisser la France dont l'Université avait refusé la thèse de Diop ? L'ostracisme et l'indifférence dont souffrit l'égyptologue sénégalais avant 1981 font partie, avec l'arrestation et la longue détention de Mamadou Dia (1962- 1973)[245], des pages les plus sombres de la présidence de celui qui s'adressait aux tirailleurs sénégalais massacrés par l'armée française au camp de Thiaroye, près de Dakar, pour avoir réclamé le paiement de leurs primes de démobilisation en ces termes :

« Est-ce donc vrai que la France n'est plus la France ?... Est-ce vrai que la haine des banquiers a acheté ses bras d'acier ? Et votre sang n'a-t-il pas ablué la nation oublieuse de sa mission d'hier[246] ? »

Senghor haïssait-il Diop au point de le traiter de la sorte ? Cette question a peu d'importance aujourd'hui. L'important est qu'Abdou Diouf ait reconnu la valeur et les mérites de Cheikh Anta Diop et que des gens comme Théophile Obenga aient accepté de poursuivre son combat contre le mépris du Nègre[247]. C'est ce combat qui rapproche Cheikh Anta Diop d'Aimé Césaire qui dit avoir créé (avec Senghor et Damas) la Négritude parce qu'il avait vu naître la montée du racisme allemand et qu'il lui semblait nécessaire d'y résister en disant qui était le Nègre[248].

Qu'est-ce qu'être intellectuel en Afrique aujourd'hui ?

La résistance au racisme et à l'impérialisme apparaît ainsi comme un des critères qui permettent de dire de quelqu'un qu'il est intellectuel. Celui-ci, à mon sens, n'est pas d'abord à rechercher sur le terrain des diplômes et des titres académiques

---

[245] Albert Bourgi, « Démocrate ? Oui, mais... », *Jeune Afrique*, Hors Série, n° 11, 2006, pp. 74-78.
[246]*Cf. Hosties noires*, Paris, Seuil, 1948.
[247]*Cf. Cheikh Anta Diop, Volney et le Sphinx*, Paris, Présence africaine/ Khepera, 1996.
[248] *Le Parisien* du 10 juillet 2006, p. 17.

(assistant, maître-assistant, maître de conférences, professeur titulaire ou professeur agrégé) mais sur le terrain des idées. Le seul combat que l'intellectuel soit en effet prêt à livrer est celui des idées. C'est pour cela que ses seules armes sont et demeurent les idées, la voix ou la plume. Il s'en sert pour dire qu'aucun homme ne mérite d'être méprisé, humilié, exploité, opprimé ou chosifié. J'ai dit « aucun homme » car la plume ou la voix de l'intellectuel est au service de tout homme. Que cet homme soit blanc, noir ou jaune importe peu pour l'intellectuel. Ce qui l'intéresse, avant tout, c'est de contribuer à mettre fin à la souffrance de l'humain.

C'était une des idées de Jean-Paul Sartre (1905-1980) pour qui l'intellectuel ne peut qu'être « universel et total[249] » contrairement à Michel Foucault qui mettait l'accent sur des engagements partiels, sectoriels, locaux. Cet intellectuel universel a été incarné par Victor Hugo (1802-1885) qui se solidarisa avec les victimes des pogroms russes en 1882, par Jean-Paul Sartre qui condamna les guerres d'Indochine et d'Algérie, par Pierre Vidal-Naquet (1930-2006) qui fut un des premiers à dénoncer les exactions de l'armée française en Algérie, par le Martiniquais Frantz Fanon (1925-1961) qui en 1956 démissionna de son poste à l'hôpital psychiatrique de Blida Joinville pour rejoindre le Front de libération nationale, par le Burkinabè Joseph Ki-Zerbo et l'Ivoirien Harris Mémel Fotê qui se mirent au service de la Guinée après le départ des coopérants français, par le Sénégalais Malick N'Diaye, le Camerounais Moukoko Priso et le Suisse Jean Ziegler qui dénoncèrent les tueries de l'armée française en novembre 2004 devant l'hôtel Ivoire, par le journaliste franco-camerounais Théophile Kouamouo qui rendit sa démission du *Monde* afin de ne pas se rendre complice de la désinformation de ce journal sur la crise ivoirienne...

Pour ces hommes et d'autres, si l'intellectuel se dresse contre ce qui broie, dégrade ou humilie l'homme, c'est parce qu'il espère pouvoir redresser un tort ; s'il crie ou écrit, ce n'est pas seulement parce qu'il veut amener ceux qui l'écoutent ou le

---

[249]Didier Eribon, « L'intellectuel aux côtés des dominés », *Le Nouvel Observateur* du 3 au 9mars 2005, p. 101.

lisent à refuser l'inadmissible mais aussi et surtout parce qu'il a pris au sérieux le mot de Pascal : « Il ne faut pas dormir. » C'est la raison pour laquelle il peut être considéré comme veilleur. Tel Zola pendant l'affaire Dreyfus, l'intellectuel se sent obligé de parler pour éviter d'être complice de la forfaiture ou de l'imposture. Célestin Monga a sa manière de le dire :

« Un intellectuel est quelqu'un qui ambitionne d'élargir les frontières du stock de connaissances dans le but de donner plus d'épaisseur à nos vies, ou de nous pousser à prendre nos responsabilités. Travaillant sur des idées, il met la réalité en concepts. Il confronte les orthodoxies et les dogmes au lieu de les produire et de les gérer. Il garde l'esprit ouvert et pose les questions les plus embarrassantes à la société et à lui-même[250] ».

L'intellectuel ainsi défini est incarné aussi bien par tous ceux dont les textes ou les paroles fustigent ce qui va mal dans la société que par les « artistes illettrés qui font du reggae ou du couper décaler dans les faubourgs d'Abidjan dans l'espoir de changer la société ivoirienne[251] ». On l'aura compris : cet intellectuel est forcément engagé, engagé aux côtés des déshérités, des faibles, des petits, etc. En ce sens, le discours de Lionel Jospin pour la réception du titre de docteur *honoris causa* de l'Université catholique de Louvain, le 2 février 2000, est très instructif :

« L'engagement n'a pas de figure unique. Il peut être religieux ; il est politique bien sûr, mais aussi syndical, associatif, caritatif. Il mêle le militant anonyme, le leader ou la figure emblématique. Il consiste, sans entrer toujours dans un parti, à prendre parti. Il entraîne parfois l'individu d'exception qui met sa renommée et son talent au service d'une cause. Voltaire, Émile Zola, Simone de Beauvoir ont, dans mon pays et avec beaucoup d'autres, nourri cette tradition de l'intellectuel engagé… Nombreux ont été dans ce siècle qui s'achève les événements qui ont entraîné des hommes à prendre parti. L'affaire Dreyfus, la Grande Guerre, la Révolution d'octobre, la guerre d'Espagne, le fascisme et son refus, la découverte de l'Holocauste, la décolonisation ont chacun suscité la passion, la

---

[250] *Cf. Le Messager* du 4 mai 2006.
[251] *Ibid.*

réflexion et l'action... S'engager, c'est donc... quitter l'état de spectateur pour rejoindre celui d'acteur... L'engagement, qu'il soit circonstanciel ou permanent, est lié à cette conscience de partager avec les autres un même espace, une même société et plus largement un monde unique[252]. »

Ce qui caractérise aussi l'intellectuel, c'est son indépendance d'esprit. On veut dire par là qu'il ne doit jamais perdre son esprit critique, sa liberté d'opinion et de parole. En d'autres termes, le soutien de l'intellectuel au pouvoir politique, économique ou religieux ne devrait pas être inconditionnel ou aveugle. Car, s'il ne lui est pas interdit d'avoir des amis dans ces différents milieux, il devrait toutefois éviter de les suivre dans leurs dérives et turpitudes. C'est ce que Fabien Eboussi Boulaga appelle « le caractère irréductible de l'intelligence face au pouvoir et à l'argent ou à la richesse[253] ». D'autre part, le fait qu'il soit proche d'un parti politique ne devrait pas l'empêcher de reconnaître ce qu'il y a de vrai et de positif dans les autres formations politiques.

Je voudrais donner un troisième critère : la décolonisation mentale. L'intellectuel africain devrait être décomplexé. Qu'est-ce à dire ? Par exemple, si l'on a le droit et le devoir de s'insurger contre la Françafrique, il est en revanche inadmissible de détester ceux qui en sont responsables ou d'en vouloir à l'ouvrier ou à l'agriculteur français qui parfois ignore ce qui se passe entre les dirigeants de son pays et ceux d'Afrique. Il ne s'agit donc pas de vivre dans la haine du Blanc mais d'être libre dans la tête car on peut avoir étudié en Occident, on peut y avoir été aidé d'une manière ou d'une autre sans se sentir inférieur au Blanc, sans penser que c'est ce dernier qui a la solution à nos problèmes, sans se soumettre aux intérêts néocoloniaux occidentaux. Frantz Fanon le résume bien quand il écrit : « Non, je n'ai pas le droit de venir et de crier ma haine au Blanc. Je n'ai pas le devoir de murmurer ma reconnaissance au Blanc[254]. »

---

[252] http:// www.ucl.ac.be/actualites/dhc2000/djospin.html
[253] *Cf. Le Messager* du 20 juillet 2006.
[254] *Cf. Peau noire, masques blancs*, Paris, Seuil, 1952.

Je dirais donc que l'intellectuel devrait avoir pour *credo* : « ni haine ni soumission ». Or, quand on voit certains Africains prendre leurs vacances sur la côte d'Azur plutôt qu'à Limbe (Cameroun), Mombasa (Kenya) ou Assinie (Côte d'Ivoire), on est tenté de penser que la colonisation mentale a encore de beaux jours devant elle. Celui qui n'en a pas fini avec ce complexe d'infériorité ne peut être considéré comme un intellectuel. Par contre, les hommes et femmes libres dans la tête, ce sont ceux-là que nous appelons « intellectuels ». Ils n'ont rien à voir avec les diplômés « que les partis uniques d'hier payaient pour mettre leur compétence au service de la répression et qui, aujourd'hui encore, prescrivent l'obscurantisme sur nos chaînes de télévision nationales (C. Monga)[255] ». Nous devons reconnaître qu'ils ne sont pas légion en ce moment. Mon souhait est donc que l'Afrique puisse en produire davantage, que les Africains écoutent moins ceux qui aiment exhiber leurs diplômes et titres mais ne se laissent guère émouvoir par la souffrance et la misère des autres et que l'on s'intéresse un peu plus à ceux qui, lettrés ou non, osent exprimer leur révolte quand la justice, la vérité et le droit sont bafoués ici et là. Car, si Zola fut le héros de l'affaire Dreyfus, c'est parce que, très tôt, il s'éleva contre l'injustice et risqua sa vie. En effet, comme le notait Léon Blum en 1935, il « exposait réellement sa personne ; il appelait sur lui l'attentat, la prison, l'exil[256] » en adressant une lettre réquisitoire au président Faure et en accusant les plus hautes autorités de l'État et de l'armée d'avoir menti.

Dreyfus n'aurait pas été réhabilité si le romancier français s'était tu. Le relèvement de l'Afrique ne sera donc pas possible avec des gens bardés de diplômes mais « incapables de susciter le mouvement d'idées qui seul permettrait d'enclencher le type d'interrogations et de secousses sociales dont nous avons besoin[257] ». Le combat de Cheikh Anta Diop, comme l'engagement de Zola dans l'affaire Dreyfus, montre à quel point il est indispensable que nous ayons des personnes

---

[255] *Cf. Le Messager* du 4 mai 2006.
[256] Cité par LionelJospin. Voir http ://www.cahiers-naturalistes.com/jospin.htm
[257] *Cf. Le Messager* du 4 mai 2006.

capables de perdre avantages, privilèges et tranquillité pour le triomphe de la vérité et de la liberté. Kofi Annan fait-il partie de ces personnes-là ?

Chapitre X

Kofi Annan, l'Africain qui a trahi les siens

> « *Kofi Annan n'est qu'un bureaucrate passable et carriériste, entré dans le giron onusien en 1962.* » (Blaise Pascal Talla)[258]

Choisi pour sa docilité

Le 31 décembre 2006, sauf coup de théâtre, Kofi Annan ne sera plus le Secrétaire général de l'ONU parce qu'il aura achevé son deuxième et dernier mandat. Où atterrira-t-il ? Que fera-t-il des années qu'il lui reste à vivre ? Ces questions sont sans intérêt pour nous. La seule question qui vaille pour nous est celle-ci : son départ sera-t-il regretté par les Africains ? Rwandais, Sierra Léonais, Soudanais, Congolais (RDC), Libériens et Ivoiriens songeront-ils à le décorer ? Personnellement, j'en doute fort car j'ai du mal à trouver ce que l'homme a apporté de beau, de grand et de bon au continent africain pendant les années qu'il a passées à l'ONU. C'est avec sa complicité, au contraire, que certains pays africains ont été humiliés et martyrisés. Qui ne se souvient en effet de sa passivité lors du génocide rwandais qui fit entre 800 000 et un million de morts en 1994 ? Et pourtant, il occupait les fonctions de secrétaire adjoint aux opérations de maintien de la paix au sein de l'ONU. Il disposait alors d'environ 70 000 militaires et civils originaires de 77 pays. C'est dire qu'il avait les moyens d'empêcher le génocide ou d'y mettre fin. Mais, selon Roméo Dallaire qui commandait la Mission des nations unies au Rwanda (Minuar), seuls 2000 hommes furent déployés alors qu'il en eût fallu 5 ou 6000 pour arrêter les massacres perpétrés

---
[258] *Cf. Journal de l'Afrique en Expansion*, mars 2006, p. 50.

par les extrémistes hutus, les fameux *Interhamwe* (mot kinyarwanda qui signifie « ceux qui combattent ensemble »). Le général canadien ajoute que, au niveau du Conseil de sécurité de l'ONU, la décision fut prise de retirer toute la Mission et d'abandonner à leur sort les 30 000 Rwandais qu'on avait réussi à sauver. Dans son bouleversant témoignage, *J'ai serré la main du diable. La faillite de l'humanité au Rwanda*[259], R. Dallaire avoue aussi qu'il était dépourvu d'équipements et de renseignements contrairement à la France, à la Belgique et aux États-Unis qui étaient restés en contact avec les dirigeants des deux parties belligérantes et qu'il n'avait pas été soutenu par ces trois pays.

Il faudra attendre la commémoration du dixième anniversaire du génocide pour que Kofi Annan fasse semblant de déplorer la démission de la communauté internationale au Rwanda. Ce sera devant l'Assemblée générale de l'ONU. Voici le discours qu'il fit à cette occasion :

« Le génocide rwandais n'aurait jamais dû se produire. Mais il s'est produit... La communauté internationale a abandonné le Rwanda à son sort et cela nous laissera pour toujours les plus amers regrets et la plus profonde tristesse. Si la communauté internationale avait réagi rapidement et avec détermination, elle aurait pu prévenir la plupart des massacres. Mais la volonté politique était absente, et les troupes aussi. J'étais moi-même à la tête du département des opérations de maintien de la paix de l'ONU et j'ai insisté auprès de dizaines de pays pour qu'ils fournissent des contingents militaires. Je pensais, à l'époque, faire de mon mieux, mais j'ai compris après le génocide que j'aurais pu, et dû, en faire plus pour donner l'alarme et rallier les bonnes volontés. Ce souvenir douloureux, comme celui de la Bosnie-Herzégovine, a beaucoup influé sur ma vision des choses et sur les décisions que j'ai prises en tant que Secrétaire général. »

La tragédie rwandaise a-t-elle réellement influencé le comportement du Ghanéen ? Il est difficile de répondre oui quand on se réfère à sa gestion – partisane et calamiteuse – de la crise ivoirienne. Une crise dans laquelle l'homme a montré incompétence, arrogance et malhonnêteté. N'est-ce pas avec

---

[259] *Libre Expression*, 2003, 685 p.

son accord que Jacques Chirac a essayé en vain de mettre la Côte d'Ivoire sous tutelle alors que pareille solution ne fut jamais envisagée pour la Somalie et la RDC où l'État n'existait plus ? J'y reviendrai. Pour l'instant, terminons avec le Rwanda en disant que les Rwandais ont été abandonnés d'abord parce qu'ils n'ont pas la peau blanche (la France et la Belgique n'ont évacué que leurs ressortissants), ensuite parce que leur pays est un pays qui ne compte pas aux yeux de ceux qui ont fait de l'argent une idole et qui sont dans la logique du « Tu n'as rien, tu n'es rien ; tu n'as pas de pétrole à nous donner, tu ne mérites pas notre compassion et notre assistance ». Kofi Annan n'a rien fait pour sauver les Rwandais parce que, dans sa tête, il était hors de question qu'il aille contre la volonté de ses maîtres cupides et racistes.

On peut faire le même raisonnement à propos de la Côte d'Ivoire. Si Annan a accepté en janvier 2003 à Kléber (France) que des voyous deviennent ministres dans ce pays, s'il ne recule devant rien pour humilier et affaiblir chaque jour un président démocratiquement élu, s'il trouve normal que l'Assemblée nationale soit dissoute, s'il ferme les yeux sur les tueries des rebelles et les casses de la BCEAO commis dans les villes que Guillaume Soro et ses hommes ont prises en otage, s'il n'a jamais interpellé Blaise Compaoré, Toumani Touré, Abdoulaye Wade, Omar Bongo et autres valets de la Françafrique qui déroulent le tapis rouge à des hors-la-loi, s'il soutient l'absurde idée de faire en même temps le désarmement et l'identification (ce que les accords de Pretoria ne disent pas), si Charles Blé Goudé et Eugène Djué sont sanctionnés par lui pour avoir défendu les institutions de leur pays, c'est parce que ceux qui l'ont fait « roi » veulent qu'il en soit ainsi. Tel est Kofi Annan : un Africain qui n'a pas d'autre ambition que de faire ce qui plaît à ses maîtres blancs. Pour dire les choses autrement, cet homme n'a ni personnalité, ni dignité comme ces nègres qui ne valent rien et ne savent rien mais doivent leur titre de supérieurs ou de provinciaux dans les congrégations religieuses uniquement à leur capacité à obéir servilement au Blanc et à travailler contre les intérêts de l'Afrique. Si Annan est sorti de l'ombre pour occuper le prestigieux poste de Secrétaire général, ce n'est pas parce qu'il était une lumière mais parce qu'il était le plus docile des Africains exerçant à l'ONU. Blaise Pascal Talla le résume bien lorsqu'il écrit :

« Kofi Annan ne doit certainement pas ses fonctions à ses compétences particulières ou à son intelligence. Il a été choisi parce que l'Occident cherchait désespérément un Africain- un Noir de préférence- dont il pouvait s'accommoder. C'était un bureaucrate passable, comme l'ONU en a produit beaucoup depuis sa création... C'était un simple carriériste soucieux de faire plaisir à ses supérieurs hiérarchiques[260]. »

Dans ces conditions, il ne serait pas erroné de penser que ce sont ses mentors qui lui ont demandé d'envoyer à Laurent Gbagbo une facture de plus de 3,6 millions de dollars pour réparation des dégâts subis en janvier 2006 par l'ONUCI. Les jeunes patriotes avaient en effet attaqué des véhicules et des installations de l'ONU après que le GTI eut annoncé que le mandat du Parlement ivoirien n'avait pas à être prorogé.

Il ne sera pas pleuré par l'Afrique digne

Que Kofi Annan vive dans l'illusion qu'il est un VIP (*Very important person*) pour avoir dirigé l'ONU ou bien parce qu'il est dans les bonnes grâces d'un Jacques Chirac de plus en plus vomi et honni à cause de son incapacité chronique à réduire la fracture sociale comme il l'avait promis aux Français en 1995 est son droit. Quant à nous, nous ne le reconnaissons point comme un digne fils de l'Afrique. À notre avis, il ne fait nullement le poids devant son prédécesseur, l'Égyptien Boutros Boutros-Ghali, injustement privé d'un second mandat en raison de son indépendance d'esprit. De plus, il fait partie de « cette génération de diplômés africains ayant choisi de trahir leur continent pour mener une médiocre carrière personnelle[261] ». Quand cet homme médiocre et docile quittera New York,

---

[260]*Journal de l'Afrique en Expansion*, n. 369, mars 2006, p. 50.
[261]*Ibid.*

l'Afrique sera-t-elle dans la tristesse ? Si Kwame Nkrumah vivait encore, il répondrait non, mille fois non !

Chapitre XI

50ᵉ anniversaire de *Discours sur le colonialisme*

> « *La première nécessité pour un peuple qui veut assumer son passé, c'est de reconnaître ses erreurs. À cet égard, je trouve exemplaire l'attitude de l'Allemagne de l'après-guerre, qui non seulement ne s'est pas voilé la face, mais a en outre œuvré à la réparation de ses fautes. L'Afrique du Sud a agi également de manière forte et magnifique... Partout où ce travail est mené avec courage, l'humanité progresse. Et partout où il est différé ou oublié, elle stagne ou régresse, tandis que la haine qui a jadis dressé les hommes les uns contre les autres menace à toute occasion de ressurgir.* »
> (Serge Bilé)[262]

Il y a des œuvres littéraires qui ne vieillissent pas. Qu'elles aient 30, 40 ou 50 ans d'existence, elles continuent à séduire et à faire du bien. On a du plaisir à les relire parce qu'elles représentent un puits d'enseignements, parce qu'elles nous font réfléchir sur ce que nous sommes et sur ce que nous devrions être. En les revisitant, on a le sentiment que tel ou tel auteur avait bien vu les choses longtemps avant tout le monde. C'est le cas de *Discours sur le colonialisme* publié par Présence africaine d'Alioune Diop (1910-1980), il y a cinquante ans. Pour moi, Aimé Césaire est un visionnaire. Il avait raison en 1955 d'insulter et de maudire la colonisation, de dire que cette dernière n'a rien de positif, qu'elle n'est pas civilisation mais barbarie, chosification du colonisé, qu'elle n'a point mis en relation :

> « Je pose la question suivante : la colonisation a-t-elle vraiment mis en contact ? Ou, si l'on préfère, de toutes les manières d'établir contact, était-elle la meilleure ? Je réponds non. Et je dis que,

---

[262]*Sur le dos des hippopotames, op. cit.*, pp. 117-118.

de la colonisation à la civilisation, la distance est infinie ; que de toutes les expéditions coloniales accumulées, de tous les statuts coloniaux élaborés, de toutes les circulaires ministérielles expédiées, on ne saurait réussir une seule valeur humaine[263]. »

Le poète martiniquais avait raison de crier haut et fort qu'« entre colonisateur et colonisé il n'y a de place que pour la corvée, l'intimidation, la pression, la police, l'impôt, le vol, le viol, les cultures obligatoires, le mépris, la méfiance, la morgue, la suffisance, la muflerie, des élites décérébrées, des masses avilies[264] ». Le maire socialiste de Paris, Bertrand Delanoë, lui a donné raison en reconnaissant, à Alger le 25 avril 2005, que « la colonisation est un fait historique particulièrement regrettable, injuste [car] il n'y a de sociétés civilisées que s'il y a des peuples égaux[265] ». D'où vient-il alors que certains Français osent encenser la colonisation ? Pourquoi, alors qu'ils refusent de demander pardon à l'Afrique pour l'esclavage et la colonisation, invitent-ils la Turquie à faire repentance pour le génocide arménien avant son adhésion à l'Union européenne ? Pourquoi ne commencent-ils pas par mettre en pratique l'idée que « tout pays se grandit en reconnaissant ses drames et ses erreurs » ? Bref, pourquoi ce « deux poids, deux mesures » qui serait, selon l'historien algérien Mohammed Harbi, « à l'origine de la crispation et non pas ce que l'on nomme, côté français, 'l'arrogance algérienne'[266] » ? L'arrogance ne se trouve pas du côté des victimes de la colonisation mais du côté de ceux qui votèrent l'article 4 de la loi du 23 février 2005. Un article qui parlait des aspects positifs de la colonisation[267]. Invitée sur le plateau de l'émission « Mots croisés » de France 2, le 12 décembre 2005, Christiane Taubira fera entendre un tout autre son de cloche :

« Pendant la Seconde Guerre mondiale, l'Allemagne a occupé la France. Cette situation a suscité des phénomènes de résistance. Des leaders ont émergé, des individus se sont distingués.

---

[263] *Discours sur le colonialisme*, Paris, Présence africaine, 2004, p. 10
[264] *Ibid.*, p. 23.
[265] *Cf. Le Monde* du 25 avril 2005.
[266] *Cf. La Croix* du 15 novembre 2006, p. 17.
[267] L'article fut abrogé plus d'un an après.

Peut-on dire que ce phénomène de résistance est un aspect positif de l'Occupation ? »

La députée de Guyane répondait à Pascal Bruckner (philosophe) et à Jacques Marseille (historien). Le premier estimait que la colonisation avait donné aux colonisés l'esprit critique. Quant au second, il considérait l'amélioration de la situation sanitaire dans les pays colonisés comme un bienfait de la colonisation. Césaire n'a pas de peine à démolir ce genre d'arguments. On s'en apercevra dans ce passage :

« Une nation qui colonise, une civilisation qui justifie la colonisation – donc la force – est déjà une civilisation malade, une civilisation moralement atteinte, qui, irrésistiblement, de conséquence en conséquence, de reniement en reniement, appelle son Hitler, je veux dire son châtiment[268]. »

L'Occident a-t-il apporté la civilisation à l'Afrique ? Pour l'ancien maire de Fort-de-France, la réponse est non comme on peut le voir ici :

« L'Europe colonisatrice est déloyale à légitimer *a posteriori* l'action colonisatrice par les évidents progrès matériels réalisés dans certains domaines sous le régime colonial, attendu que la mutation brusque est chose toujours possible, en histoire comme ailleurs ; que nul ne sait à quel stade de développement matériel eussent été ces mêmes pays sans l'intervention européenne ; que l'équipement technique, la réorganisation administrative, l'européanisation, en un mot, de l'Afrique ou de l'Asie n'étaient – comme le prouve l'exemple japonais – aucunement liés à l'occupation européenne ; que l'européanisation des continents non européens pouvait se faire autrement que sous la botte de l'Europe ; que ce mouvement était en train ; qu'il a été même ralenti ; qu'en tout cas il a été faussé par la mainmise de l'Europe. À preuve qu'à l'heure actuelle, ce sont les indigènes d'Afrique ou d'Asie qui réclament des écoles et que c'est l'Europe colonisatrice qui en refuse[269]. »

---

[268] *Discours sur le colonialisme*, p. 18.
[269] *Ibid*, pp. 27-28.

De fait, ce que l'Occident accepte de livrer facilement à l'Afrique, ce sont les armes et les munitions, aussi meurtrières les unes que les autres, pour que les Africains arrivent à s'entretuer comme si les fabricants de ces armes et munitions voulaient que l'Afrique soit rayée de la carte du monde.

Je voudrais citer d'autres perles de l'essai de Césaire que je n'en terminerais pas. D'ailleurs, ce n'est pas le plus important. Ce qui importe, c'est que les fils et filles des anciens colonisés lisent ou relisent cet ouvrage essentiel car le comportement affiché aujourd'hui par les hommes au pouvoir à Paris, à Londres, à Lisbonne, à Bruxelles et à Madrid n'est guère différent de celui des colons d'hier : même mépris pour le Noir, même arrogance, même volonté d'imposer leur vision du monde, même hypocrisie, même stupide complexe de supériorité, même sacralisation de l'argent, même manière d'opérer (diviser les gens du Sud pour faire main basse sur leurs richesses, prêcher la réconciliation après avoir aidé les différentes ethnies à s'entredéchirer, autrement dit jouer les pompiers après avoir allumé le feu), même goût prononcé pour les intrigues et les coups bas, même mensonge, etc.

À propos de mensonge, celui dont Laurent Fabius dit qu'il « ment avec un aplomb incroyable[270] » avait, lors de sa visite chez un de ses valets de l'Afrique occidentale, affirmé que son armée ne resterait pas en Côte d'Ivoire contre le gré des Ivoiriens. Quelques semaines plus tard, la ministre de la Défense s'opposait au départ de la force Licorne qui s'est disqualifiée et déshonorée en tirant sur des jeunes et des enfants manifestant pacifiquement pour la libération de leur pays et en appuyant ouvertement la rébellion. Celle-ci, à mon avis, ne déposera les armes que le jour où son patron sera à la tête de la Côte d'Ivoire. Autrement dit, le désarmement ne se fera pas avant que la France chiraquienne n'ait placé son pion à la tête de la Côte d'Ivoire. Car ce n'est pas pour défendre la démocratie que les autorités françaises tiennent à ce que l'ONU surveille le scrutin d'octobre 2006. Si elles étaient pour des élections justes, transparentes et ouvertes en Afrique, elles auraient commencé par le démontrer au Togo en exigeant que

---

[270] *Cf. Le Monde* du 7 mai 2005.

l'intérim de la présidence de la République soit assuré par Ouattara Natchaba, en demandant que Gilchrist Olympio soit candidat et en empêchant les élections truquées auxquelles on assista le 24 avril 2005. Jacques Chirac et ses réseaux mafieux veulent voir à la tête de l'État ivoirien leur pion, celui-là même qui leur avait cédé gracieusement l'eau, l'électricité et les télécommunications de Côte d'Ivoire entre 1990 et 1993.

Un autre mensonge consiste à parler de l'indépendance des pays africains depuis 1960. C'est un mensonge car, même si nos pays sont dirigés par des « peaux noires », il n'en demeure pas moins vrai qu'ils continuent de dépendre économiquement, financièrement et politiquement des anciennes puissances coloniales. Je veux dire par là que, si un président africain veut diversifier les partenaires de son pays, s'il veut faire en sorte que les richesses locales ne profitent pas uniquement aux entreprises étrangères (Elf, Bouygues, Nestlé, Pechiney, Bolloré, etc.), s'il veut faire ce qui est bon pour son peuple, s'il refuse d'être un béni-oui-oui, il aura inévitablement des ennuis comme le Congolais Patrice Lumumba, les Camerounais Félix Moumié et Ruben Um Nyobè, le Ghanéen Kwame Nkrumah, le Burkinabè Thomas Sankara ou le Zimbabwéen Robert Mugabe. Non seulement on corrompra les médias occidentaux pour le diaboliser et le dénigrer mais on n'hésitera pas à armer des voyous et des drogués pour le renverser et/ou l'assassiner.

Car les colonialistes et leurs descendants ont toujours aimé les médiocres, les traîtres, les lèche-cul, bref, les gens qui ne voient pas plus loin que leurs petits intérêts. Mais les hommes qui n'ont ni personnalité, ni dignité ne se rencontrent pas seulement dans le monde politique africain. On les trouve aussi dans nos Universités, dans nos lycées et dans les structures de l'Église (congrégations, séminaires et paroisses). Ils ont en commun de croire que le Noir ne peut rien faire sans le Blanc et que la colonisation devrait être louée pour nous avoir « donné » l'école, les hôpitaux, les routes, les chemins de fer, etc. L'ouvrage de Césaire nous apprend que toutes ces choses n'ont pas été réalisées d'abord pour le bien du Noir. Ainsi l'école a-t-elle été créée parce que le colon avait besoin d'interprètes, les hôpitaux parce qu'il fallait éviter de perdre la force de travail du Noir, les routes et chemins de fer parce qu'il fallait acheminer le cacao, le café, l'arachide et le coton vers les différents ports. On comprend dès lors pourquoi le poète écrit :

« Sécurité ? Culture ? Juridisme ? En attendant, je regarde et je vois, partout où il y a, face à face, colonisateurs et colonisés, la force, la brutalité, la cruauté, le sadisme, le heurt et, en parodie de la formation culturelle, la fabrication hâtive de quelques milliers de fonctionnaires subalternes, de boys, d'artisans, d'employés de commerce et d'interprètes nécessaires à la bonne marche des affaires[271]. »

Pour sa part, Serge Bilé rappelle :

« Avant la traite négrière, il existait de grandes civilisations en Afrique. Il y avait, au-delà de l'Égypte, les royaumes du Ghana, du Mali ou encore du Songhaï. Ils abritaient de prestigieuses universités qui attiraient des enseignants et étudiants de partout, d'Andalousie, de Bagdad, de La Mecque. Donc, dire que la colonisation nous a apporté l'école, la santé et les routes, c'est se moquer de peuples qui possédaient déjà des écoles, bénéficiaient de la médecine et savaient construire des routes[272]. »

Le mérite de Césaire ne réside pas seulement dans le dévoilement des mensonges de la colonisation. Ce qu'il nous fait surtout découvrir, c'est le drame de ces « millions d'hommes à qui on a inculqué savamment la peur, le complexe d'infériorité, le tremblement, l'agenouillement, le désespoir, le larbinisme[273] ». Car le plus grand mal de la colonisation, ce n'est pas le pillage du sol et du sous-sol africains mais le fait d'avoir conduit le Noir à douter de lui-même, à avoir une image pauvre ou négative de lui-même et de sa culture, à croire que, quoi qu'il fasse, il est inférieur au Blanc. Feu Engelbert Mveng a trouvé une belle expression pour nommer cette maladie qui affecte l'homme noir dans ses fibres les plus profondes : « la pauvreté anthropologique[274] ».

---

[271] *Discours sur le colonialisme*, p. 22.
[272] *Sur le dos des hippopotames. Une vie de nègre*, p. 115.
[273] *Discours sur le colonialisme*, p. 24.
[274] *L'Afrique dans l'Église. Paroles d'un croyant*, Paris, L'Harmattan, 1985.

Que le colonialisme continue à nuire à l'Afrique cinquante ans après la publication du brûlot de Césaire, l'actualité le confirme. Pour s'en convaincre, il suffit de voir le comportement de M. Jacques Chirac. Y a-t-il un problème d'*aggiornamento* (mise à jour) des listes électorales en Côte d'Ivoire ? Le président français ne tardera pas à ruer dans les brancards pour exiger qu'on en établisse de nouvelles. Il est évident, dans ces conditions, que l'image que beaucoup d'Africains garderont de lui, c'est celle d'un homme pour qui l'Afrique n'a pas évolué depuis 1960 et ne peut s'en sortir que si elle est dirigée par des présidents abrutis, corrompus et à la solde du gouvernement français. Le problème fondamental des pays francophones se trouve là. Avant de nous attaquer aux détournements de fonds publics, à la mauvaise gouvernance, etc., il nous faut nous dresser contre ce racisme qui veut que la démocratie soit un luxe pour les Africains. Si nous sommes dans l'impasse, ce n'est pas non plus parce que nous refusons de brûler ce qu'il y a de meilleur dans nos traditions. Aimé Césaire a écrit là-dessus des phrases décisives : « Je vois que certains s'interrogent de temps en temps sur la Négritude. Mais, en vérité, ce n'est pas la Négritude qui fait question aujourd'hui. Ce qui fait question, c'est le racisme ; c'est la recrudescence du racisme dans le monde entier ; ce sont les foyers de racisme qui, çà et là, se rallument... C'est cela qui doit nous préoccuper[275]. » Ne nous trompons donc pas de combat !

Sans nier la part de responsabilité de nos dirigeants dans la tragédie de l'Afrique, nous pensons plutôt que l'obstacle majeur et premier à notre développement global et intégral est le racisme et l'impérialisme de certains Occidentaux. Car nous avons aujourd'hui la certitude que le tout n'est pas d'avoir des présidents intègres, compétents et désireux de travailler au bien-être de leurs peuples. Encore faut-il que ces présidents aient les coudées franches, c'est-à-dire qu'ils puissent avoir la liberté de faire ce qui est bon pour ceux qui les ont élus. Or c'est précisément cette liberté que les dirigeants occidentaux refusent aux Africains. On a ainsi l'impression qu'ils préfèrent travailler

---

[275] *Discours sur le colonialisme*, p. 90.

avec des présidents béni-oui-oui. L'Afrique francophone ne sera pas tirée d'affaire tant qu'elle sera dirigée par des présidents à la solde des autorités françaises. Disant cela, nous sommes bien conscient que ce n'est pas la faute des dirigeants occidentaux si nos rues sont envahies par des herbes et des nids de poule, si les médicaments sont détournés dans les dispensaires et hôpitaux, si certains fonctionnaires passent leur temps à parler de football, à lire la Bible ou à jouer au pari mutuel urbain au lieu de travailler, si les ampoules mortes ne sont pas remplacées dans les rues de nos quartiers, si certaines personnes viennent au travail à 10 h pour en repartir deux heures plus tard, si les poubelles ne sont pas vidées, si les ordures ménagères ne sont pas ramassées dans les quartiers, si certains journalistes attendent qu'on leur graisse la patte avant de présenter le livre d'un auteur ou avant de lui demander un entretien, si bars et discothèques prospèrent à côté des cités universitaires, etc. Toutes ces choses, nous en convenons, n'ont rien à voir avec l'impérialisme et le racisme. C'est aux Africains et uniquement à eux qu'il incombe de mettre fin à ces pratiques honteuses. La responsabilité des Africains reconnue, nous persistons à dire que l'Occident et ses dirigeants sont en grande partie responsables de nos difficultés. Pour l'illustrer, je voudrais donner la parole au journaliste français Laurent d'Ersu qui ose poser les bonnes questions en ce qui concerne les rapports entre la France et ses ex-colonies :

« Quelle vision les gouvernants français ont-ils du continent noir ? Sommes-nous vraiment sortis de l'ère Foccart ?... Un *hiatus* existe entre l'image qu'on se fait du continent à Paris et la réalité d'une Afrique de plus en plus citadine et éduquée... En avril dernier, une magistrate ordonnait, en pleine nuit, la remise en liberté du chef de la police congolaise, mis en examen et écroué pour crimes contre l'humanité à Paris... Les familles des disparus du Beach, 353 Congolais tués en 1999 à Brazzaville, ont crié au scandale d'État, mais toute la procédure judiciaire, visant notamment le président Denis Sassou Nguesso, a finalement été annulée... Le fameux discours de la Baule de François Mitterrand en 1990... a été repris à son compte par son successeur. Mais il a été aisément vidé de sa substance par les autocrates africains, qui ont mis en place un multipartisme de façade... Ils ont généralement été conseillés par des Français plus ou moins adoubés par Paris, tels Charles Debbasch, ancien doyen de la faculté de droit d'Aix-en-Provence, condamné pour abus de confiance dans l'affaire Vasarely et auteur des réformes constitutionnelles sur mesure des Gnassingbé, père et fils, au Togo. Parmi ces mercenaires d'un genre nouveau... figurent aussi des spécialistes de l'organisation et de l'observation passive des scrutins frauduleux[276]. »

Tout en condamnant les dérives de nos dirigeants et tout en faisant ce qui relève de notre responsabilité, nous devons - en liaison avec les Occidentaux qui souhaitent que l'Afrique écrive elle-même son histoire - dénoncer l'impérialisme occidental, réclamer partout et toujours que l'Occident accepte de nous accompagner dans nos propres choix et décisions. Car vouloir que le législatif et le judiciaire ne soient plus dépendants de l'exécutif dans nos pays, désirer que nos Constitutions soient adaptées à nos réalités, souhaiter que les richesses nationales ne profitent pas uniquement à l'ethnie et au parti du chef de l'État, demander que l'État assume ses fonctions régaliennes (fourniture des services publics) et qu'il ne démissionne pas de son rôle régulateur, tout cela est bien mais le problème du développement reste entier si notre analyse n'intègre pas le fait que l'Occident mène vis-à-vis de l'Afrique une politique « infantilisante, appauvrissante et humiliante » (Aminata Traoré). L'Afrique est humiliée lorsque, réagissant à la mort d'Eyadema, J. Chirac affirme que son pays a perdu un « ami personnel ». Elle est d'autant plus humiliée que l'ami en question a régné pendant 38 ans par la terreur. Les Africains sont humiliés quand le tapis rouge est déroulé en France à des putschistes et à des assassins notoires alors que Yvan Colonna et ses acolytes (les assassins présumés de Claude Érignac[277]) sont derrière les barreaux ou lorsque la France soi-disant démocratique laisse certains présidents africains modifier la Constitution de leur pays pour s'éterniser au pouvoir. En soutenant des présidents impopulaires, incompétents et corrompus, l'Occident veut ainsi nous maintenir dans la misère. C'est dire que le développement de l'Afrique restera une

---

[276] L. D'Ersu, « En Afrique la France est condamnée à évoluer », *La Croix* du 3 mars 2005, p. 3.
[277] Ancien préfet de Corse, il fut assassiné à Ajaccio le 6 février 1998.

chimère tant que les décideurs occidentaux ne changeront pas de regard sur l'Afrique et de comportement vis-à-vis des Africains.

Chapitre XII

Côte d'Ivoire : Les vrais enjeux d'une fausse guerre ethno-religieuse

> « *Le fait que le Président Laurent Gbagbo ait voulu établir l'indépendance économique de la Côte d'ivoire a provoqué tout naturellement l'hostilité déterminée de certains des actuels dominateurs économiques du pays. Par exemple, lorsqu'il projette de créer la première assurance maladie d'Afrique, cela a été mal vu par les trusts pharmaceutiques français, suisses et allemands.* »
> (Jean Ziegler, Rapporteur spécial de l'ONU)[278]

> « *S'il n'a pas d'animosité contre la France, au contraire, il entend avoir des relations d'égal à égal avec ses représentants. La France, Gbagbo y a de nombreux amis (Guy Labertit, mais aussi Henri Emmanuelli et Pierre Mauroy) ; il y a rencontré sa première femme, avec qui il a eu un fils. Et il ne manque jamais de rappeler qu'il a été prénommé Laurent en mémoire de cet officier qui, durant la Seconde Guerre mondiale, est mort dans les bras de son père, Koudou, qui a combattu et a été blessé dans les rangs de l'armée française.* »
> (Thomas Hofnung)[279]

Lorsque les hommes se retrouvent pour échanger, ils se découvrent et se comprennent mieux. C'est pourquoi je voudrais commencer par remercier le curé de la Paroisse de la Trinité de Roubaix et son vicaire, l'abbé Jean Stéphane Niaba. S'ils ont eu l'idée d'une conférence débat sur la Côte d'Ivoire, c'est parce qu'ils sont persuadés que seul le dialogue entre Français et Ivoiriens peut amener les uns et les autres à dissiper

---

[278] *Cf. Fraternité Matin* du 28 décembre 2004.
[279] *Cf. Libération* du 30 octobre 2006.

bien des malentendus et à surmonter une crise qui, de mon point de vue, est passagère même si elle laissera des traces. Je remercie aussi tous ceux qui ont accepté de participer à cette causerie débat.

Remarques préliminaires

Je voudrais faire quatre remarques avant de livrer mon regard sur les derniers développements de la crise ivoirienne : La première, c'est que parler de la Côte d'Ivoire revient forcément à parler de la France. D'une part, parce que près de 4000 soldats français sont en Côte d'Ivoire depuis 2002[280] ; d'autre part, parce que la crise a mis à mal les relations entre les deux pays, ce que Stephen Smith et Antoine Glaser confirment dans l'ouvrage qu'ils ont écrit en 2005 et qu'ils ont appelé *Comment la France a perdu l'Afrique*[281]. Un ouvrage qui, tout en pointant les « erreurs, les lâchetés et les ambiguïtés de la politique africaine de la France », soutient que la France a perdu l'Afrique en Côte d'Ivoire le 6 novembre 2004. Ce jour-là, en effet, les soldats de la force Licorne avaient tué une soixantaine de personnes et en avaient blessé 2000 parmi les jeunes qui protestaient les mains nues devant l'hôtel Ivoire. Ces jeunes manifestaient contre l'anéantissement de la flotte aérienne ivoirienne. L'ordre de détruire les avions ivoiriens était venu de Jacques Chirac après le bombardement par l'aviation ivoirienne d'un camp militaire français de Bouaké, bombardement qui aurait causé la mort de 9 soldats français et d'un civil américain[282]. Le président français préféra ainsi se rendre justice au lieu d'attendre – ce qui aurait été plus logique - que l'ONU dont dépend théoriquement Licorne demande et mène une

---

[280]Le coût de l'opération Licorne est estimé à 250 millions d'euros annuels, selon *Le Figaro* du 25 octobre 2006.
[281]Paris, Calmann-Lévy, 2005.
[282] Pendant les violences des banlieues de novembre 2005, aucun Français ne fut tué par les forces de l'ordre. Même chose lors des manifestations contre le Contrat première embauche (CPE) en mars et en avril 2006. Pourquoi les soldats français ont-ils la gâchette facile quand ils sont devant des manifestants africains ? La vie des Noirs aurait-elle, à leurs yeux, moins de valeur que celle des Blancs ?

enquête pour situer les responsabilités et prendre éventuellement des sanctions. Je ne sais pas si la France a déjà perdu l'Afrique. Ce que je sais, c'est que quelque chose s'est brisé et que plus rien ne sera comme avant dans les relations franco-ivoiriennes.

Deuxième remarque : quand je parle de la France, je n'ai pas en tête les citoyens français mais la France officielle, c'est-à-dire les hommes politiques français de droite comme de gauche. C'est cette France officielle qui est conspuée, critiquée et rejetée aujourd'hui en Côte d'Ivoire et ailleurs en Afrique - on l'a bien vu lors de la visite de Nicolas Sarkozy au Mali et au Bénin entre le 17 et le 19 mai 2006 - en raison de sa politique africaine de plus en plus décriée parce que dépassée. Peut-on avoir des griefs contre cette France officielle et admirer la Révolution française de 1789 ? Peut-on déplorer que les dirigeants français n'aient pas tiré toutes les conséquences du discours de la Baule (1990) et estimer des hommes comme Voltaire, Victor Hugo, Émile Zola, Jean Jaurès, André Malraux, Albert Camus, Antoine de Saint-Exupéry, Jean-Paul Sartre, Pierre Bourdieu, André Mandouze, François Varillon, l'abbé Pierre, Jean-Claude Guillebaud... ? Je réponds oui, tout en précisant que ne pas condamner toute la France ne signifie pas approuver le silence de l'opinion publique française. Cette dernière n'a guère bougé, pas plus que les missionnaires français vivant en Côte d'Ivoire n'ont levé le petit doigt quand l'opération Licorne a abattu froidement une soixantaine d'Ivoiriens devant l'hôtel Ivoire au cours d'une manifestation pacifique alors que cette opinion publique française est prompte à signer des pétitions quand les droits de l'homme sont bafoués en Europe centrale ou orientale. Comme l'explique Théophile Kouamouo, ne pas mettre tous les Français dans le même sac reviendrait « à n'accuser, au fond, qu'une minorité absolue de politiciens ou de militaires, là où toute une élite administrative, médiatique, culturelle, économique, est complice par son silence du 'plus grand scandale de la République'..., à réinstaller, à peu de frais, le peuple français dans son ensemble dans un confort moral dans lequel il ne peut pas se complaire pendant qu'on commet des crimes en son nom[283] ».

Troisième remarque : J'étais à Abidjan quand la Côte d'Ivoire a été attaquée dans la nuit du 18 au 19 septembre 2002. C'est donc en connaissance de cause que je parlerai.

Quatrième et dernière remarque : Je ne suis mandaté par personne. Autrement dit, je ne parle pas au nom de tel ou tel groupe mais en mon nom propre. Et ma parole sera forcément limitée, partielle et partisane, le terme « partisan » signifiant ici que j'ai pris le parti de la démocratie, de la conquête du pouvoir par les urnes, de la coopération entre pays sur la base de la justice, de la vérité et du respect mutuel.

Ces remarques faites, je voudrais maintenant répondre à quelques questions que le Français ordinaire se pose sur la crise ivoirienne

La France a-t-elle empêché la prise d'Abidjan par les rebelles et, donc, sauvé le pouvoir de Laurent Gbagbo ?

Ma réponse à cette double question est non car, le 19 septembre 2002, les rebelles ont été chassés d'Abidjan par les forces loyalistes. Ils ont été ensuite poursuivis jusqu'à Bouaké, la seconde ville ivoirienne, où l'armée française demanda aux Forces armées nationales de Côte d'Ivoire (FANCI) 48 h pour soi-disant évacuer ses ressortissants. Je dis « soi-disant » parce que ces deux jours auraient été en réalité mis à profit par l'armée française pour livrer des armes et des munitions à la rébellion. D'autre part, contrairement au Tchad où l'opération « Épervier » (12 000 hommes) appliqua les accords de défense en empêchant la rébellion tchadienne de s'emparer de N'Djamena en avril 2006, les autorités françaises refusèrent d'aider le gouvernement ivoirien à mater la rébellion[284].

---

[283] *Cf. Le Courrier d'Abidjan* du 6 juin 2006.
[284] Les accords de défense ont été signés le 24 avril 1961.

Conflit ivoiro-ivoirien ?

C'est Michèle Alliot-Marie (ministre de la Défense) et la presse française qui, dès le début, parlèrent d'un conflit ivoiro-ivoirien. Pour eux, il s'agirait d'un règlement de comptes entre dignitaires du Front populaire ivoirien, le parti de Laurent Gbagbo ou d'une guerre ethnique entre le Sud et le Nord. Étant donné que les agresseurs sont venus du Burkina Faso et qu'ils ont été appuyés par des supplétifs libériens, sierra Léonais, maliens et burkinabè, il était faux de présenter la crise en cours comme une affaire purement interne à la Côte d'Ivoire[285]. Il s'agit en réalité d'un coup d'État qui a lamentablement échoué et qui s'est mué en rébellion. Celle-ci est dirigée par une trentaine de sous-officiers de l'armée ivoirienne ayant à leur tête le sergent-chef Ibrahim Coulibaly dit IB, ancien garde du corps de l'épouse et des enfants d'Alassane Ouattara et ayant trouvé refuge au Burkina Faso après avoir échoué à renverser le général Robert Gueï. Ce sont les mêmes militaires qui firent tomber Henri Konan Bédié le 24 décembre 1999 et tentèrent, à deux reprises en 2000, de chasser le général Gueï du pouvoir lorsque ce dernier manifesta son désir d'être candidat à la présidentielle du 22 octobre 2000. Le coup d'État ayant échoué à Abidjan, la rébellion s'installa dans les villes du Centre, du Nord et de l'Ouest[286]. Elle bénéficia, on l'a déjà dit, de l'appui politique et militaire de Blaise Compaoré mais aussi de Charles Taylor. Concernant le soutien du premier aux rebelles ivoiriens, Richard Banégas et René Otayek écrivent :

« Il est avéré que de jeunes civils de la région de Bobo-Dioulasso ont été intégrés dans les rangs de la rébellion, enrôlés comme mercenaires pour des sommes variant, selon les informateurs, de 15 000 à 40 000 francs CFA par jour... Mais ces jeunes désœuvrés et enfants des rues du sud du Burkina ne sont pas les seuls à appuyer

---

[285] Richard Banégas et Ruth Marshall-Fratani, « Côte d'Ivoire, un conflit régional ? », *Politique africaine*, n° 89, mars 2003, p. 8.
[286] Stephen Smith, « La politique d'engagement de la France à l'épreuve de la Côte d'Ivoire », *Politique africaine*, n° 89, mars 2003, pp. 119-120

la rébellion : des centaines de *dozo*[287] burkinabè (et sans doute beaucoup plus côté malien) ont dès le début rejoint la rébellion, offrant aux combattants des protections magiques pour le combat... Tous ces indices convergent à l'évidence pour accréditer la thèse d'une étroite collusion entre le Burkina Faso et la rébellion ivoirienne[288]. »

Ce point de vue est corroboré par Confort Ero et Anne Marshall qui révèlent :

« Les dirigeants du MPCI sont associés étroitement avec le Burkina Faso et des informations de première main évoquent une planification du coup d'État dès le début 2001. Il est significatif que, selon plusieurs sources, les deux conseillers de Blaise Compaoré qui sont également des interlocuteurs privilégiés de Taylor (Salif Diallo, ministre d'État pour l'agriculture, et Roch Christian Kaboré, président de l'Assemblée nationale) ont été en relation constante avec IB, généralement considéré comme le véritable cerveau militaire du MPCI[289]. »

S'agissant de l'implication de l'ancien président libérien dans le conflit ivoirien, les deux auteurs sont formels :

« Selon un proche de Taylor, deux de ses collaborateurs – son ambassadeur itinérant à Abidjan, par ailleurs son financier et son négociant en armes, Mohamed Salimé, et le général Melvin Sobandi, dirigeant de l'entreprise de télécommunications que Taylor possède à Monrovia -, se sont rendus à Bouaké le 17 septembre avec de grosses sommes d'argent[290]. »

Pourquoi Compaoré et Taylor ont-ils appuyé la rébellion ? Le premier est considéré comme un pion de Jacques Chirac qui n'a jamais digéré l'arrivée au pouvoir de Laurent

---

[287] Chasseurs traditionnels présents dans le Nord ivoirien, au Mali et au Burkina Faso. Ils seraient dotés de pouvoirs magiques.
[288] R. Banégas et R. Otayek, « Le Burkina Faso dans la crise ivoirienne. Effets d'aubaine et incertitudes politiques », *Politique africaine*, n° 89, mars 2003, p. 79.
[289] C. Ero et A. Marshall, « L'Ouest de la Côte d'Ivoire : un conflit libérien ? », *Politique africaine*, n° 89, p.94.
[290] *Ibid.*, p. 94.

Gbagbo, un des pourfendeurs de la Françafrique[291]. Quant à Taylor, il a soutenu la rébellion afin d'aider Robert Gueï à retrouver le pouvoir après sa défaite face à Laurent Gbagbo en octobre 2000. Il faut rappeler que Taylor fit la connaissance de Gueï quand celui-ci était chef d'état-major de l'armée ivoirienne. C'est à ce titre et sur ordre d'Houphouët-Boigny, à la fin des années 80, que R. Gueï livra des armes à Taylor qui combattait Samuel Doe à qui le premier président ivoirien n'avait pas pardonné la mort de William Tolbert et de son fils Adolphus marié à Désirée Delafosse, une filleule d'Houphouët. Quand Gueï arriva au pouvoir en décembre 1999, non seulement il continua à fournir des armes à Taylor mais il conclut un pacte avec l'ancien président libérien. Selon ce pacte, Taylor devait donner des combattants à Gueï et soutenir ce dernier s'il tentait un putsch en cas d'échec aux élections présidentielles de 2000[292]. Mais Compaoré et Taylor ne sont pas les seuls mis en cause, tant s'en faut. Est également citée la France qui, selon Stephen Smith, « est restée aveugle et muette quant aux préparatifs de l'insurrection au Burkina Faso, ou sur l'identité des protagonistes[293] ». Elle aurait laissé faire parce qu'elle avait intérêt à ce que soit renversé un régime qui voulait gouverner la Côte d'Ivoire autrement, c'est-à-dire diversifier ses partenaires, revoir les accords politiques, économiques et militaires avec la France, etc. D'autre part, c'est avec l'accord des autorités françaises que l'armement utilisé par la rébellion aurait transité par le Togo de Gnassingbé Eyadema qui avait des rapports étroits avec J. Chirac. Alassane Ouattara trompe donc l'opinion internationale lorsqu'il affirme que le Burkina et le Mali ne sont pas mêlés à la crise ivoirienne[294].

---

[291] Théophile Kouamouo, *La France que je combats*, Paris, L'Harmattan, 2006, p. 47.
[292] C. Ero et A. Marshall, art. cité, p. 90.
[293] S. Smith, art. cité, p. 119.
[294] *Cf. Politique internationale*, n° 100, été 2003.

Le Nord ivoirien soutient-il la rébellion ?

La rébellion est au Nord ivoirien mais tout le Nord n'est pas en rébellion. Il est vrai que, dès le déclenchement de la crise, certains ressortissants du Nord ont soutenu la rébellion parce qu'ils croyaient que cette dernière combattait pour eux et qu'elle leur apporterait un mieux-être. Mais mal leur en a pris depuis car plus le temps passe, plus ils se rendent compte qu'ils ont été trompés. De fait, ils sont obligés aujourd'hui de verser un impôt à la rébellion et de marcher pour montrer qu'ils sont acquis à la cause des rebelles. D'autre part, les populations sont devenues plus pauvres qu'avant.

C'est dire que le Nord est le plus grand perdant de cette guerre dans la mesure où les écoles, les hôpitaux, les banques et l'administration ne fonctionnent plus dans cette région après que les fonctionnaires du Sud ont été chassés. Pire encore, tout ce que la rébellion a acquis par les armes ou par le vol - l'argent des banques, les véhicules, le cacao et le café, l'or et le bois - n'a pas bénéficié aux villes et villages du Nord ivoirien mais au Mali, au Burkina et à la France. C'est dans ces trois pays que les rebelles ont gardé leur « butin de guerre ». Par exemple, la crise aurait permis à Adama Bictogo du RDR d'acheter, en 2005, une villa à Courbevoie (France)[295] et à Fofié Kouakou et à Wattao de construire à Ouagadougou[296]. Pour sa part, Mamadou Koulibaly soutient que l'argent du cacao volé par les rebelles à Man, Danané, Vavoua et Bangolo et transitant par le Burkina Faso et le port de Lomé est versé par Alassane Ouattara à Jacques Chirac[297]. Nous avons là un des paradoxes de cette guerre : le fait qu'elle n'ait point profité à ceux pour qui elle était censée être menée.

---

[295] *Cf. Le Courrier d'Abidjan* du 5 octobre 2005.
[296] *Cf. Notre Voie* du 11 septembre 2006.
[297] *Cf. Le Courrier d'Abidjan* du 5 septembre 2006.

Les gens du Nord sont-ils exclus ?

Commençons par poser la question suivante : De quoi seraient-ils exclus ? Des hautes sphères de l'État ? Non, puisque l'Assemblée nationale, la grande Chancellerie, le Conseil économique et social sont dirigés en ce moment par des ressortissants du Nord. Ensuite, peut-on honnêtement prétendre que les Nordistes sont exclus alors qu'ils ont un quartier à eux – *Dioulabougou* – dans tous les villages et villes du Sud, de l'Ouest, du Centre et de l'Est de la Côte d'Ivoire ? Ne faudrait-il pas dire plutôt que « le Nord est dans le Sud »[298] ? Depuis septembre 2002, la télévision et la radio nationales ne peuvent émettre en zone rebelle. D'autre part, seuls les journalistes faisant l'apologie de la rébellion furent autorisés à accompagner M. Ouattara lors de sa tournée en zone rebelle en Mars 2006. Enfin, les journaux pro gouvernementaux n'ont pas le droit de paraître en zone rebelle alors que ceux de la rébellion circulent librement en zone gouvernementale. Dans ces conditions, qui pratique vraiment l'exclusion ?

Y a-t-il une guerre ethnique et religieuse en Côte d'Ivoire ?

Cette grille de lecture, qu'on doit aux médias et à certains prétendus spécialistes français de la Côte d'Ivoire, est très éloignée de la réalité. Car Guillaume Soro et Louis Dacoury, qui sont les numéros 1 et 2 de la rébellion, sont des catholiques. Le colonel Gueu Michel et Louis Dacoury sont de l'Ouest et du Centre Ouest. La vérité est qu'un individu – Alassane Ouattara – a essayé (en vain) d'instrumentaliser les ethnies du Nord – abusivement appelées dioula – et la religion pour accéder au pouvoir. À propos de l'islam, selon diverses sources, les imams étrangers qui sont plus nombreux que les imams ivoiriens ont été financés par Ouattara pour mobiliser sur l'idée que le moment était venu d'avoir un président musulman en Côte d'Ivoire. C'est le même individu qui déclara en 1998

---

[298] *Cf.* Judith Rueff, *Côte d'Ivoire, le feu au pré carré*, Paris, Autrement, 2004.

qu'il fut empêché d'être candidat à la présidentielle de 1995 parce qu'il était musulman et originaire du Nord. Je fais partie des catholiques ivoiriens ayant été hébergés par des musulmans quand ils étaient à l'école primaire, au collège ou au lycée. D'autre part, nombre de musulmans ont étudié dans des écoles et collèges catholiques ou protestants. À cela il convient d'ajouter que de nombreuses femmes catholiques sont mariées à des musulmans même si l'inverse est rare. Enfin, la Constitution ivoirienne n'interdit pas à un musulman d'accéder à la présidence de la République. Par conséquent, la Côte d'Ivoire n'est pas en crise parce qu'une ethnie ou une religion voudrait dominer ou éliminer une autre mais parce qu'une minorité d'Ivoiriens proches de la droite française et ayant profité seule des richesses de la Côte d'Ivoire entre 1960 et 1999 n'a jamais digéré la perte du pouvoir en décembre 1999. Comme au Rwanda où les proches d'Habyarimana voulaient conserver le pouvoir, ce qui est en jeu dans le conflit ivoirien, c'est la reconquête du pouvoir et de tous les avantages qui lui sont attachés par tous ceux qui ont travaillé avec Houphouët-Boigny. C'est pour reprendre le pouvoir d'État et en jouir tout seuls que certains barons de l'ancien régime se sont alliés à la rébellion et formé le fameux Rassemblement des Houphouëtistes.

Il y a un autre enjeu dans cette guerre : certaines puissances étrangères veulent mettre la main sur le pétrole, le gaz et les autres richesses de la Côte d'Ivoire. Sinon, pourquoi le gouvernement français a-t-il envoyé plus de soldats en Côte d'Ivoire qu'au Liban ? Pourquoi la force Licorne est-elle peu pressée de quitter le territoire ivoirien ?

Le clergé catholique et la crise ivoirienne

Nous ne parlerons pas, ici, de ce que prêtres et évêques ont accompli de remarquable et de décisif, depuis le déclenchement de la crise : accueil, hébergement et écoute des déplacés de guerre, nourriture, médicaments et vêtements fournis à ces derniers, prières pour eux dans les paroisses ici ou là. Ce à quoi nous voulons nous intéresser, ce sont leurs prises de parole, prendre la parole étant une manière d'agir, selon le philosophe anglais John Langshaw Austin (1912-1960)[299].

Commençons par les évêques. Je dois avouer que j'avais arrêté de lire leurs lettres parce que je les trouvais peu critiques et peu engagées. C'était bien longtemps avant la crise. Les lettres écrites ces dernières années se démarquent nettement dans la mesure où elles ne donnent plus cette impression de ménager la chèvre et le chou, de parler de la réconciliation et du pardon en des termes trop généraux et trop vagues. Ainsi, la crise a-t-elle permis de découvrir nos prélats sous un autre jour, de constater qu'ils peuvent entrer dans une sainte colère non pas contre des personnes mais contre des comportements susceptibles de porter atteinte au vivre ensemble comme Jésus dans le Temple transformé en caverne de bandits et en lieu de trafic de toutes sortes (Matthieu 21, 12-13). En effet, si les lettres pastorales ont continué à inviter les Ivoiriens à se pardonner et à se réconcilier, elles exigent désormais que cela ne se fasse pas au détriment de la justice et de la vérité parce qu'il n'y a pas de paix durable sans justice, ni vérité (Psaume 85).

C'est la même justice et la même vérité qui sont demandées à la France et à l'Organisation des nations unies qui démontrent chaque jour qu'elles ne sont pas venues pour nous aider à régler notre problème mais qu'elles font bel et bien partie du problème. La première a été accusée en février 2003 de louvoyer et de faire passer ses intérêts économiques avant la vie des Ivoiriens. Les évêques sont revenus à la charge en novembre 2004 en refusant clairement et fermement une recolonisation de la Côte d'Ivoire par la France. Une prise de position qui n'est pas sans rappeler le message délivré par Mgr Bernard Yago, le soir du 7 août 1960. Le premier archevêque ivoirien d'Abidjan faisait remarquer que « Dieu nous a créés libres et [qu']il n'est pas dans sa pensée qu'un peuple reste éternellement sous tutelle ». Certains évêques français auraient peu apprécié l'intervention de novembre 2004 de la conférence épiscopale ivoirienne, ce qui pourrait amener à penser que, pour

---

[299] *Quand dire, c'est faire*, Paris, Seuil, 1970.

ces évêques, la justice et la vie humaine défendues par l'Évangile ont moins de valeur que les intérêts de la droite et des entreprises françaises. Quant au fait que Jean-Marie Lustiger aurait remonté les bretelles à Bernard Agré[300] après la condamnation par ce dernier des massacres perpétrés par la force Licorne devant l'hôtel Ivoire, ce n'est que mensonge car à quel titre le cardinal français pourrait-il se permettre de sermonner le cardinal ivoirien ? Lustiger n'est pas le supérieur d'Agré et ne lui est pas supérieur, que je sache ! Rares sont les missionnaires français de Côte d'Ivoire qui se sont prononcés publiquement sur la crise. Je dis « publiquement » car Dieu seul sait tout le mal que plusieurs d'entre eux disent en privé sur la Côte d'Ivoire et les Ivoiriens.

Peut-on vivre dans un pays dont les autorités nous semblent antipathiques ? Ma réponse est oui dans la mesure où un pays est plus que les personnes qui le gouvernent. J'ai, par contre, du mal à accepter que l'on ne soit guère gêné de couler des jours tranquilles dans un pays qu'on juge xénophobe. Ceux qui estiment que la Côte d'Ivoire maltraite les étrangers devraient donc en tirer toutes les conséquences, c'est-à-dire plier bagages et s'en aller sous des cieux qui leur paraissent plus hospitaliers. Ce serait plus conséquent et plus courageux de leur part. S'il y a un missionnaire qui n'aura pas manqué de courage, au début de cette crise, c'est bien le père Marziac. Le 13 janvier 2003, soit deux jours après le commencement de la Table ronde de Linas-Marcoussis, il adressait à Jacques Chirac la lettre suivante :

« Monsieur le président, c'est un des plus anciens missionnaires de Côte d'Ivoire qui s'adresse à vous aujourd'hui, alors que vous réunissez à Paris les représentants du gouvernement légal de ce pays avec des révolutionnaires qui peuvent mettre toute l'Afrique de l'Ouest à feu et à sang !... M'étant entretenu déjà avec les présidents Houphouët-Boigny, Henri Konan Bédié et le Général Gueï en leur temps, je viens me permettre de vous avertir respectueusement, mais fermement, que Dieu et l'Histoire vous jugeront sur votre attitude présente. Selon vos décisions ou indécisions, la Côte d'Ivoire

---

[300] On doit ce mensonge à Jean-Pierre Dozon, spécialiste autoproclamé des Bété et de la Côte d'Ivoire.

peut se transformer en un nouveau Rwanda ou Congo, et vous en seriez responsable ! Un vrai chef d'État ne peut plaire à tout le monde. La France que vous représentez peut jouer un rôle déterminant, mais vous devez savoir que Dieu et sa divine Providence mènent le monde, et non les différentes franc-maçonneries maintes fois condamnées par les papes... Je vous en supplie... de maintenir l'engagement que la France avait pris avec le feu président Houphouët-Boigny, de défendre la Côte d'Ivoire contre les agresseurs extérieurs. Or c'est le cas des mutins encouragés, financés, armés, par des étrangers... On ne discute pas autour d'une table avec des révolutionnaires. On les réduit efficacement, militairement. Je prie et fais prier dans ce sens, et vous demande, Monsieur le président, de bien vouloir écouter d'une oreille attentive la voix d'un missionnaire, pour la gloire de la France et la survie de la civilisation chrétienne, et j'ose ajouter votre propre salut éternel, qui sont en jeu[301]. »

M. Chirac ne se contenta pas d'organiser à Linas Marcoussis une rencontre entre les différents partis politiques ivoiriens et les assassins[302]. Il prit aussi fait et cause pour les derniers contre les victimes. Comme Pilate qui relâcha le bandit Barabbas et condamna à mort l'innocent Jésus, il préféra piétiner le Droit et récompenser le crime. Les Ivoiriens aiment se rappeler que Dieu est juste et que sa justice finit par triompher. Je crois cela, moi aussi. En attendant que se manifeste cette justice divine et celle des hommes, je voudrais revenir sur la lettre publiée en février 2003 par les évêques ivoiriens. Si je ne m'abuse, c'est l'une des premières lettres pastorales où les évêques eurent le courage de reprocher à l'ONU sa partialité et son impuissance à désarmer la rébellion. Que certains ne soient pas d'accord avec les interventions de l'épiscopat, il n'y a rien d'anormal et de nouveau là car même

---

[301] http://voxdei.org/afficher_info.php?id=5370.134
[302] En décembre 2006, le Tchad et la Centrafrique sont attaqués par des rébellions venues du Soudan. Au lieu de demander à Deby et à Bozizé de nommer les rebelles dans leurs gouvernements respectifs, Paris se chargea d'ouvrir le feu sur les rebelles tchadiens et centrafricains. C'est ce qu'on appelle appliquer les accords de défense à la tête du client : la France vole uniquement au secours de ceux qui protègent ses intérêts et ne lui tiennent pas tête. Le gouvernement français trouve légitime son intervention militaire au Tchad et en Centrafrique. *Le Monde* du 7 décembre 2006 en doute, qui estime que, « si une guerre est légitime, il n'y a pas de raison de la cacher ».

Dieu ne fait pas l'unanimité ! Mais qu'ils choisissent — comme la presse proche de l'opposition — de parler de la vie privée du clergé au lieu de porter la contradiction sur des points précis montre simplement qu'ils n'ont pas encore compris que la Côte d'Ivoire d'aujourd'hui est en quête non pas de secrets d'alcôve mais de débats d'idées sur la *res publica*, c'est-à-dire sur ce qui nous concerne tous. Par ailleurs, n'est-il pas simpliste, réducteur et ridicule de penser et d'écrire que les évêques roulent pour le parti au pouvoir parce qu'ils ont condamné la destruction de nos avions ainsi que les tueries des soldats français devant l'hôtel Ivoire ?

Les prêtres regardent-ils dans la même direction que les évêques ? On peut répondre par l'affirmative pour certains — les plus nombreux — qui, dans leurs homélies, osent s'élever contre ceux qui nous disent : « Vous serez diabolisés et humiliés aussi longtemps que vous refuserez que nous nous comportions en Côte d'Ivoire comme nous le faisions quand Houphouët-Boigny était au pouvoir. » D'autres prêtres rechignent à se mouiller, préférant dauber sur le désarmement des cœurs et des esprits au lieu d'inviter ceux qui ont attaqué le pays à déposer les armes. Ils sont si inspirés qu'ils trouvent sans peine des raisons aux nombreux crimes commis par la rébellion. Bref, ils refusent de prendre position. Or rien n'est plus faux et plus lâche que de ne pas choisir son camp en pareille situation. Rien n'est plus mensonger que de se prétendre neutre. À cet égard, faut-il rappeler que, dans la parabole du mauvais riche et Lazare (Luc 16, 19-31), le mauvais riche et Lazare n'ont pas tous deux été bénis et que le publicain et le pharisien (Luc 18, 9-14) n'ont pas été renvoyés dos à dos ? Ces deux exemples bibliques suffisent à montrer que, devant la justice et la vérité, il est impossible de jouer les équilibristes : soit on est pour, soit on est contre. Celui qui blâme à la fois l'agressé et l'agresseur ment à lui-même et aux autres. Il est donc erroné et déplacé d'inviter les victimes à désarmer les cœurs et les esprits. La vérité est que les cœurs et les esprits seront désarmés d'eux-mêmes le jour où les rebelles déposeront les armes.

De la même façon, il me semble indécent et irresponsable de discuter pour savoir qui est charismatique ou qui a le droit de chasser les démons et les mauvais esprits pendant que la Côte d'Ivoire se bat et se débat pour exister en tant que nation souveraine. Ce débat sur qui peut exorciser et imposer les mains me paraît inopportun et scandaleux au moment où des individus et des multinationales cupides, méchants et racistes font feu de tout bois, s'agitent comme le diable dans un bénitier, pour accaparer les richesses du pays et nous imposer un homme à leur solde. Les vrais démons, aujourd'hui, ce sont tous ceux qui demandent que notre Constitution soit mise entre parenthèses et que notre pays soit mis sous tutelle. Ce sont ces démons-là qu'il est impérieux de dénoncer. Pour tout dire, en temps de guerre, la priorité n'est pas de chercher à savoir si le diable a une queue et des cornes mais de résister en dénonçant l'injustice, en défendant la République et ses institutions, en invitant ceux qui ont tué et violé à entreprendre la démarche la plus élémentaire : reconnaître leur tort et demander pardon.

Pour revenir sur la question des mauvais esprits et des guérisons, de plus en plus de fidèles en Afrique se disent attaqués ou possédés et voudraient en être délivrés. Je ne dis pas qu'il faudrait rire au nez de ces gens-là mais je me demande si certains n'exagèrent pas quand ils voient le diable partout. Mgr Bernard Yago, ancien archevêque d'Abidjan, fit un jour cette observation que je ne suis pas loin de partager :

« Leur religion, c'est qu'ils aient le bonheur immédiat par n'importe quel moyen. Ils croient que l'Église devrait être un endroit où il y ait des prières qui procurent tel ou tel bonheur. Pour les mères qui réclament des enfants, en avoir immédiatement. Pour ceux qui doivent mourir, être guéris de la maladie tout de suite. Ces recettes-là, nous ne les avons pas. Si quelqu'un les promet aux fidèles, il se trompe... On se confie au Seigneur, mais on fait aussi ce qu'on peut pour ne pas tomber malade. Et si on est malade, on va à l'hôpital, et non chez quelqu'un qui vous dit : 'ne vous soignez pas mais faites comme ça, restez tranquilles et vous serez guéris'. Je trouve que c'est criminel de donner de tels conseils aux gens[303]. »

---

[303] Cité par Frédéric Grah Mel, *Bernard Yago, le cardinal inattendu*, Abidjan, Presses des Universités de Côte d'Ivoire, 1998, p. 200.

La question qui se pose ici est la suivante : Pourquoi, de nos jours, certains membres du clergé s'investissent-ils tant dans l'exorcisme ? Pourquoi ce ministère délicat et dangereux que l'évêque ne confie pas à n'importe qui est-il devenu à leurs yeux plus important que le combat pour la liberté et la justice ? Pour Achille Mbembe et Fabien Eboussi[304], la croisade contre Satan s'explique d'abord par l'appât du gain facile et l'obsession de l'argent. En effet, le prêtre qui veut aujourd'hui se construire une maison ou s'acheter une voiture ne peut le faire facilement qu'en s'engouffrant dans le créneau de l'exorcisme qui paierait cash et bien. Une autre explication qui ne vaut pas seulement pour les prêtres est celle-ci : rares sont les gens prêts à mener une lutte désintéressée. En d'autres termes, beaucoup d'Africains ne veulent prendre de risques pour la communauté et la patrie que s'ils sont sûrs de retirer des avantages de leur engagement. Si telle ou telle cause n'a rien à leur apporter, ils ne s'y engageront pas. Combien de fois, en effet, n'ai-je pas entendu cette réflexion : « Si je me bats pour ceux qui sont au pouvoir, si je décide de prendre des risques pour eux, qu'est-ce que je vais gagner en retour ? Qu'est-ce qu'ils vont me donner ? » On veut bien lutter mais à condition qu'on puisse voir les fruits de cette lutte et qu'on puisse en profiter, de son vivant. Un tel comportement n'apporte-t-il pas un cinglant démenti à la fameuse solidarité africaine ? Une dernière explication serait la peur de souffrir et de mourir. Or prêtres et évêques ne devraient pas avoir peur de souffrir si cette souffrance est le prix qu'il faut payer pour faire tomber les murs de l'injustice, du mensonge et de l'oppression. Certes, il ne s'agit pas de courir après la souffrance et la mort, d'être masochiste comme si Jésus avait demandé de mépriser la vie mais il est des circonstances où nous devons être capables de risquer notre vie. Comme l'explique Luc Ferry, « la préservation de sa propre vie, pour infiniment précieuse qu'elle soit, n'est pas nécessairement et en toutes circonstances la seule valeur qui vaille[305] ». Cela signifie que les hommes d'Église

---

[304] A. Mbembe, *Afriques indociles*, Paris, Karthala, 1988 ; F. Eboussi, *Pour un Concile africain*, Paris, Présence africaine, 1978.
[305] L. Ferry, *Apprendre à vivre. Traité de philosophie à l'usage des jeunes générations*, Paris, Plon, 2006, pp. 272-273.

devraient être fiers de subir rejet, persécution, calomnies, moqueries ou humiliations pour avoir pris, comme le Nazaréen, le parti des pauvres, des faibles et des méprisés, pour avoir contesté l'ordre du monde quand il célèbre le crime et récompense la médiocrité. C'est le sens qu'on peut donner à cette réflexion de feu Mgr Pierre Claverie, ancien évêque d'Oran (Algérie) assassiné en 1996 :

> « N'est-il pas essentiel pour le chrétien d'être présent dans les lieux de souffrance, dans les lieux de déréliction, d'abandon ? Où serait l'Église de Jésus-Christ, elle-même Corps du Christ, si elle n'était pas là d'abord ? Je crois qu'elle meurt de n'être pas assez proche de la croix de son Seigneur. Si paradoxal que ça puisse paraître, et saint Paul le montre bien, la force, la vitalité, l'espérance, la fécondité chrétienne, la fécondité de l'Église viennent de là. Pas d'ailleurs ni autrement... Elle se trompe, l'Église, et elle trompe le monde lorsqu'elle se situe comme une puissance parmi d'autres, comme une organisation même humanitaire ou comme un mouvement évangélique à grand spectacle[306]. »

La fécondité de l'Église ne vient pas de son silence devant la violation des droits humains et devant le déni de justice mais de sa capacité à rugir contre l'injustice et contre toutes les formes d'impérialisme. Car, comme le rappelle le Comité permanent de la conférence épiscopale nationale du Congo, prêtres et évêques sont engagés dans un « ministère de veilleurs et d'éveilleurs de conscience ». C'est pour l'avoir compris que Mgr Paul Siméon Ahouanan n'hésita pas en avril 2006 à demander à tous ceux qui occupent de manière illégale des villas cossues et différentes maisons à Bouaké et ailleurs dans l'ensemble des zones assiégées de les libérer[307].

Fabien Eboussi disait — et ce sera ma conclusion : « Le christianisme peut endormir et inculquer la résignation. Il peut aussi exciter et susciter la révolte[308]. » En s'élevant contre l'injustice qui est faite à la Côte d'Ivoire depuis quatre ans, en disant certaines choses qui ont fâché certains évêques français

---

[306] *Cf. La Croix* du 1er août 2006, p. 4.
[307] *Cf.* l'éditorial de J.-B. Akrou dans *Fraternité Matin* du 27 avril 2006.
[308] F. Eboussi, *À Contretemps. L'enjeu de Dieu en Afrique*, Paris, Karthala, 1991, p. 142.

mais qu'il fallait dire, en demandant le respect de notre Constitution, nos évêques ont démontré que le message chrétien peut être autre chose qu'un opium. Reste à souhaiter que leurs prêtres leur emboîtent le pas. En sortant de la fausse neutralité mais aussi et surtout en prenant à cœur le mot de l'apôtre Paul : « Vous n'avez pas reçu un esprit qui vous rende esclaves et vous ramène à la peur... » (Romains 8, 15). Car, après cette guerre, chacun de nous aura à répondre à la question : As-tu été résistant ou collabo ? Qu'as-tu fait pour que ton pays ne meure pas ?

La Côte d'Ivoire est-elle xénophobe ?

Non, car les étrangers représentent 26 % de la population ivoirienne. Au Sénégal, qui vient en seconde position, ils représentent 1,5 % et en France 8, 1 %, d'après l'enquête menée par l'Institut de la statistique et des études économiques (Insee) en 2004[309]. D'autre part, la Côte d'Ivoire est un des rares pays africains ayant permis à des étrangers de devenir maires (Boniface Ouédraogo à Koumassi), directeurs de cabinets dans des ministères (Sydia Touré) et ministres (A. Thiam, M. Diawara et A. Sawadogo). Si je disais néanmoins qu'il n'y a aucun xénophobe en Côte d'Ivoire, je mentirais. Car des Ivoiriens trouvant les étrangers indésirables, ça existe et ça ne date pas d'aujourd'hui. C'est à la fin des années cinquante, en effet, que survint la première violente manifestation contre les étrangers. En firent les frais plusieurs Dahoméens et Togolais. L'historien Pierre Kipré appelle cela « l'explosion anti-dahoméenne d'octobre-novembre 1958 ». Quelles sont les causes de cette explosion et combien de victimes fit-elle ? Voici la réponse de P. Kipré :

« Accusant les Dahoméens d'être les artisans de la montée du chômage urbain, des Ivoiriens, membres d'une association illégale, la Ligue des Originaires de la Côte d'Ivoire (L.O.C.I.), s'en prirent à cette communauté ainsi qu'aux Togolais. Les incidents sont très

---

[309] Le pourcentage était de 7, 4 % en 1999. Voir *La Croix* du 24 août 2006, p. 18.

graves, faisant des centaines de morts et de blessés dans les rangs de cette malheureuse communauté. La décision est prise de rapatrier les rescapés chez eux ; ils sont 18000, parfois arrivés au début de la colonisation avec les premières maisons de commerce ou l'ouverture des premiers postes administratifs. C'est la première fois que l'Afrique de l'Ouest française vit un tel spectacle de désolation[310]. »

De ces regrettables événements, peut-on pour autant conclure que la Côte d'Ivoire est xénophobe ? Non car c'est comme si on se basait sur le rapatriement par charters de sans papiers africains ou sur certaines idées de Philippe de Villiers et de Jean-Marie Le Pen pour dire que tous les Français sont racistes et xénophobes. Il n'est donc ni juste, ni sérieux de se fonder sur des cas particuliers pour traiter toute la Côte d'Ivoire de xénophobe. À regarder les choses de plus près, un pays peut-il être qualifié de xénophobe parce qu'il refuse de naturaliser des gens qui vivent sur son sol mais n'en ont jamais fait la demande ? Est-il besoin de rappeler ici que le droit ivoirien reconnaît le droit de sang et non le droit du sol ? Dès lors, les deux possibilités offertes aux étrangers qui désirent devenir ivoiriens sont la demande de naturalisation et le mariage avec un conjoint ivoirien.

Les Ivoiriens sont-ils antifrançais ?

Non. Il faut plutôt parler de désamour passager entre la Côte d'Ivoire et la France. Et les raisons de ce désamour passager sont faciles à trouver. Certes, le drapeau français fut brûlé et des biens (centre culturel, agences d'Air France, centres commerciaux, librairies, etc.) furent saccagés mais n'oublions pas que ces tristes événements eurent lieu au lendemain des accords de Marcoussis (janvier 2003) qui non seulement acceptaient l'entrée dans le gouvernement de ceux qui avaient attaqué le pays le 19 septembre 2002 mais leur attribuaient les ministères de l'Intérieur et de la Défense (une légitimation de la rébellion et donc de l'accession au pouvoir par les armes). *Idem* en novembre 2004. Les jeunes manifestèrent contre les Français

---

[310]P. Kipré, *Côte d'Ivoire. La formation d'un peuple*, Fontenay-sous-Bois, Sides-Ima, 2005, p. 150.

après la destruction des avions militaires ivoiriens. La dernière manifestation violente eut lieu les 15, 16 et 17 janvier 2006 après que le Groupe de travail international (GTI) dont la mission est d'accompagner le processus de sortie de crise décida de ne pas prolonger le mandat du Parlement ivoirien. Enfin, la Côte d'Ivoire est un des rares pays de l'Afrique francophone où des noms de Français ont été donnés à des boulevards, camps militaires, ponts, quartiers et villes. Il en est ainsi, entre autres, des boulevards Latrille, Angoulvant, Clozel, Giscard d'Estaing et François Mitterrand, du camp militaire Gallieni, du pont Charles de Gaulle, du quartier Treichville (du nom de Treich-Laplène), de Bingerville et de l'amphithéâtre Léon Robert à l'Université de Cocody.

La France et l'ONU sont-elles neutres dans le conflit ?

Non, car après l'avoir légitimée à Marcoussis en janvier 2003, la France officielle déroule le tapis rouge à la rébellion quand cette dernière est en visite à Paris et la transporte dans ses transalls quand elle se rend de Bouaké à Yamoussoukro ou à Abidjan. Plus grave encore, elle la laisse s'exprimer dans ses médias. Et pourtant, sur *France 2*, N. Sarkozy déclara un soir qu'on ne dialogue pas avec des assassins. C'était juste après les attentats qui frappèrent la capitale britannique en juillet 2005. D'autre part, jamais les autorités françaises n'ont interpellé Blaise Compaoré alors que personne n'ignore qu'il a soutenu et continue à soutenir la rébellion ivoirienne. Devant l'impunité dont jouit le président burkinabè, on ne peut que se demander avec le journaliste Stephen Smith « quels insignes services il a pu rendre, et à quelle France, pour que Paris couvre à ce point ses menées déstabilisatrices en Afrique de l'Ouest[311] ». Le 8 septembre 2006, la ministre déléguée à la Coopération, Brigitte Girardin, a demandé la suspension de la Constitution ivoirienne au profit de la résolution 1633 de l'ONU à la 10e réunion du GTI. Alassane Ouattara et Guillaume Soro ayant toujours formulé la même requête, la question se pose de savoir si Paris

---

[311] S. Smith, art. cité., p. 125.

n'a pas endossé purement et simplement les *desiderata* du RDR et de la rébellion[312]. La France s'est toujours défendue de vouloir renverser le président Laurent Gbagbo ; elle n'a jamais accepté l'idée qu'elle supportait une partie contre une autre. Pour Ambroise Ebanda, journaliste camerounais, la réalité est tout autre comme on peut s'en rendre compte dans ce passage :

> « Le président français monte personnellement au créneau pour régler le cas Gbagbo... On n'aura plus beaucoup de raisons d'en douter. Dans la crise ivoirienne, la France est devenue un belligérant, une partie au conflit. Le président ivoirien a désormais en face de lui les trois forces qui lui font la guerre et travaillent à sa chute : l'opposition armée emmenée par Guillaume Soro, l'opposition politique représentée par Alassane Ouattara et Henri Konan Bédié et l'opposition diplomatique pilotée par le président français Jacques Chirac. Jusqu'ici, la France a joué officiellement la médiation entre le pouvoir ivoirien et son opposition, et l'interposition entre l'armée loyale et la rébellion. Mais, subrepticement, elle a toujours contribué à affaiblir le président ivoirien.[313] ? »

Mais la France n'est pas le seul pays à ménager et à soutenir la rébellion. L'ONU donne, elle aussi, l'impression de protéger ceux qui ont pris les armes dans la mesure où elle n'a pas levé le petit doigt lorsque les rebelles ont pillé les banques dans leurs zones, volé le cacao, l'or et le bois de Côte d'Ivoire pour le vendre au Mali et au Burkina, quand Guillaume Soro a boycotté les conseils de ministres, quand des soldats de Licorne et des partisans d'IB ont été exécutés dans le fief des rebelles, quand des paysans ont été massacrés en pleine nuit par les rebelles à l'Ouest et au Centre Ouest de la Côte d'Ivoire, quand la rébellion refuse de déposer les armes - elle aurait dû le faire depuis janvier 2003 - alors que ses réactions et condamnations sont immédiates lorsque des dérapages sont signalés dans la zone gouvernementale. C'est ce deux poids, deux mesures qui pousse Laurent Gbagbo à dire :

---

[312] *Cf. Notre Voie* du 11 septembre 2006.
[313] *Cf. Le Messager* du 2 octobre 2006.

« Je voudrais dire deux mots à nos amis de l'ONUCI qui sont venus pour nous aider. Ils sont venus parce que nous l'avons demandé... Un pays n'a jamais été rayé de la carte du monde, parce qu'il a refusé de recevoir les forces de l'ONU. Mais, dans leur présence, ils doivent être discrets et ils doivent être justes. Ils sont zélés quand il s'agit de dénoncer les jeunes patriotes. Mais ils sont silencieux quand il s'agit de réclamer le désarmement ! Je ne suis pas d'accord !... Nous sommes un pays souverain, un pays qui n'est pas en faillite, un pays qui ne demande de l'aide à personne. Je voudrais leur dire que nous sommes prêts à collaborer avec eux. Mais nous n'accepterons pas l'injustice... Ce n'est pas nous qui résistons qui avons tort. Nous résistons aujourd'hui, nous avons résisté hier et nous résisterons demain[314]. »

Pour comprendre pourquoi l'ONU s'aligne sur les positions et décisions de la France, il faut se souvenir que le Conseil de sécurité est composé de cinq pays[315] qui se sont partagé le monde après la Seconde Guerre mondiale. La France étant l'ancienne puissance colonisatrice, c'est d'abord vers elle que l'ONU s'est tournée pour savoir ce qu'il fallait faire en Côte d'Ivoire, chose tout à fait normale. Ce qui est anormal, en revanche, c'est le fait que toutes les résolutions sur la Côte d'Ivoire soient rédigées par la France. Anormal parce que, comme on vient de le démontrer, la France a un parti pris dans ce conflit. En fonctionnant de cette manière, en acceptant que la force Licorne ne soit pas placée sous le commandement des casques bleus, l'ONU s'est fortement décrédibilisée et a montré qu'elle était actrice aux côtés de la France et non médiatrice dans cette crise. Du coup, son Secrétaire général ne peut apparaître que comme une marionnette.

Les médias français ont-ils joué un rôle positif dans la crise ?

Non ! Ils ont plutôt donné l'impression de mettre de l'huile sur le feu et, surtout, d'avoir reçu une mission :

---

[314] *Cf. Fraternité Matin* du 17 juillet 2006.
[315] Il s'agit des États-Unis, du Royaume-Uni, de la Chine, de la Russie et de la France.

diaboliser, salir les dirigeants de Côte d'Ivoire, discréditer la résistance des patriotes à l'imposture. Ainsi, lorsque les jeunes - ils représentent 60 % de la population ivoirienne - ont manifesté violemment en janvier 2003 contre l'entrée des rebelles dans le gouvernement, lorsqu'ils ont protesté en novembre 2004 contre la destruction des avions ivoiriens et qu'ils se sont opposés en janvier 2006 à la volonté du GTI de dissoudre l'Assemblée nationale, la presse française n'a pas hésité à les présenter comme une poignée de pro-Gbagbo extrémistes et xénophobes. Or tous les jeunes ne soutiennent pas l'actuel président. D'autre part, lorsque 2 millions de jeunes descendent dans la rue comme on l'a vu en octobre et en novembre 2002, a-t-on affaire à une minorité ? Enfin, pourquoi qualifier d'antifrançais des gens qui s'opposent à la prise du pouvoir par les armes et à la dissolution de leur Constitution alors que les Français qui s'étaient dressés contre l'occupation nazie sont appelés résistants ? Les jeunes qui manifestèrent violemment en novembre 2005 dans les banlieues françaises[316], ceux qui combattirent le CPE en mars et en avril 2006 étaient-ils des partisans de Hollande, de Marie Georges Buffet, d'Olivier Besancenot ou d'Arlette Laguiller ?

Pourquoi les médias français se comportent-ils de la sorte ? Pourquoi perdent-ils toute objectivité et toute impartialité devant les problèmes africains ? Disons d'abord avec Claude Leclercq que « toute 'information brute' n'est jamais une information neutre car toute information est le fruit d'une sélection..., fait l'objet d'une interprétation en même temps que d'une présentation ou mise en forme et en scène[317] ». Pour sa part, A.-C. Robert a parlé d'inculture dans son essai *L'Afrique au secours de l'Occident*. À mon avis, en plus de

---

[316] Le sociologue Laurent Mucchielli pense que cette violence, partie de Clichy-sous-Bois, est « une révolte contre une société injuste et raciste ». Voir l'ouvrage qu'il a écrit avec Véronique Le Goaziou, *Quand les banlieues brûlent... Retour sur les émeutes de novembre 2005*, Paris, La Découverte, 2006, 155 p. Le philosophe Robert Redecker ne partage pas ce point de vue. Pour lui, les vrais enjeux de la crise des banlieues sont l'islam, la polygamie, la haine de la République, etc. Voir Raphaël Draï et Jean-François Mattéi (dir.), *La République brûle-t-elle ? Essai sur les violences urbaines françaises*, Paris, Éd. Michalon, 2006.
[317] C. Leclercq, *Sociologie politique*, Paris, Economica, 1998, 2ᵉ édition, p. 115.

l'inculture ou de l'ignorance, il y a le fait que la presse française est inféodée au pouvoir politique (Quai d'Orsay) et économique (Martin Bouygues, Arnaud Lagardère, Serge Dassault...) et que cette collusion manipule et fausse l'information[318]. Cette presse n'est pas toujours insensible à l'argent de certains dictateurs africains. Par exemple, Houphouët-Boigny qui était dans les bonnes grâces de la France officielle était peu critiqué par les médias français. Le journaliste Serge Bilé écrit à ce sujet :

> « Une constatation me sidérait par-dessus tout : la facilité avec laquelle Houphouët-Boigny avait réussi à mettre dans sa poche la plupart des journalistes occidentaux, pourtant réputés libres et indépendants. Tous ne voyaient ou ne voulaient voir, en lui, que le 'vieux sage', l'homme qui avait su créer le 'miracle ivoirien'... Certains, il est vrai, ironisaient sur la 'cassette personnelle' du président, volontiers confondue avec le budget de l'État, et ont critiqué ses caprices... mais bien peu dénonçaient ses entorses aux droits de l'homme. Qui d'entre eux a jamais révélé que ce despote, fût-il éclairé, a rasé dans les années 70 des villages entiers et tué des milliers de personnes, parce qu'un originaire de la région, Christophe Kragbé Gnagbé, avait osé créer un parti d'opposition conformément à l'article 7 de la Constitution ivoirienne[319] ? »

Hier, Houphouët et Senghor avaient les faveurs des médias français. Aujourd'hui, c'est Bongo, Compaoré et Denis Sassou Nguesso qui sont chouchoutés malgré leurs fréquentes atteintes aux droits de l'homme. Qu'en est-il des écrivains, artistes et penseurs africains qui sont contre la Françafrique ? Leur donne-t-on la parole ? S'intéresse-t-on à leurs œuvres ? Pour l'écrivain béninois Olympe Bhêly-Quenum, la réponse est non dans cette interview accordée au quinzomadaire satirique africain *Le Gri-Gri international* :

> « Ce qui est... inique et déplorable, c'est l'ostracisme dont sont victimes dans les médias, de la part des coteries qui les régentent,

---

[318]François Bayrou a critiqué récemment ces médias sous influence. À ce sujet, on peut lire l'analyse de Philippe Cohen dans *Marianne* du 9 au 15 septembre 2006, pp. 28-31.
[319]*Cf. Sur le dos des hippopotames. Une vie de nègre*, Paris, Calmann-Lévy, 2006, pp. 90-91.

les œuvres des écrivains africains francophones qui ne sont pas éditées par des maisons d'éditions qui ont largement pignon sur rue ; ainsi, nous n'existons ni à la télévision, ni dans les journaux même si nous en sommes des abonnés, ni dans les autres médias de l'Hexagone... La rentrée littéraire se fait sans nous. Monsieur Bernard Pivot n'invitait pas de Nègres. Monsieur Guillaume Durant non plus[320]. »

Dans la même veine, Guéhi Brence écrit :

« Malgré les dehors d'une presse libre qu'ils affichent, les journalistes français restent encore enchaînés par les intérêts élyséens... Avec la bénédiction de l'Élysée, les journalistes français font des pieds et des mains pour tuer dans l'œuf, une révolution démocratique. Ils préfèrent bien les dictateurs sur le continent pour continuer de jouer les censeurs. Malheureusement, en Côte d'Ivoire, ce mythe est tombé. Les journalistes français sont certes les bienvenus à Abidjan, mais ils ne sont plus les maîtres à penser. Puisque le roi a été vu nu, dans toute sa laideur. La preuve, dans cette crise, le chef de l'État a gagné tous les procès intentés contre les journaux français pour diffamation [321]. »

On a ainsi le sentiment que la presse française ne s'intéresse aux auteurs africains que s'ils sont prêts à dire du mal de l'Afrique, à charger certains de leurs dirigeants (Laurent Gbagbo, Robert Mugabe, Paul Kagamé...), à faire l'éloge de la colonisation, à préférer le fromage au manioc et le costume trois pièces au boubou. Ces Africains prêts à tirer à boulets rouges sur la mère Afrique pour recueillir les miettes qui tombent de la table d'un Occident fermé à la critique, le philosophe Emmanuel Mounier (1905-1950) avait raison de les qualifier d'« ennemis de leur propre passé, de renégats qui n'arriveront qu'à produire, dans l'écume de quelques grandes villes, de faux Européens, des Européens en contreplaqué ».

---

[320] http://www.obhelyquenum.com/interview_grigri.htm
[321] G. Brence, « Presse - Les journalistes français s'enchaînent à l'Élysée », *Le Temps* du 26 octobre 2006.

Chapitre XIII

Houphouëtistes contre Refondateurs ?

Pourquoi l'ONU et la France sont présentes en Côte d'Ivoire

J'ai fait la connaissance d'Adolphe Blé Kessé en juillet 2005. C'était à Montréal (Canada) où j'étais en vacances. Il me téléphona au moment où je m'apprêtais à me rendre à l'Université de Montréal. Nous convînmes alors qu'il devait me rejoindre chez un ami béninois qui habitait rue Émile Nelligan à Côte Vertu. Quand nous nous retrouvâmes, nous eûmes naturellement à parler – longuement et chaudement – de la crise ivoirienne. C'est au cours de cet entretien que j'appris que Kessé avait lu mon ouvrage, *Fallait-il prendre les armes en Côte d'Ivoire ?*, édité en 2003 par L'Harmattan et qu'il attendait la publication d'un manuscrit qu'il avait envoyé quelques mois plus tôt au même éditeur. Avant de lire son ouvrage, je félicitai et encourageai Blé Kessé. D'une part, parce que s'asseoir pour écrire, c'est-à-dire « engager un savoir » – pour employer une formule chère au sociologue français Pierre Bourdieu –, n'est pas chose facile ; ensuite, parce que les Ivoiriens qui se sont aventurés sur le terrain de l'écriture ne sont pas légion. Sénégalais, Congolais vivant de part et d'autre du fleuve qui les sépare et Camerounais sont mieux lotis dans ce domaine. Qu'ai-je trouvé dans le livre de Kessé ? Qu'est-ce que j'en pense ?

L'un des points forts de ce livre est le dévoilement de la nature de la présence de l'ONU et de la France en Côte d'Ivoire. La première est accusée d'être « un instrument de légitimation de la France et de dé-légitimation du régime ivoirien qu'on veut disqualifier, notamment sur la question des droits de l'homme » (p. 149). En ce qui concerne la France, Kessé estime qu'elle a détruit l'aviation militaire ivoirienne, le 4 novembre 2004, pour permettre « le repositionnement des rebelles dans les territoires qu'ils avaient commencé à perdre »

(p. 181). La question que l'on peut poser ici est de savoir à qui pourraient profiter les crimes perpétrés au nez et à la barbe de l'Organisation des Nations unies et de la France en Côte d'Ivoire. Pour l'auteur, Kofi Annan et Jacques Chirac travaillent en Côte d'Ivoire pour les Houphouëtistes. Pourquoi ? Parce que - et c'est la thèse centrale de l'ouvrage - la crise ivoirienne permet de voir l'affrontement entre Houphouëtistes et Refondateurs. Selon Blé Kessé, ces deux groupes ne voient pas la Côte d'Ivoire de la même façon. Les Houphouëtistes, explique-t-il, sont les relais de la présence de la France en Côte d'Ivoire sur les plans économique, politique et culturel et se battent uniquement pour perpétuer la domination et la mainmise de la France sur le pays. Quant aux Refondateurs, Kessé soutient qu'ils ont pour ambition de rompre avec cette dépendance structurelle et de bâtir une société où les richesses bénéficient à tous les Ivoiriens (pp. 111-112).

Un des mérites de ce livre, c'est qu'il bat en brèche la thèse des journalistes français selon laquelle les patriotes ivoiriens seraient des désœuvrés manipulés par Laurent Gbagbo. Cette thèse, qui ne vise qu'à discréditer la résistance des patriotes à l'entreprise de recolonisation (p. 193), l'auteur l'appelle – joliment, d'ailleurs - « discours de camouflage » parce qu'il s'agit d'une façon de « cacher ce qui à l'œil nu donnerait une valeur élevée au combat des Ivoiriens et permettrait à l'opinion publique internationale de comprendre le sens profond de ce combat pour la démocratie et pour la modernité » (p. 195). Cette diabolisation des patriotes ivoiriens par les médias français n'est pas nouvelle car l'Occident impérialiste et paternaliste a toujours noirci, tourné en dérision, boycotté les dirigeants africains qui refusent d'être volés et piétinés. En effet, si Mugabe, Gbagbo, Chavez, Castro, Kadhafi … sont vilipendés et combattus aujourd'hui comme Um Nyobè, Lumumba, Nkrumah, Mandela, Sankara le furent hier, n'est-ce pas parce qu'ils veulent penser et décider par eux-mêmes ? Aimé Césaire n'aurait pas instruit le procès de la colonisation qu'il aurait été accueilli à l'Académie française. Tel est l'Occident qui qualifie de « fous » ceux qui osent lui dire « non » mais appelle « sages » ceux qui renoncent à leur liberté et dignité pour servir ses intérêts et chanter ses louanges. En attaquant le discours de camouflage, Adolphe Kessé arrache la crise ivoirienne aux analyses simplistes et aux confusions délibérément entretenues par certaines personnes en Occident (journalistes et universitaires). Ces personnes feraient mieux de s'informer auprès de ceux qui savent au lieu de débiter et d'écrire des inepties.

En se basant sur ce qui précède, certains pourraient penser que l'auteur fait la part belle à ceux qui défendent aujourd'hui la liberté et la dignité de la Côte d'Ivoire, qu'il n'a rien à leur reprocher. Il n'en est rien puisque Kessé ne voit pas tout en rose dans le camp de la Refondation. Ainsi, revient-il, dans son livre, sur les manifestations des patriotes devant l'ambassade des États-Unis à Abidjan en janvier 2003. Ce jour-là, des manifestants avaient brandi le drapeau américain et demandé au pays de George W. Bush de voler au secours des Ivoiriens. Blé s'appuie sur cet événement pour poser deux questions que je trouve capitales : 1/ Ce qui s'est passé à ce moment-là doit-il être regardé comme quelque chose de conjoncturel et de passager ? 2/ À quoi cela sert-il de quitter la dépendance française si c'est pour devenir les « esclaves » des Américains (pp. 188-189) ?

Je crois, pour ma part, que les Ivoiriens d'aujourd'hui et de demain n'ont aucune envie de devenir esclaves ni de X ni de Y. Ils ne veulent ramper ni devant les *Yankees* ni devant les Gaulois. Ils désirent simplement être maîtres de leur destin, penser et décider par eux-mêmes dans une coopération basée sur le respect et la justice avec tous les pays qui le voudront. J'ajouterai qu'il n'y a pas de bons impérialistes. Un impérialiste est un impérialiste, c'est-à-dire opposé à ce que l'autre se prenne en charge. Je ne crois donc pas qu'il nous faille choisir entre les impérialistes. Les Américains ne sont pas meilleurs que les Français en ce qui concerne le fait d'imposer ses vues aux autres. Non seulement à cause de ce qui se passe en Irak depuis 2003 mais aussi parce que, sous G. W. Bush, ils ont clairement fait savoir qu'ils préfèrent le commerce à l'aide. « *Trade, not aid* » est en effet leur slogan. Une des choses qui les distinguent toutefois des Français, c'est qu'ils n'avancent pas masqués, ne sont pas hypocrites, ne font pas semblant, etc.

Je veux dire par là que, s'ils ne vous portent pas dans leur cœur et qu'ils veulent vous chasser du pouvoir, ils le feront ouvertement. C'est ce qui s'est passé, entre autres, avec l'Irakien Saddam Hussein et le Libérien Charles Taylor dont les Américains n'appréciaient guère les atteintes aux droits de l'homme. Ce n'est pas dans leur habitude de poignarder les gens dans le dos, d'abandonner leurs amis au moment où ceux-ci ont besoin de leur aide ou de sourire à des gens dont ils désapprouvent le comportement et la politique.

Les Américains ont beau être directs, ont beau dire ce qu'ils pensent, ont beau soutenir ouvertement et inconditionnellement leurs amis – on le voit avec Israël, le Pakistan, le Rwanda, l'Ouganda, etc. - , ils n'en sont pas moins comptables de la tragédie irakienne. Ils voulaient apporter la démocratie et la liberté aux Irakiens. Y sont-ils parvenus ? Il est vrai qu'ils ont chassé le dictateur Saddam Hussein, que les Irakiens ont élu un nouveau Parlement, qu'un gouvernement composé des différentes sensibilités fonctionne vaille que vaille et que le procès de Saddam et de ses complices a démarré mais tout cela vaut-il la mort qui frappe chaque jour de nombreux civils et policiers ? Ce que le peuple irakien a « gagné » sur le plan démocratique vaut-il les nombreuses vies humaines fauchées chaque jour ? N'est-on pas loin du compte ? Les autorités américaines sont-elles bien placées pour exporter la démocratie et la liberté en Irak ? Pour John R. MacArthur, président et éditeur du magazine *Harper's*, non seulement l'Amérique, sous Bush, a reculé en matière de démocratie mais les paroles et les actions de ce dernier sont aux antipodes de la raison et du bon sens d'un Thomas Jefferson (1743-1807) ou d'un James Madison (1751-1836)[322].

Houphouëtistes mais différemment

Je voudrais revenir sur l'opposition entre Houphouëtistes et Refondateurs pour dire deux choses.

---

[322] J. R. MacArthur, « Les États-Unis renoncent à l'esprit des Lumières », *La Croix* du 4 janvier 2005, p. 27.

Premièrement, c'est un abus de langage que de parler sans nuance d'Houphouëtistes. Autrement dit, considérer que tous les militants du PDCI sont d'accord avec la vision et l'action d'Houphouët-Boigny ne me paraît pas juste. Car un homme comme Charles Bauza Donwahi, président de l'Assemblée nationale de 1994 à 1997 et houphouëtiste de la première heure, reconnaissait que « dans toutes les manœuvres politiques d'Houphouët-Boigny, les notions de tribalisme et d'ethnocentrisme étaient très présentes » et que l'homme avait coutume de s'appuyer « sur les étudiants d'origine baoulé, son ethnie, dont il tirait une immense fierté corroborée par un sectarisme prononcé à l'égard des autres[323] ». Aux dires de Laurent Dona Fologo, ce tribalisme a continué avec Konan Bédié qui l'écarta au profit d'Émile Brou après le décès de Donwahi, donnant ainsi le sentiment que certains Ivoiriens étaient « nés pour être servis et d'autres pour être serviteurs[324] ».

Par ailleurs, je ne suis pas sûr que tous les houphouëtistes regardent aujourd'hui dans la même direction. Par exemple, l'ancien ministre et ancien maire de Yamoussoukro Jean Konan Banny est opposé à ce que Konan Bédié soit le candidat du PDCI à la prochaine présidentielle. Début juin 2005, il n'hésita pas en effet à voir les chefs traditionnels Akouè et Nanafouè de Yamoussoukro pour demander leur soutien à la candidature de son frère cadet – Charles Konan Banny – à la présidence de la République à la place de Bédié à qui il reproche d'avoir « cassé le premier canari de *bangui* (ce terme désigne le vin de palme) », c'est-à-dire d'avoir fait perdre le pouvoir au PDCI[325]. Les divergences semblent plus profondes entre Laurent Dona Fologo et Henri Konan Bédié quoique tous les deux revendiquent l'héritage houphouëtiste. À preuve, l'un s'est rapproché de Laurent Gbagbo et milite dans le Congrès national de la résistance pour la démocratie (CNRD) tandis que l'autre fait partie du

---

[323] C. B. Donwahi, *La foi et l'action. Itinéraire d'un humaniste*, Paris, De mémoire d'homme, 1997, p. 62.
[324] *Cf. Le Pays* (quotidien burkinabè) du 20 mars 2002.
[325] *Cf. Fraternité Matin* des 1er et du 2 juin 2005. Gnamien Yao répondra plus tard que le canari n'était pas cassé mais volé. Voir *L'Inter* du 2 juin 2005.

Rassemblement des Houphouëtistes pour la démocratie et la paix (RHDP) créé le 18 mai 2005 à Paris[326] et qualifié par Antoine Brou Tanoh (ancien ministre de l'Environnement et membre fondateur du défunt Mouvement des élèves et étudiants de Côte d'Ivoire) de « plate-forme de nuisance[327] ». Mais l'actuel président du Conseil économique et social n'est pas le seul à avoir pris ses distances vis-à-vis de l'ancien président de la République. Denis Bra Kanon (ancien ministre de l'Agriculture), Maurice Séri Gnoléba (ancien ministre du Commerce et ancien président du Conseil économique et social), Auguste Daubrey (ancien maire de Sassandra), le général Félix Ory, Vincent Pierre Lokrou (ancien ministre des Eaux et forêts), Timothée Ahoua N'guetta (ex ministre d'État sous Houphouët et proche de Konan Bédié)... refusent, eux aussi, que leur parti pactise avec ceux qui ont attaqué la Côte d'Ivoire et fait couler le sang des Ivoiriens. Ne comprenant pas que l'on puisse se réclamer d'Houphouët et préférer les armes au dialogue, ils ont décidé de défendre la République en créant le Mouvement pour la défense des institutions républicaines (MDIR). Il est donc abusif de mettre tous les houphouëtistes dans le même sac.

Leur crime : la défense de la République

De la même façon, il est faux d'affirmer que les militants du PDCI qui se sont démarqués de Konan Bédié défendent la République pour des raisons pécuniaires[328] ou bien parce qu'ils sont originaires du Centre Ouest comme Laurent Gbagbo. Ces deux thèses sont défendues par les partisans de Konan Bédié qui n'apprécient guère l'accusation selon laquelle ils seraient devenus les alliés de la rébellion.

---

[326] On y trouve le PDCI-tendance Konan Bédié, le RDR, l'UDPCI (Union pour la démocratie et la paix en Côte d'Ivoire) - tendance Mabri Toikeusse et le MFA (Mouvement des forces d'avenir) de Kobenan Anaky.
[327] *Cf. Le Nouveau Réveil* du 18 mai 2005.
[328] *Ibid.*

« C'est la même rengaine, écrit ainsi le journal proche de Bédié, du côté de ces militants supposés du PDCI qui ont choisi de filer le parfait amour avec la Refondation et qui cherchent à travers mille contorsions et des acrobaties inimaginables à justifier les actes ignobles qu'ils posent chaque jour contre leur parti. Ils n'auront jamais l'honnêteté intellectuelle d'avouer qu'ils ont trouvé à "bouffer" auprès des refondateurs et que les exigences de leur estomac les contraignent à changer de camp[329]. »

Les raisons du coup d'État du 24 décembre 1999

À lire ou à écouter ceux qui prétendent soutenir M. Konan Bédié, l'ancien président serait irréprochable et, donc, aurait été injustement évincé du pouvoir le 24 décembre 1999. M. Fologo, qui fut secrétaire général du PDCI, n'adhère pas à cette double thèse. Pour lui, il y a eu coup d'État parce que les nouveaux dirigeants du parti n'ont pas été à la hauteur de l'héritage légué par Houphouët. Cette lecture de la chute de Bédié, il la donna lors d'un meeting à Korhogo[330]. Quant à Samba Diarra, il révèle que, le recevant en audience le 15 mai 1990, Houphouët-Boigny lui fit cette confidence : « Tout le monde me dit de donner le pouvoir à Bédié. Mais, si je donne le pouvoir à Bédié, six mois, six ans au maximum après, il y aura un coup d'État[331]. » Bédié fut effectivement renversé six ans après avoir succédé à Houphouët, ce qui conduit à poser plusieurs questions : si Houphouët savait que Bédié serait renversé aussi rapidement, pourquoi a-t-il accepté de lui « donner » le pouvoir ? En « donnant » le pouvoir à un homme dont il savait pertinemment qu'il était incompétent, ne montrait-il pas qu'il ne voulait pas le bien de la Côte d'Ivoire ? Enfin, comment le président d'un parti qui se dit démocratique peut-il « donner » le pouvoir à une personne de son ethnie ? Pour revenir au coup d'État de décembre 1999, je voudrais dire ceci : certes, un coup d'État n'est pas une bonne chose en soi – les Ivoiriens me démentiraient difficilement sur ce point, qui n'ont

---

[329]*Cf. Le Nouveau Réveil* du 4 novembre 2005.
[330]*Cf. Le pays* (quotidien burkinabè) du 20 mars 2002.
[331]Frédéric Grah Mel (dir.), *Rencontres avec Félix Houphouët-Boigny*, Abidjan, Frat Mat éditions, 2005, pp. 106 et 108.

pas gardé un bon souvenir des dix mois de gouvernement de la junte militaire – mais force est de reconnaître qu'aucun Ivoirien ne jugea utile de descendre dans la rue après l'appel de Bédié à résister à ceux que le coup d'État avait propulsés aux commandes de l'État. Même ceux qui veulent passer aujourd'hui pour les inconditionnels de Bédié se sont tenus cois. S'ils aimaient tant le successeur d'Houphouët-Boigny, pourquoi s'étaient-ils terrés chez eux ? Pourquoi n'ont-ils pas risqué leur vie ? Pourquoi donnent-ils continuellement l'impression que tous les choix et décisions de Konan Bédié sont incontestables ? D'autre part, pourquoi certains Ivoiriens veulent-ils faire croire qu'il n'y aurait rien de négatif dans l'action du premier président de la Côte d'Ivoire ? Il est vrai que Houphouët-Boigny a fait beaucoup mieux que nombre de ses pairs en Afrique et que, sous son règne, le pays n'a pas connu de violentes secousses comme ailleurs sur le continent mais peut-on en inférer que le bilan de ses trente-trois années n'est que positif ? Non ! Car, sous Houphouët, « était sensible la présence d'un gouvernement musclé, capable d'user de moyens répressifs comme il l'entendait », écrit Claude Pairault[332]. Serge Bilé confirme ce jugement lorsqu'il note :

> « Afin de se maintenir au pouvoir, au fil du temps, Houphouët-Boigny a mis en place un régime de la peur et de la délation, chacun surveillant chacun... Par ailleurs, il a développé clientélisme et corruption et a, sinon pioché dans la caisse lui-même, du moins fermé les yeux sur certaines pratiques douteuses de son entourage. D'autre part, à ne pas développer de nouvelles filières économiques dans le pays, il a pris la grave responsabilité de ne pas offrir de perspectives aux jeunes. Le régime se targuait d'avoir su éviter les violences. Même si elles restèrent peu nombreuses, elles existèrent tout de même et, lorsqu'elles se produisirent, furent terriblement sanglantes... Houphouët-Boigny a laissé un pays en paix mais à l'intérieur duquel tous les germes de guerre civile étaient déjà à l'œuvre, comme on le constate aujourd'hui[333]. »

---

[332] Claude Pairault et Jean Benoist, *Portrait d'un jésuite en anthropologue. Entretiens*, Paris/ Yaoundé, Karthala/ Presses de l'UCAC, 2001, p. 86.
[333] S. Bilé, *Sur le dos des hippopotames...*, pp. 139-140.

On l'a déjà dit : Pour Blé Kessé, le rêve des Refondateurs est de gouverner la Côte d'Ivoire autrement. De quelle manière ? En mettant en place une assurance maladie universelle, en permettant aux planteurs de gérer eux-mêmes la filière café cacao, en rapprochant l'administration des populations grâce à la création des Conseils généraux, en donnant à tous les enfants l'opportunité d'étudier, en lançant des appels à candidature pour le recrutement des grands serviteurs de l'État, etc. Selon l'auteur, Laurent Gbagbo et ses camarades désireraient aussi redéfinir les relations politiques, économiques et militaires avec l'ancienne puissance coloniale, par exemple ne pas prendre leurs ordres à l'Élysée, ce qui ne signifie pas qu'ils ont l'intention de rompre avec la France. L'actuel chef de l'État l'a confirmé dans un entretien avec le journaliste français Jean Maçon :

« Le directeur de cabinet d'Houphouët, jusqu'à sa mort, a été un Français d'origine martiniquaise. Le secrétaire général du gouvernement, c'était un Français. La secrétaire particulière d'Houphouët était une Française. Le directeur financier que j'ai nommé, moi en 2000, à la présidence de la République, c'est le premier directeur financier ivoirien nommé à ce poste. Ce combat, pour que chaque ministère ne soit plus dirigé par des Français, il plaît ici. La Côte d'Ivoire n'a pas à se comporter en 2005 comme en 1960. La France est notre partenaire historique...
Dans le monde d'aujourd'hui, néanmoins, nous ne pouvons pas nous condamner à avoir un partenaire unique. Ceux qui m'en veulent pour ça doivent comprendre qu'ils ont tort. Pour la Côte d'Ivoire, ce n'est pas être contre la France que d'ouvrir ses relations à d'autres partenaires... L'Occident n'a pas vu venir la crise avec le monde musulman. Si l'Occident ne se décolonise pas, on risque d'aller vers des problèmes similaires avec le monde négro-africain... On peut garder de très bonnes relations et en finir avec l'ère coloniale, avec les rapports de colonisateurs à colonisés[334]. »

Les Refondateurs sont-ils combattus à cause de cette volonté d'avoir de nouveaux rapports avec la France ? La réponse est oui pour Mamadou Koulibaly qui n'a de cesse de dénoncer le pacte colonial, c'est-à-dire ces accords « taillés sur

---

[334] *Cf. France Soir* du 7 juin 2005.

mesure en faveur de la France et gardés secrets par les gouvernants africains[335] ».

Rompre avec l'ordre ancien

La Côte d'Ivoire étant bloquée depuis le 19 septembre 2002, le FPI n'a pas été en mesure de réaliser toutes les promesses faites par ses dirigeants en 2000. Il a été empêché de travailler comme si certains redoutaient qu'il fasse mieux que l'ancien parti au pouvoir, qu'il réussisse, etc. Deux ans, c'est trop court pour qu'un parti politique puisse faire ses preuves, donner la mesure de ce qu'il est capable de faire. Il est donc trop tôt pour juger les Refondateurs sur leur programme de gouvernement. La question que l'on peut néanmoins se poser est la suivante : jusqu'où ira leur volonté de rupture avec l'ordre ancien ? Par « ordre ancien », j'entends les pratiques qui avaient largement cours sous l'ancien pouvoir : les détournements de l'argent public, le cumul des fonctions (lorsque la même personne est ministre, député, maire et président du Conseil général), les bourses scolaires accordées aux enfants de ministres, d'ambassadeurs, de maires, de préfets, etc., l'arrogance et le mépris à l'égard de ceux qui touchent des salaires de misère et habitent les quartiers pauvres, les faveurs et privilèges accordés à la religion du chef de l'État, le culte de la personnalité, l'ouverture de comptes et l'achat de villas à l'étranger, la tendance à collectionner de grosses cylindrées, à se soigner, à passer ses vacances ou à faire étudier sa progéniture hors de la Côte d'Ivoire alors que rien n'est fait pour améliorer l'état de nos hôpitaux, plages, écoles, lycées, Universités et routes, etc.

Ce sont sur ces points, à mon humble avis, que la Refondation est le plus attendue. Car qui dit socialisme, dit avant tout attachement aux valeurs de simplicité, de partage, de justice, d'attention aux défavorisés, de solidarité avec les démunis, etc. Ceux qui ont approché Laurent Gbagbo ne sont pas seulement frappés par sa simplicité et sa générosité. Ils

---

[335] *Cf. Les servitudes du pacte colonial*, Abidjan, CEDA/NEI, 2005.

reconnaissent aussi qu'il n'est pas accroché à l'argent, que le pouvoir ne l'a pas grisé et qu'il n'oublie pas ceux avec qui il a traversé des moments difficiles. Ils insistent aussi sur le fait qu'il n'a ni compte, ni maison en Europe, en Asie ou aux États-Unis. Ils apprécient également que lui, qui est issu du ghetto, n'accepte pas que d'autres connaissent les souffrances qui furent les siennes naguère[336]. Enfin, l'ancien président du FPI a marqué un bon point en acceptant de rendre effective la décision prise en 1983 de faire du village natal d'Houphouët la capitale politique et administrative de la Côte d'Ivoire[337] alors qu'il « trouve inconvenant au regard de l'éthique républicaine que le chef de l'État transforme son village en capitale du pays[338] », alors qu'il n'était pas obligé de le faire et que rien ne l'empêchait de faire comme Konan Bédié « tenté de choisir, lui aussi, son village natal pour l'offrir au pays en guise de nouvelle capitale[339] ». La décision de rendre effectif le transfert de la capitale est une décision sage parce qu'elle permet de sauvegarder et de rentabiliser les investissements publics réalisés dans cette ville. Les autres Refondateurs pourront-il agir comme Laurent Gbagbo ? Autrement dit, la volonté de rupture avec les pratiques du PDCI est-elle partagée par tous les Refondateurs ? Rien n'est moins sûr quand on constate que certains militants du FPI n'acceptent pas que l'on critique certains choix ou décisions de Laurent Gbagbo comme si ce dernier ne pouvait pas commettre d'erreurs, quand on voit certains comportements et attitudes : création de mouvements de « soutien » à Laurent Gbagbo, aides financières qui seraient accordées plus facilement aux évangéliques qu'aux autres confessions chrétiennes, plus d'émissions à la télévision pour les mêmes évangéliques, billets d'avion offerts aux musulmans

---

[336]Voir l'interview accordée par le président ivoirien à Melvin Akam dans *Le Messager* du 18 août 2006.
[337]La décision de transférer la capitale à Yamoussoukro fut confirmée par la promulgation de la loi 83-242 du 22 mars 1983.
[338]*Cf. Jeune Afrique*, n° 2369 du 4 au 10 juin 2006, « Le Plus de Jeune Afrique », p. V.
[339]Béchir Ben Yahmed, « Naissance d'une (belle) capitale », *Jeune Afrique* du 4 au 10 juin 2006, p. 4.

pour le pèlerinage à la Mecque[340], prières dans certains lieux de travail, etc.

Pour éviter toute méprise, je voudrais dire que je ne suis pas de ceux qui en veulent à Laurent Gbagbo d'avoir quitté l'Église catholique et que je n'ai rien contre mes frères évangéliques, pentecôtistes, méthodistes, baptistes, etc. D'autre part, je ne dis pas qu'un homme politique n'a pas le droit de croire en Dieu, ni qu'il devrait avoir honte de proclamer sa foi. Bien au contraire, j'ai toujours admiré les chrétiens engagés dans la politique. Je voudrais simplement rappeler que la République de Côte d'Ivoire est laïque. Ce qui signifie que, tout en reconnaissant l'importance de la religion, notre pays refuse de privilégier une religion donnée et de voir l'État et la religion empiéter sur le terrain l'un de l'autre. En clair, si la laïcité n'interdit à personne de prier, elle n'accepte cependant pas que les lieux de travail soient utilisés pour des campagnes d'évangélisation ou pour des méditations transcendantales. C'est le lieu de rappeler le conseil que le Christ donne à ses disciples : « Quand vous priez, ne soyez pas comme les hypocrites : ils aiment, pour faire leurs prières, à se camper dans les synagogues et les carrefours afin qu'on les voie. En vérité, je vous le dis, ils tiennent déjà leur récompense. Pour toi, quand tu pries, retire-toi dans ta chambre, ferme sur toi la porte et prie ton Père qui est là, dans le secret ; et ton Père, qui voit dans le secret, te le rendra[341]. »

Point n'est besoin de sonner du cor et de la trompette pour exprimer sa foi, pour dire qu'on est chrétien. À l'usine, à l'hôpital, à l'école, au bureau, ce n'est pas de croire au Ciel ou non qui importe mais de bien faire le travail pour lequel on est payé. Thomas Jefferson l'avait bien perçu, qui déclarait : « Cela

---

[340] 445 millions de F. CFA auraient été donnés par la présidence de la République pour le Hadj de 2005, selon *Le Temps* du 23 décembre 2006 et 700 millions de F. CFA pour permettre à 300 musulmans de participer au Hadj de 2006, si l'on en croit *L'Inter* du 18 décembre 2006. Les imams qui prétendent défendre la laïcité de l'État de Côte d'Ivoire trouvent-ils cela normal ? Lorsque les catholiques doivent se rendre à Lourdes, à Rome ou à Jérusalem, comment font-ils ? Enfin, les choses les plus urgentes aujourd'hui ne sont-elles pas la construction des ponts et des routes, l'équipement des universités, des hôpitaux et dispensaires, etc. ?

[341] Matthieu 6, 5-6.

ne me dérange pas si mon voisin me dit qu'il existe vingt dieux ou aucun, ça me fait une belle jambe. » Pour moi, les Refondateurs ne pourront se démarquer de leurs prédécesseurs que s'ils prennent en compte les points que nous venons d'évoquer. Autrement, le concept de Refondation sera perçu comme de la poudre aux yeux et, de ses géniteurs, on dira tout simplement qu'ils sont venus au pouvoir pour « bouffer » comme les autres.

Changer les mauvaises lois en utilisant la loi

C'est le mérite du FPI d'avoir mené une opposition civilisée. Je veux dire par là que les marches pacifiques furent la seule arme utilisée par ce parti pour protester contre ce qui lui semblait injuste. À la mort du premier président de la République, en refusant de s'opposer à l'application de l'article 11 de l'ancienne Constitution qui désignait le président de l'Assemblée nationale pour achever le mandat présidentiel, il prouva encore qu'on peut contester un pouvoir sans chercher à brûler la patrie. Et pourtant les Refondateurs avaient toujours été hostiles à l'article en question. Comment ne pas penser ici à Socrate qui, quoique victime d'un déni de justice, ne songea jamais à violer les lois de la Cité athénienne ? Pour Platon, Socrate avait agi ainsi parce qu'il se disait condamné non pas par les lois mais par des juges qui, s'étant laissé emporter par leurs passions, avaient suivi les accusateurs de Socrate[342] qui avaient juré sa perte[343]. Si je suis revenu sur le procès de Socrate, c'est pour montrer que, partout dans le monde, on trouve des lois mauvaises et des juges qui se trompent, condamnant des innocents et acquittant des coupables. Le cas du capitaine Alfred Dreyfus en France est là pour le démontrer. Les mauvaises lois et les erreurs judiciaires ne sont donc pas propres à la Côte d'Ivoire. Pour Socrate, quand un républicain est en face d'une mauvaise loi ou d'un verdict injuste, il ne

---

[342] On lui reprochait son impiété. En réalité, c'est son esprit critique qui dérangeait.
[343] Platon,. *Criton*, 52 e.

cherche pas à assassiner ceux qui sont chargés d'appliquer les lois. Il a deux solutions : soit il quitte la Cité car nul n'est obligé de vivre dans un pays dont les lois lui déplaisent, soit il cherche à faire changer les lois par les moyens autorisés par la loi[344]. L'opposition ivoirienne actuelle est donc disqualifiée lorsqu'elle prétend militer pour la paix et la démocratie ; elle n'est pas crédible lorsqu'elle se dit houphouëtiste et républicaine. Elle donne plutôt l'impression d'adhérer au principe selon lequel « après moi, le chaos ou le déluge ». On a le sentiment qu'elle aime la Côte d'Ivoire quand elle est au pouvoir et qu'elle veut sa destruction et sa mort quand le fauteuil présidentiel est occupé par un non-houphouëtiste. Ceux qui veulent comprendre pourquoi la Côte d'Ivoire a été attaquée le 19 septembre 2002 trouveront ici une explication. Autrement dit, la crise ne tient pas au fait que certains auraient été frustrés, exclus, etc. Elle est survenue en partie parce que certains Ivoiriens estiment qu'eux seuls sont dignes de diriger le pays. Amener ceux qui pensent ainsi à changer leur fusil d'épaule ne sera pas une tâche facile mais la démocratie qui ne considère ni l'ethnie, ni la religion, ni la condition sociale des gens mais leur projet de société finira par s'imposer. Au grand dam de la France officielle affairiste et impérialiste et de tous ceux qui, en Afrique, pensent que, sans l'ancienne puissance coloniale, ils ne sont et ne peuvent rien. Cela suppose que certains acceptent de battre le pavé, que d'autres écrivent car les mots sont de loin préférables aux armes. Je ne peux donc que féliciter Blé Kessé d'avoir eu recours à l'arme de l'écriture pour nous proposer sa lecture de la crise ivoirienne. Au moment de clore ces lignes, me reviennent en mémoire les mots de l'écrivain camerounais Mongo Beti :

> « Il était temps à la fin qu'un Africain libre vous jette la pierre de la vérité et prenne sur lui de vous déclarer ceci, Monsieur le président de la République française : l'Afrique est lasse de cette désinvolture qui vous a persuadé que vous pouviez jouer impunément au père fouettard du continent, faisant et défaisant ses dirigeants, massacrant ses populations parce qu'elles réclament un peu de justice, vous octroyant cavalièrement nos ressources, truffant de vos frères et

---

[344] *Criton*, 51 a-b ; 51 d.

de vos cousins les multinationales qui se sont fait une spécialité de la spoliation frénétique de nos peuples... Rendez donc enfin leur dignité aux Africains, en vous abstenant désormais de toute ingérence dans leurs affaires, en renonçant à servir de gendarme au continent dont les populations ne vous ont jamais chargé de cette mission[345]. »

---

[345] *Africains, si vous parliez*, Paris, Éditions Homnisphères, coll. «Latitudes noires », 2005.

Chapitre XIV

Senghor ou l'histoire d'un combat inachevé

> « *Senghor restera l'homme de la France. Son admission à l'Académie française ne lui a rien apporté, voire lui a nui. Le scandale a été de se prévaloir d'une autre nationalité après avoir quitté le pouvoir... Senghor était l'homme de la France, contre Cheikh Anta Diop. C'est ce que je lui reproche. Le Senghor fin connaisseur de Saint John Perse et de Claudel n'aura plus aucune résonance chez les Africains dans trente ou quarante ans.* » (Boubacar Boris Diop)[346]

> « *Senghor concevait la culture comme quelque chose de biologique et il considérait le nègre comme émotif. Ces deux thèses font que si nous sommes biologiquement plus émotifs et que nous ne pouvons pas dépasser cette émotivité, nous sommes condamnés par l'histoire. En fait Senghor n'hésitait pas à tirer ce genre de conclusion en montrant que la domination du Blanc sur le Noir était logique et naturelle... Senghor s'est fait citoyen français. Personnellement, c'est quelque chose que je n'apprécie pas. Il a travaillé en grande partie pour la France... C'était un Français et, s'il y avait des problèmes en Afrique, il faisait la politique de la France.* » (Marcien Towa)[347]

Le Sénégalais Léopold Sédar Senghor aurait eu 100 ans cette année. Fait-il partie des hommes dont l'Afrique peut être fière ? Ou bien a-t-il été si médiocre qu'il doit être oublié aussi

---

[346] Cité par Valérie Thorin, « Le catéchisme senghorien à l'index », *J. A. / L'Intelligent*, n° 2131, du 13 au 19 novembre 2001.
[347] http://www.tchadforum.com/?page=defi_item&nid=760.

vite que les Mobutu, Macias Nguema, Jean-Bedel Bokassa, Idi Amin Dada, Eyadema et autres présidents ayant régné par la terreur et ruiné leur pays avec la complicité de certains dirigeants occidentaux ? En un mot, la vie et le combat du poète-président peuvent-ils nous stimuler dans notre lutte pour une indépendance réelle et totale ? Telles sont les questions que nous nous proposons d'examiner.

Qu'est-ce qui est reproché à Senghor ?

D'avoir manqué de cohérence. Par exemple, ses détracteurs ne comprennent pas qu'il ait épousé en secondes noces[348] la Française Colette Hubert après avoir chanté et magnifié la beauté de la femme africaine – qu'on pense, à cet égard, à Nolivé décrite comme la femme « aux cuisses de loutre, à la bouche de serpent minute et aux seins de rizières mûres » dans le poème dédié au grand résistant zoulou Chaka présenté par les falsificateurs de l'histoire africaine comme un despote sanguinaire. Qu'on se souvienne aussi de cet extrait de *Chants d'ombre* :

« Femme nue, femme noire/ Vêtue de ta couleur qui est vie, de ta forme qui est beauté !... / Et ta beauté me foudroie en plein cœur comme l'éclair d'un aigle.../ Huile que ne ride nul souffle, huile calme aux flancs de l'athlète, aux flancs des princes du Mali/ Gazelle aux attaches célestes, les perles sont étoiles sur la nuit de ta peau/ Délices des jeux de l'esprit, les reflets de l'or rouge sur ta peau qui se moire. »

Les mêmes détracteurs lui reprochent d'avoir passé les dernières années de son existence en Normandie alors qu'il s'est battu pour l'affirmation des valeurs noires à travers la Négritude fondée avec le Martiniquais Aimé Césaire et le Guyanais Léon Gontran Damas. Ces deux contradictions fort regrettables ne devraient cependant pas faire oublier que, dans d'autres domaines, Senghor a fait ce qu'il a dit. Par exemple, au

---

[348] Ginette Éboué, fille du gouverneur guyanais Félix Éboué, fut la première épouse de Senghor. Avant leur divorce en 1955, ils eurent deux enfants : Francis et Guy. Ce dernier mourra en 1983.

lieu de mourir au pouvoir comme Houphouët et Eyadema, il quitta en 1980 la présidence de la République conformément à sa promesse de retourner à ses premières amours : réfléchir et écrire sur l'Afrique. Il croyait que sa vocation profonde était là et non en politique :

> « Je suis plutôt un homme de culture tombé en politique à son corps défendant. En 1945, boursier du CNRS, j'étais venu au Sénégal pour mener une enquête en vue de ma seconde thèse pour le doctorat d'État... Au cours de mon enquête, je me suis rendu compte de la misère des paysans. Comme je suis d'une famille essentiellement terrienne, c'est donc la réalité frappante de cette misère qui m'a mené à accepter d'entrer en politique et d'être candidat aux élections[349]. »

On reproche encore à l'ancien président sénégalais d'avoir privé son compatriote Cheikh Anta Diop de la reconnaissance qu'il méritait. C'est en effet sous Abdou Diouf, en 1981, que l'égyptologue sénégalais fut nommé professeur associé à la Faculté des lettres et des sciences humaines de l'Université de Dakar. C'est sous le même Abdou Diouf que son nom fut donné à l'Université de Dakar. Saura-t-on un jour pour quelles raisons Diop fut boycotté par Senghor ? Qui nous dira pourquoi ce dernier emprisonna Mamadou Dia[350] de 1962 à 1973 ?

Senghor est enfin critiqué pour avoir fait du Nègre un être d'émotion et du Blanc un être de raison. Que Senghor l'ait dit et écrit n'est pas la question. La question est de savoir s'il le pensait réellement, s'il ignorait l'existence de l'émotion et de la raison chez tous les hommes, qu'ils soient blancs, noirs ou jaunes. Sans vouloir défendre le poète sénégalais, je serais plutôt enclin à penser qu'il a voulu dire que le Nègre est plus émotif que rationnel et le Blanc plus rationnel qu'émotif.

---

[349] Cité par Paulin Joachim, « Grand prêtre de la francophonie », *Jeune Afrique Hors Série*, n° 11, 2006, pp. 82-83.
[350] L'ancien président du Conseil fut condamné pour tentative de coup d'État.

Et si Senghor avait raison ?

À supposer que l'auteur d'*Éthiopiques* ait voulu attirer notre attention sur le fait que le Nègre utilise moins sa raison que le Blanc, où est le problème ? Devrait-on le blâmer ou le pourfendre pour ça ? Pour moi, la réponse est non dans la mesure où notre comportement de tous les jours prouve que nous dansons plus que nous ne réfléchissons. Sans nous sentir insultés, nous devrions reconnaître que l'Afrique d'aujourd'hui compte plus de jouisseurs que de penseurs. Je veux dire par là que les occasions permettant de manger, de boire et de danser attirent plus de monde que les conférences et débats, que beaucoup d'étudiants et étudiantes dépensent plus d'argent pour les vêtements, chaussures et autres bijoux que pour les livres et revues, que plusieurs de nos chercheurs et universitaires écrivent et produisent peu après leur thèse, se contentant d'enseigner les idées des Occidentaux, et qu'ils sont plus présents dans les « maquis » ou les « circuits »[351] que devant leur ordinateur. Cette tendance à accorder plus d'importance au ventre qu'à l'intellect est un des points sur lesquels la pensée de Senghor nous interpelle. Cela ne signifie pas que nous devrions arrêter de chanter et de danser. Ce que je veux dire, c'est qu'un peuple ne peut espérer se développer s'il ne prend pas le temps de lire, de se cultiver, de former son esprit. Autrement dit, un peuple qui ne fait que chanter et danser court le risque de « dormir toujours sur la natte des autres[352] » au lieu de devenir maître de son destin. Le Congolais Henri Lopes le disait déjà dans son recueil de nouvelles, *Tribaliques* : « L'Afrique, à force de danser, s'est laissée surprendre et dominer par des peuples plus austères » (je cite de mémoire). Je propose donc que nous dansions moins et consacrions plus de temps à la réflexion. Notre sortie du « sous-développement » social, économique et technologique restera illusoire sans cette réflexion sur notre manière d'être et de faire, sur comment transformer nos matières premières, sur comment conserver la banane plantain, le manioc et l'igname, sur comment tirer le plus de bénéfices de

---

[351] Petits restaurants populaires de Côte d'Ivoire et du Cameroun.
[352] Joseph Ki-Zerbo, *À quand l'Afrique ?, op. cit.*

la vente du cacao, du café, du coton, etc., sur comment dépendre moins du Nord, sur comment concilier tradition et modernité dans ce qu'elles ont de positif, etc.

Il n'est donc pas erroné de penser avec le prof. Maurice Kamto qu'il y a urgence à penser[353], à valoriser la Culture. L'un des mérites du premier président sénégalais, c'est précisément d'avoir placé la Culture au début et à la fin du développement, d'avoir organisé en avril 1966 le premier Festival mondial des Arts nègres, d'avoir permis à des artistes comme feu Douta Seck de donner la pleine mesure de leur talent[354].

Quoique cultivé, il était mentalement colonisé

Que Senghor ait défini le Nègre comme un être plus émotif que rationnel ne me choque donc pas. Ce qui me trouble, en revanche, c'est sa soumission à la France, le fait qu'il n'ait jamais dénoncé la Françafrique qui, n'en déplaise à certains esprits bornés et complexés, est en grande partie responsable des malheurs de l'Afrique francophone. Il était tellement soumis à la France que Marcien Towa s'est demandé si sa négritude ne cachait pas une véritable servitude[355]. Qu'on me comprenne bien ici : je ne dis pas que l'enfant de Joal devait rompre avec la France comme Sékou Touré le fit en 1958. Étant donné que « l'amitié n'interdit pas l'indépendance d'esprit ni l'autonomie de comportement » (Lionel Jospin)[356], je m'attendais à ce que Senghor ne courbe pas l'échine devant les autorités françaises. Des ignorants, des soudards et des bouffons peuvent s'agenouiller et trembler devant le Blanc. Pas un intellectuel. Pas le Senghor qui s'était promis « de déchirer les rires Banania sur tous les murs de France[357] » et dénonça avec une rare violence les souffrances des tirailleurs sénégalais

---

[353] M. Kamto, *L'urgence de la pensée. Réflexions sur une pré-condition du développement en Afrique*, Yaoundé, Éd. Mandara, 1995.
[354] Assane Seck, *Sénégal. Émergence d'une démocratie moderne : 1945-2005. Un itinéraire politique*, Paris, Karthala, 2005, pp. 87-92.
[355] M. Towa, *Léopold Sédar Senghor : négritude ou servitude ?*, Yaoundé, Clé, 1971.
[356] *Cf. Le Monde* du 28 juin 2006.
[357] Paulin Joachim, art. cité, p. 80.

« livrés à la barbarie des civilisés, exterminés comme des phacochères[358] ». L'absence de Chirac et de Jospin à ses funérailles à Dakar en 2001 – une absence que l'écrivain Erik Orsenna ne manqua pas de dénoncer - alors qu'il avait fait beaucoup pour la France et la langue française devrait faire réfléchir ceux et celles qui comptent en tout sur la France et sont prêts à tout lui sacrifier, y compris leur dignité et liberté.

En conclusion, on retiendra que Senghor avait compris très tôt l'importance de la Culture dans le développement d'une nation et qu'il ne lésina pas sur les moyens pour l'épanouissement de cette Culture. Il fut en effet à l'origine d'institutions aussi prestigieuses que l'École des Arts, le Musée dynamique, le Théâtre national Daniel Sorano, le ballet national « La Linguère », etc. On retiendra aussi - et ce n'est pas rien – qu'il quitta le pouvoir librement et sans effusion de sang et qu'il refusa d'embrigader tous les Sénégalais dans le Parti socialiste, sa formation politique. Mais le parcours de l'homme ne fut pas sans faute. Ainsi ne peut-on pas approuver la manière dont il traita Mamadou Dia et Cheikh Anta Diop même si on doit saluer l'audace et l'ouverture dont il fit montre en acceptant le fonctionnement d'autres partis que le PS à un moment où la plupart de ses pairs s'accrochaient au parti unique. Le traitement qui fut réservé à ces deux hommes, tout comme l'interdiction de l'hebdomadaire *Jeune Afrique* pendant six mois en 1971[359], prouve que la démocratie senghorienne avait des insuffisances. Albert Bourgi le démontre dans le passage suivant :

« Le legs politique de Senghor a incontestablement contribué à enraciner la démocratie et à créer, par-delà les textes qui la réglementent, un climat général de tolérance et de respect des libertés, qui est pour beaucoup dans ce qu'il faut bien appeler aujourd'hui l'exception sénégalaise. Mais, à observer de plus près la pratique

---

[358] *Cf. Hosties Noires. Chants pour la communauté franco-africaine*, Paris, Seuil, 1948.
[359] Siradiou Diallo, « Senghor m'a dit », *Jeune Afrique Hors Série*, n°11, 2006, p. 63.

politique de Léopold Sédar Senghor, on ne peut pas faire l'économie des zones d'ombre qui ont entouré sa gestion de l'État[360]. »

On retiendra enfin qu'il était mentalement colonisé bien que cultivé et diplômé. Abdou Diouf, son successeur à la tête de l'État sénégalais, l'a suivi dans cette voie, peu glorieuse, de l'agenouillement devant la France. Non content de s'être installé en France après sa défaite à la présidentielle de 2000, Diouf ne se gêne guère pour soutenir aveuglément M. Chirac dans sa stupide guerre néocoloniale contre Laurent Gbagbo et réclamer des pouvoirs renforcés pour un Premier ministre « littéralement imposé par Jacques Chirac au sommet Afrique France de Bamako en décembre 2005[361] ». Pour ma part, je voudrais insister sur le fait que je n'attendais pas de Senghor qu'il détestât la France. J'attendais simplement qu'il fût libre dans sa tête comme Césaire car on peut admirer l'organisation, la planification, la méthode, la rigueur, etc. – ces valeurs qui font la force de l'Occident et qui sont indispensables au développement – sans penser que, en dehors du Blanc, il n'y a point de salut. Les Africains qui, pour un oui ou un non, appellent au secours Jacques Chirac qui, aux dires de Denis Jeambar, aura été un président médiocre et contribué au déclin de la France[362], les Ivoiriens qui demandent la mise sous tutelle de leur pays parce qu'ils ne sont plus au pouvoir, ceux qui dans le sillage de la France exigent la suspension de la Constitution ivoirienne après en avoir bénéficié eux-mêmes, ceux qui ont applaudi quand la France tira à balles réelles en novembre 2004 sur des Ivoiriens manifestant pacifiquement devant l'hôtel Ivoire, ceux qui refusent le départ de Licorne – cette force d'occupation et d'exploitation des richesses ivoiriennes –, ceux-là sont mentalement colonisés. Ce sont eux qui retardent la libération de l'Afrique. On comprend dès lors que la Malienne Aminata Traoré écrive :

---

[360] A. Bourgi, « Démocrate ? Oui, mais... », *Jeune Afrique Hors Série*, n° 11, 2006, p. 75.
[361] François Soudan, « Comment Chirac a perdu », *Jeune Afrique*, n° 2388, du 15 au 21 octobre 2006, p. 58.
[362] *Accusez Chirac, levez-vous !*, op. cit.

« Nous ne sommes pas guéris, ou pas suffisamment, ... du mépris qui peut aller jusqu'à la haine de nous-mêmes, des nôtres et de tout ce qui en émane. Ce comportement est le propre d'une certaine élite, plus encline à recourir à l'expertise étrangère, aux solutions importées, à écouter et à suivre George W. Bush, qu'à défendre les intérêts fondamentaux de son peuple... Et quand, dans le cadre des négociations, l'Autre se dresse devant nous, nous finissons par céder en estimant qu'il n'existe pas d'alternative à la voie qu'il a tracée[363]. »

Plus rien à céder

Les défenseurs de la République en Côte d'Ivoire n'ont plus rien à céder à ceux qui ont pris les armes et refusent de les déposer tant que leur patron et tuteur – Jacques Chirac- n'a pas obtenu gain de cause. Ils ne doivent plus reculer. Ni aujourd'hui, ni demain. Tout ce qu'il leur reste à faire, c'est de se dresser face à l'imposture, de se mettre debout, résolument et solidement, comme la négraille de Césaire, pour arracher leur indépendance.

---

[363] *Le viol de l'imaginaire*, Paris, Fayard/Actes Sud, 2002, pp. 164-165.

Chapitre XV

Pillage et fiasco

Le pillage des richesses de l'Afrique restera-t-il impuni ?

Xavier Harel, journaliste depuis une dizaine d'années au quotidien français *La Tribune*, a publié en octobre 2006 un ouvrage de 281 pages sur l'Afrique. Le livre a été édité par Fayard et s'intitule *Afrique, pillage à huis clos*. L'auteur part du préjugé selon lequel la mobilisation de George W. Bush, Tony Blair et Jacques Chirac en faveur de l'Afrique – annulation des dettes africaines, augmentation de l'aide au développement ou taxe sur les billets d'avion destinée à financer la lutte contre le sida et le paludisme – ne serait destinée qu'à sauver les Africains du « chaos ». Pour Harel, il ne s'agit là que de tromperie et de mystification car, selon lui, la vraie raison de ce subit intérêt pour l'Afrique est la découverte du pétrole. Un pétrole qui financerait le monde occidental et aurait permis le maintien ou le retour au pouvoir de certains dictateurs africains. Bref, l'or noir n'enrichirait qu'une poignée d'individus en Afrique et en Occident. D'où le sous-titre de l'ouvrage : « Comment une poignée d'initiés siphonne le pétrole africain. » Ainsi, l'argent du pétrole congolais ne bénéficie-t-il pas d'abord aux Congolais mais à Denis Sassou Nguesso qui aurait créé une multitude de sociétés écrans pour détourner des centaines de millions de dollars, à Jacques Chirac et à Total. C'est ce pillage du pétrole congolais qui favorisa la libération nocturne, en avril 2004, de Jean-François Ndengue, le chef de la police congolaise, arrêté et emprisonné en France pour crimes contre l'humanité dans l'affaire des disparus du Beach de Brazzaville (plus de 350 réfugiés congolais évanouis dans la nature en 1999). Ceux qui veulent savoir pourquoi le président congolais soutient l'idée de Jacques Chirac de renforcer les pouvoirs de Banny et de suspendre la Constitution ivoirienne trouveront ici une explication : il est difficile qu'un malfaiteur se désolidarise d'un autre malfaiteur. Pour le dire autrement, « les oiseaux de même plumage volent dans la même direction ».

Le Premier ministre britannique se comporte-t-il mieux que le président français ? Harel répond par la négative. Pour lui, si Blair aimait vraiment l'Afrique, il n'aurait pas fermé les yeux sur le coup d'État que le fils de Margaret Thatcher préparait contre les autorités de Malabo où l'argent de la corruption est blanchi et recyclé par une demi-douzaine de paradis fiscaux rattachés à la couronne britannique. Et George W. Bush qui a constamment à la bouche les mots « démocratie », « droits de l'homme », etc. ? Xavier Harel soutient que les actes du président américain jurent tragiquement avec ses discours. Et tout l'intérêt de l'essai de Harel est là : lorsqu'il nous apprend que les grandes puissances, si promptes à prêcher la bonne gouvernance et la transparence, s'accommodent de la corruption la plus exécrable dès qu'il s'agit de défendre les intérêts de leurs compagnies pétrolières ; lorsqu'il invite à ne pas se laisser emballer par certaines décisions du G8 comme la réhabilitation du président libyen après un boycott de son pays de 1992 à 1999. L'auteur pense qu'il serait naïf de croire que les pays occidentaux ont normalisé leurs relations avec la Libye uniquement parce que ce pays a renoncé au terrorisme[364] et à la fabrication d'armes de destruction massive. Pour lui, il faut aussi prendre en compte l'exploitation des richesses minières de la Libye (pétrole, gaz, etc.) et la vente d'avions à Tripoli. Ce point de vue est partagé par le journaliste Georges Abou qui écrit :

« Le colonel Kadhafi a le souci du protocole, il est attaché à la signification des symboles et se plaît à voir ses homologues venir à lui. On a pu ainsi mesurer sa capacité à détourner sa mise en quarantaine, alors qu'il était banni de la communauté internationale,

---

[364] On a vu la main du guide libyen dans les attentats contre le Boeing 747 de la Pan-Am au-dessus de Lockerbie (270 morts) en décembre 1988 et contre le DC 10 d'UTA survolant le Ténéré le 19 septembre 1989 (170 morts).

lors des voyages effectués à Tripoli par les chefs d'État dans les années 90 en flagrantes violations de l'embargo aérien des Nations Unies... Lui ne bouge pas... tandis que s'agite autour de lui une communauté internationale avide de ses richesses pétrolières et impatiente de décrocher ses commandes. La visite de Tony Blair n'a duré que quelques heures, mais il fallait qu'elle ait lieu pour bien marquer que la page est tournée..., que la normalisation est largement entamée... En effet, dès les entretiens entamés sous la tente du dirigeant libyen, la compagnie pétrolière anglo-néerlandaise *Royal Dutch-Shell* annonçait la conclusion à Tripoli d'un accord pour l'établissement d'un partenariat stratégique à long terme dans l'exploitation de la production de pétrole et de gaz avec la société d'État libyenne *National Oil Corporation*... Et ce n'est qu'un début puisque la compagnie annonce la signature prochaine d'un autre contrat de deux cents millions de dollars, qui pourrait atteindre un milliard à terme, pour l'exploitation de gaz off-shore [365]. »

Pour Harel, les dirigeants occidentaux ne seront pris au sérieux que s'ils abandonnent le double discours, s'ils font ce qu'ils disent, s'ils obligent leurs compagnies pétrolières à faire la lumière sur ce qu'elles versent aux États africains, s'ils dénoncent les atteintes aux droits de l'homme des présidents qui leur vendent du pétrole, s'ils ne coopèrent qu'avec les chefs d'État africains qui se servent des revenus du pétrole pour améliorer les conditions de vie de leurs populations au lieu d'ouvrir des comptes en Suisse, à Monaco ou ailleurs. Car il n'est pas du tout normal que Denis Gokana, conseiller spécial du président congolais et président de la Société nationale des pétroles du Congo, achète et revende du pétrole congolais alors que « deux Congolais sur trois vivent avec moins d'un dollar par jour ».

Inutile de dire que j'ai apprécié le livre de Xavier Harel, que j'ai eu un plaisir jubilatoire à le lire. Pourquoi ? Parce qu'il permet de voir que l'Afrique est davantage pillée qu'aidée par un Occident jamais rassasié et plus soucieux des matières premières des Africains que de leur sort, parce qu'il fustige l'hypocrisie des pays occidentaux, parce qu'il nous fait voir la laideur morale de Bush, Blair et Chirac, pressés de donner aux

---

[365] http://www.rfi.fr/actufr/articles/051/article_3748.asp.

Africains des leçons de bonne gouvernance et de respect des droits de l'homme mais lents à balayer devant leur propre porte. Que l'auteur ne soit pas adepte de la langue de bois en ajoute aux qualités de cet ouvrage dont on ne peut que recommander la lecture à quiconque veut aller au fond des choses.

Je me suis posé deux questions après la lecture d'*Afrique, pillage à huis clos*. Premièrement : Est-il normal de placer à la tête de l'Union africaine des présidents qui non seulement violent les droits de l'homme mais se sont spécialisés dans le pillage des richesses de leur pays ? Cette Union africaine peut-elle se faire respecter si elle est dirigée par des gens qui n'ont aucun respect du bien commun et des droits de l'homme ? Les présidents qui gèrent bien et respectent les droits de l'homme ne manquent pas en Afrique australe et orientale. Bref, il ne suffit pas d'élire tous les ans un nouveau président à la tête de l'Union africaine. Encore faut-il que ce dernier remplisse les critères de bonne gouvernance et de respect des droits humains. Il y va de la crédibilité de l'organisation panafricaine. Deuxième question : Le pillage des richesses de l'Afrique restera-t-il impuni? Je me suis alors rappelé une réflexion de Jean-Claude Guillebaud. Prenant le contre-pied de Malraux qui aurait dit que « le sang sèche vite en entrant dans l'Histoire », l'essayiste français écrit :

« Rien ne me paraît plus faux que cette assertion. Car, où qu'on porte le regard, on voit des douleurs anciennes qui réapparaissent, des massacres qu'on exhume, des comptes que réclament les peuples... Je pense à certains films du moment, comme *Indigènes*,[366] sur les combattants africains des deux guerres mondiales... Non, le sang ne sèche pas si vite et, tôt ou tard, resurgissent dans l'Histoire la peine, la douleur ou l'humiliation des peuples. C'est dire si paraissent absurdes aujourd'hui les entreprises internationales ou néocoloniales à courte vue – au Proche-Orient ou ailleurs – qui se fondent sur le mépris ou l'humiliation de l'autre[367]. »

Les pilleurs et criminels occidentaux et leurs complices africains peuvent se réjouir aujourd'hui. Mais le moment

---

[366] Film du réalisateur algérien Rachid Bouchareb sorti le 27 septembre 2006.
[367] *Cf. La Vie* du 26 octobre 2006, p. 65.

viendra – et il n'est peut-être pas loin - où l'Afrique leur demandera des comptes. Qu'ils le veuillent ou non, ils auront à répondre alors de leurs crimes car le « sang ne sèche pas si vite » et les peuples n'ont pas la mémoire courte. Le Rwanda de Paul Kagamé vient d'ouvrir le bal en créant une commission d'enquête sur le rôle de la France avant, pendant et après le génocide de 1994. La commission composée de juristes et d'historiens a démarré ses travaux le 24 octobre 2006. Quand elle aura fini d'entendre les 25 témoins appelés à témoigner, il n'est pas impossible que le gouvernement rwandais engage une procédure judiciaire devant la Cour internationale de justice[368]. Qu'est-ce qui pourrait empêcher d'autres pays africains de faire de même ?

Il n'a rien fait de bon avec le pouvoir qu'il voulait et qu'il a eu

J'ai regardé « Chirac, du jeune loup au vieux lion », le film de Patrick Rotman diffusé par France 2. Comme dans le documentaire sur François Mitterrand réalisé en 2000, l'objectif de Patrick Rotman était de faire tomber le(s) masque(s) de l'actuel locataire de l'Élysée, de « comprendre la complexité et les ressorts d'un homme omniprésent depuis la guerre d'Algérie ». Cet objectif semble n'avoir pas été atteint car, au *finish*, Chirac reste « aussi secret que Mitterrand ». La réussite du film réside plutôt dans le fait qu'il n'est ni pamphlétaire, ni partisan. Car, pour le réalisateur, « assassiner Chirac aurait été trop facile et peu intéressant ». Historien de formation, Rotman a voulu être impartial, présenter la carrière politique de Chirac avec ses ombres et ses lumières afin que le téléspectateur se fasse sa propre opinion. C'est pour cela qu'il s'est appuyé sur des archives et qu'il a recueilli divers témoignages. Le moins que l'on puisse dire est que les témoignages sont aussi croustillants et aussi éclairants les uns que les autres. On voit en effet Charles Pasqua, Raymond Barre, Michel Rocard, Philippe Séguin, Olivier Stirn, Nicolas Sarkozy, Jean-François Probst, Eric Halphen… donner librement leur point de vue sur le parcours et les méthodes de Chirac. S'ils reconnaissent que ce dernier n'a pas que des défauts (le contact facile, son

---

[368] *Cf. La Croix* du 26 octobre 2006, p. 8.

endurance, sa repentance pour Vichy et l'esclavage, son refus de suivre George Bush dans sa guerre contre Saddam Hussein, son plaidoyer pour la diversité culturelle et le dialogue des peuples), tous sont en revanche d'accord pour dire que l'ancien maire de Paris est cynique, assoiffé de pouvoir, plus émotif que réfléchi, menteur, traître, fasciste, démagogue et tueur. Et qui Jacques Chirac a-t-il trahi ou « tué » pour accéder à l'Élysée ? Jacques Chaban-Delmas et Valery Giscard d'Estaing. Il soutint en effet le second contre le premier en 1974 avant de le faire battre en 1981 alors qu'il avait appelé ses partisans à voter au second tour pour l'adversaire de François Mitterrand. Qu'a-t-il renié ? Ce qu'on a appelé l'« appel de Cochin » lancé le 26 novembre 1978 à partir de l'hôpital Cochin (Paris) où il était soigné après un accident de la circulation en Corrèze. Pierre Juillet et Marie France Garaud, ses plus proches conseillers à l'époque, seraient les vrais auteurs de cet appel à dire non à ceux qui « derrière le masque des mots et le jargon des technocrates préparent l'inféodation de la France à l'Europe ». La suite est connue : Chirac se prononça en faveur du Traité de Maastricht en 1995 et défendit le oui à la Constitution européenne en mai 2005.

On en vient alors à s'interroger : Cet homme a-t-il des convictions ? Croit-il à des valeurs ? Que veut-il faire avec le pouvoir qui semble l'obséder et pour lequel il a multiplié des coups tordus et sacrifié bien des amis ? Car la vérité aujourd'hui est que la présidence de la République que Chirac a désirée et obtenue après avoir échoué en 1981 et en 1988, n'a servi à rien. Tous les politologues et historiens sérieux sont unanimes à penser que Jacques Chirac a eu un règne calamiteux, qu'il a largement contribué au discrédit et au déclin de la France, qu'il a fait des choix insensés et hasardeux comme le fait de soutenir une bande de voyous et d'incultes contre un président démocratiquement élu en Côte d'Ivoire, qu'il n'a pas tenu toutes les promesses faites aux Français. Mais le réalisateur ne se borne pas à retracer la carrière politique de Jacques Chirac. Il pose aussi de vraies questions qui interpellent tout un chacun : Quel est le rapport entre l'humanité et la part de barbarie en chacun de nous ? À quel moment cette barbarie fait-elle irruption ? À quel moment l'emporte-t-elle sur l'humanité en nous ? Morale et politique peuvent-elles faire bon ménage ? La réponse à ces questions ne se trouve pas dans le film mais dans *Télérama* du 21 octobre 2006. Voici un extrait de l'entretien que le réalisateur accorda à cette revue :

« Adolescent, j'ai pris conscience que la France des droits de l'homme pouvait avoir eu dans ce pays des comportements proches de ceux des nazis... La morale est incompatible avec la pratique politique de haut niveau. Pour atteindre le sommet, il ne faut pas faire de sentiment et il faut être capable d'appuyer sur la gâchette contre quiconque vous fait de l'ombre. Au stade où nous en sommes, non seulement il n'y a plus de morale mais il n'y a plus non plus de dessein politique au sens gaullien du terme. »

Qu'est-ce que Rotman pense de Chirac ? « C'est un ratage extraordinaire. Sa réussite s'est faite au prix de multiples renoncements à ce qu'il est vraiment. Les circonstances l'ont propulsé sur une trajectoire politique qui n'était pas vraiment la sienne, lui qui vient d'un milieu radical, laïc, porteur d'une vision humaniste de gauche. On peut pousser le paradoxe et dire que, si la gauche a trouvé en Mitterrand un leader qui avait des racines et une formation de droite, la droite a trouvé en Chirac un leader qui, au fond, dans sa culture, dans ce qu'il est, dans sa vision du monde, est plutôt de gauche. » Qu'aurait-il aimé que le président français fît après sa réélection en 2002 ? « Il pouvait sortir de l'histoire par le haut, soit en pratiquant une ouverture politique soit en composant un gouvernement beaucoup plus large, soit en faisant appel à des personnalités comme Michel Rocard, par exemple, qu'il aurait pu nommer à Matignon. Le film montre clairement qu'il n'a pas essayé et on est passé à Jean-Pierre Raffarin. Une catastrophe politique mais aussi une occasion manquée colossale sur le plan de sa carrière et de sa vie. Pour moi, il est passé complètement à côté de l'enjeu. »

Sans doute ceux qui optent pour la vérité en politique réussissent-ils rarement. C'est le cas de Raymond Barre, Michel Rocard et Édouard Balladur qui étaient adeptes du parler vrai mais qui ne furent jamais élus à la magistrature suprême. Le politologue Olivier Ihl l'a bien exprimé :

« Ces trois-là ont échoué politiquement. Leur succès a été moral. Ils ont souvent été honorés, consultés comme des sages. Mais après avoir été doublés par ceux qui assuraient qu'on pouvait réformer autrement et de manière moins douloureuse[369]. »

Mitterrand et Chirac furent en revanche adoubés par les Français. Or, selon Pascal Perrineau, « le Chirac de 1995 et le Mitterrand de 1981 sont les plus emblématiques du mensonge politique », deux hommes chez qui « la séduction et la démagogie primaient sur la vérité et la conviction[370] ». Sans doute la cohabitation entre éthique et politique est-elle difficile ; sans doute peut-on déplorer avec Hannah Arendt (1906-1975) le fait que « les mensonges ont toujours été considérés comme des outils nécessaires et légitimes non seulement du métier de politicien ou de démagogue mais aussi de celui d'homme d'État[371] ». Reste que, si la politique ignore la morale, elle court le risque de « sombrer dans l'affairisme ou de servir de piédestal à des politiciens professionnels coupés de la nation, cercle fermé arrogant et au total aussi méprisé que méprisable[372] ». Autrement dit, le prince a beau « être grand simulateur et dissimulateur[373] » selon le conseil de Machiavel (1469-1527), j'incline à penser avec l'historien Emmanuel de Waresquiel que le mensonge politique « a une durée de vie plus courte grâce à la force des médias, notamment audiovisuels[374] » comme on l'a vu à Budapest, le 18 septembre 2006. Ce jour-là, la capitale hongroise fut secouée par de violentes émeutes après la diffusion sur le site Internet de la Radio nationale d'un discours confidentiel du Premier ministre Ferenc Gyurcsany. Celui-ci disait :

« Nous avons tout fait pour garder secret en fin de campagne électorale ce dont le pays avait vraiment besoin, ce que nous comptions faire après la victoire électorale : nous le savions tous,

---

[369]Cité dans *La Croix* du 20 septembre 2006, p. 3.
[370]Cité dans *La Croix* du 20 septembre 2006, p. 3.
[371]H. Arendt, *La crise de la culture*, Paris, Folio Essais, 1994.
[372]Paul Valadier, *Le temps des conformismes. Journal de l'année 2004*, Paris, Seuil, 2005, p. 207.
[373]*Le Prince*, Paris, Gallimard, 1980, chap. XVIII.
[374]*Cf. Talleyrand, le prince immobile*, Paris, Fayard, 2006.

après la victoire, il faut se mettre au travail car nous n'avons jamais eu de problème de cette importance[375]. »

Le problème n'était pas qu'il ait augmenté les impôts et baissé les allocations car il fallait bien le faire pour combler l'important déficit budgétaire du pays mais le fait que le gouvernement ait caché la vérité au peuple pendant un an et demi. C'est dire que les mensonges en politique « se paient comptant, en désabusement, en abstentions, en votes extrêmes[376] ». Michel Rocard ne dit pas autre chose :

« Je considère le mensonge comme un instrument dangereux... Sauf cas extrêmes, par exemple pendant une guerre ou avant une dévaluation, il me paraît normal et sain d'exposer clairement aux électeurs les questions qui se posent et les solutions possibles. Parler vrai, c'est parier sur l'intelligence de l'électeur et refuser la démagogie... D'ailleurs, les dirigeants qui restent dans les mémoires comme de grands hommes sont ceux qui ont tenu leurs engagements. Aristide Briand, Mendès, de Gaulle ont très largement fait ce qu'ils avaient dit[377]. »

Rocard serait-il devenu président de la République s'il avait menti comme certains ? Peut-être. Une chose est sûre : L'ancien Premier ministre socialiste ne regrette pas d'avoir choisi de parler vrai. Pourquoi ? Parce que, s'il avait parlé faux, il aurait « perdu toute capacité à convaincre, à transformer la société comme il l'a fait lorsqu'il était aux responsabilités[378] ». Ce qu'il faut préciser ici, c'est que le souci de Rocard n'était pas d'« occuper davantage de postes de pouvoir ». Même chose pour Jacques Delors qui n'était pas intéressé par le pouvoir pour le pouvoir. Alors qu'il avait toutes les chances de l'emporter haut la main, Delors renonça à se présenter à l'élection présidentielle de 1995 parce que ne disposant pas d'une majorité pour sa politique. Ces deux cas montrent que l'on peut faire de

---

[375]Cité par *La Croix* du 20 septembre 2006, p. 5.
[376]Dominique Quinio, « Rebâtir la confiance », *La Croix* du 20 septembre 2006, p. 1.
[377]*Cf. La Croix* du 20 septembre 2006, p. 4.
[378]*Ibid.*

la politique sans mentir, ni tricher, ni trahir ses compagnons. Rocard, Delors mais aussi Raymond Barre et Jospin qui refusa d'être candidat à la candidature du Parti socialiste à la présidentielle d'avril 2007 afin d'éviter le déchirement du parti ont démontré qu'ils avaient une haute idée de la politique et que, pour eux, cette dernière n'est pas un instrument d'enrichissement, de prestige et de domination mais un service de l'homme car, au début et à la fin de la politique, il y a l'homme qui est « une histoire sacrée ». Je suis donc en désaccord avec Rotman quand il dit que « la morale est incompatible avec la politique de haut niveau ». Pour le reste, je suis en phase avec lui.

Enfin, je voudrais dire que le film de Rotman est le premier à être diffusé par une chaîne française sur un président en exercice. Un film qui suggère au lieu d'assener, un film neutre mais sans concession.

En guise de conclusion

« Des tonnes d'aide ont été déversées sans résultat sur l'Afrique depuis cinquante ans, même si elles ne l'étaient pas toujours pour de bonnes raisons – la bonne raison étant celle qui permet de lutter contre la pauvreté et non de se créer un pays vassal, un marché captif ou une tête de pont géostratégique[379] », écrit Sylvie Brunel. L'aide qu'un Occident généreux ou philanthropique aurait apportée et apporterait encore à l'Afrique fait partie des nombreuses idées reçues sur l'Afrique. Idées reçues car cette étude a tenté de montrer que l'Afrique donne plus qu'elle ne reçoit de l'Occident. Cela signifie que le mot « aide » est inapproprié et qu'il vaut mieux parler d'exploitation : exploitation de l'Afrique par l'Occident par le biais de l'aide. Autrement dit, la fameuse aide des pays occidentaux sert en réalité à sucer, voire à vampiriser l'Afrique. Je m'oppose par conséquent à l'idée que « des tonnes d'aide ont été déversées... sur l'Afrique ». Je soutiens en revanche le point de vue selon lequel la « bonne raison [de l'aide est] celle qui permet de lutter contre la pauvreté et non de se créer un pays vassal, un marché captif ou une tête de pont géostratégique ».

Car si la fameuse aide a créé au Sud des pays vassaux, des réservoirs de matières premières, des marchés captifs, elle n'en a pas moins créé au Nord des empires, des « maîtres et seigneurs » qui ne demandent qu'à être obéis au doigt et à l'œil. Cela a-t-il un sens au XXIᵉ siècle ? Pour Riccardo Petrella, professeur à l'Université catholique de Louvain, la réponse est non. « Il est temps, écrit-il, de sortir des chemins de la puissance et des hégémonies impériales. Ce dont l'humanité a besoin, ce n'est pas de conquérants et d'empereurs, mais de bâtisseurs d'un vivre ensemble grâce à un contrat social mondial fondé sur l'aspiration de toute personne à la dignité, à la justice, à la

---

[379] *Cf.* Martine Aubry, *Agir pour le Sud, maintenant ! Pour une autre approche des relations Nord-Sud*, Paris Éditions de l'Aube, 2005, p. 177.

liberté et à la paix[380]. » Il faut le dire avec force : Nous n'avons pas bénéficié de la vraie aide, celle qui permet de se passer à long terme de l'aide, pour paraphraser Thomas Sankara. En effet, au lieu de nous aider à vaincre la pauvreté, l'ancien pays colonisateur a fait en sorte que nous lui tendions indéfiniment la main, que nous ayons toujours recours à lui, que nous fassions éternellement appel à lui pour manger, payer nos fonctionnaires, rembourser nos dettes, etc. C'est la raison pour laquelle nous avons parlé, dans ce livre, d'indépendances piégées ou de décolonisation fictive : le colonisateur a fait semblant de partir en 1960. En d'autres termes, il n'est jamais parti car il n'a jamais voulu partir. Au contraire, il a continué à diriger nos pays à travers des présidents de paille, des gens ayant les pieds en Afrique mais la tête en Europe. L'ex-puissance coloniale n'a jamais voulu nous lâcher, parce que ce tutorat lui donnait du poids en Europe et lui rapportait gros sur le plan financier.

Il n'est donc pas exact de dire que l'Afrique refuse le développement. À notre avis, il faudrait plutôt affirmer que certaines personnes en Occident ne veulent pas voir l'Afrique progresser. Et le plus grave, c'est que ces personnes ont fait accepter cette idée à certains Africains qui ne se gênent plus pour regretter l'époque coloniale et charger le continent de tous les péchés d'Israël : selon eux, nous sommes « en retard » à cause de nos traditions, à cause de notre incapacité à diriger un État moderne, et *tutti quanti*. Dans cet ouvrage, nous n'avons jamais cherché à blanchir le Noir. Nous n'avons pas non plus dit que tous les Blancs étaient méchants. Nous avons simplement essayé de dire que tous les leaders africains ne sont pas corrompus et que ceux qui ont voulu faire avancer le continent en ont été empêchés par une certaine France que Lionel Jospin qualifiait avec raison de « paternaliste, d'affairiste et d'interventionniste ». Pour nous, donc, l'Afrique ira mieux si sont redéfinis les rapports entre la France et ses anciennes colonies, si la France officielle consent à passer du tutorat à une véritable coopération, si elle tourne le dos au complexe de supériorité et cesse d'infantiliser les Africains. Car l'Afrique

---

[380] R. Petrella, « Changer le monde, c'est possible ! », *Le Monde diplomatique*, août 2005, p. 18.

peut avoir des dirigeants intègres et compétents, patriotes et proches du peuple mais son progrès ou développement restera une illusion si la France officielle ne laisse pas ses présidents travailler comme ils veulent. Négliger cette question pour ne s'en prendre qu'aux Bokassa, Mobutu, Eyadema, Bongo... et aux diplômés qui ont travaillé avec et pour eux, même si ces derniers restent indéfendables, c'est mal poser la question du développement de l'Afrique.

Créteil, le 20 décembre 2006.

Postface

La seconde moitié de novembre et la première semaine de décembre 2006 ont été riches en événements. Je voudrais revenir sur quatre d'entre eux. Il s'agit de la colère de Paul Kagamé, de ce que certains à Abidjan appellent le « réveil » de Laurent Gbagbo, de la brillante réélection de Hugo Chavez et de la disparition de l'historien burkinabè Joseph Ki-Zerbo.

La colère de Paul Kagamé

Tout est parti d'une plainte déposée en France par les familles de l'équipage français de l'avion abattu le 6 avril 1994. Un avion dans lequel voyageaient les anciens présidents Juvénal Habyarimana du Rwanda et Cyprien Ntaryamira du Burundi. Le juge antiterroriste français Jean-Louis Bruguière juge la plainte recevable et promet de lancer des mandats d'arrêt internationaux contre le président Paul Kagamé et huit autres personnalités rwandaises que le juge français soupçonne d'avoir organisé l'attentat. Bruguière ne s'arrête pas là. Il compte saisir l'ONU afin que ces neuf personnalités soient traduites devant le Tribunal pénal international pour le Rwanda dont le siège se trouve à Arusha (Tanzanie). Aussitôt informé, le président rwandais réplique sur France Culture en ces termes :

« M. Bruguière est un imposteur, un politicien. Ce n'est pas un juge. Si c'était un juge, il aurait dû soulever la question de l'implication de la France dans le génocide des Tutsi au Rwanda. Je pense que le juge Bruguière rêve. Les Français et Bruguière jouent les gros bras mais ce sont eux qui devraient... être jugés pour leur implication dans le génocide au Rwanda. Je ne peux pas comprendre comment le juge Bruguière peut dire des choses comme ça alors qu'il n'a même pas mené d'enquête au Rwanda[381]. »

---

[381] *Cf. Le Monde* du 24 novembre 2006.

Volant au secours de son président, le gouvernement rwandais diffuse un communiqué qui voit dans les accusations du juge « une tentative d'intimidation contre le Rwanda en usant... de la position de grande puissance afin de dissimuler l'implication de la France dans le génocide ». Le gouvernement va plus loin encore en se demandant ce que les militaires français morts dans l'attentat de 1994 « faisaient au Rwanda en compagnie des planificateurs du génocide ». Kagamé ne s'est pas borné à récuser les résultats de l'enquête de Bruguière. Après avoir rappelé son ambassadeur à Paris, il rompt les relations diplomatiques avec la France, le 24 novembre. Le lendemain, sur la chaîne française I-TELE, il déclare en substance ceci :

« Le Rwanda d'aujourd'hui n'est pas le Rwanda d'hier. Au Rwanda, le gouvernement et la population ont conquis leur liberté. Ils n'accepteront pas d'être menés par le bout du nez par des fanfarons. Les Français doivent savoir que les Rwandais sont des gens que l'on ne peut pas manipuler. Nous savons où notre justice commence et où elle doit aller... Ce que les Français font contre nous, nous le ferons contre eux. La France est un pays riche. C'est une super-puissance, donc elle pense qu'elle a toujours raison, même quand elle a tort. Mais la France ne peut pas traiter le Rwanda comme elle a traité d'autres pays en voie de développement. Nous ferons face à la France[382]. »

Les partisans de Laurent Gbagbo, qu'ils vivent à l'intérieur ou à l'extérieur de la Côte d'Ivoire, ont vu dans l'avant-dernière phrase de la déclaration du président rwandais - « la France ne peut pas traiter le Rwanda comme elle a traité d'autres pays en voie de développement » - une allusion à la Côte d'Ivoire où le président français est accusé d'avoir imposé Seydou Diarra, puis Konan Banny comme Premiers ministres à Laurent Gbagbo et d'utiliser l'ONUCI et la force Licorne pour protéger ceux qui ont attaqué la Côte d'Ivoire[383]. C'est pourquoi ils ont salué la sortie de Kagamé qu'ils considèrent - avec le Soudanais Omar El Béchir, le Zimbabwéen Robert Mugabe,

---

[382] *Cf. Le Monde* du 27 novembre 2006.
[383] Le Front patriotique rwandais (FPR) a dit la même chose à propos de l'opération Turquoise. Celle-ci aurait été mise en place pour faire sortir les génocidaires de Kigali en 1994.

l'Érythréen Issayas Afeworki et le Sud-Africain Thabo Mbeki - comme l'une des figures emblématiques de l'Afrique digne et résistante. Pour eux, l'exemple de Paul Kagamé devrait être imité le plus rapidement possible en Côte d'Ivoire si Laurent Gbagbo veut empêcher une mort à petit feu de l'État ivoirien. En effet, devant le refus de la rébellion de déposer les armes malgré les nombreuses concessions faites par le camp présidentiel, il n'est plus rare d'entendre des Ivoiriens exiger la fin des réunions du GTI à Abidjan, le limogeage de Konan Banny que certains jugent tribaliste et à la botte de la France, la rupture des relations diplomatiques avec la France, le départ de Licorne et du 43e BIMA[384]. Mais Gbagbo suivra-t-il l'exemple de Kagamé ? Certains en doutent en Côte d'Ivoire dans la mesure où ils n'ont pas oublié que, après avoir été limogés pour absentéisme, les rebelles avaient été appelés à siéger de nouveau dans le gouvernement de Seydou Diarra. Pour eux, si la pression de la communauté dite internationale est trop forte, le président ivoirien pourrait lâcher du lest et donc redonner *Fraternité Matin* et la Radiotélévision ivoirienne (RTI) au bloc rebelle. D'autres estiment, au contraire, que Laurent Gbagbo continuera sur sa lancée, qu'il prendra d'autres décrets[385] pour

---

[384] Le Bataillon d'infanterie de marine a été créé le 1er juillet 1978. Héritier du 43e régiment d'infanterie coloniale et du 43e régiment d'infanterie de marine, c'est un corps de troupes marines qui stationne à Port-Bouët au Sud d'Abidjan.

[385] Le 26 novembre 2006, le président ivoirien avait pris 12 décrets : un de ces décrets réinstallait Pierre Djédji Amondji (gouverneur du District d'Abidjan), Marcel Gossio (Directeur du Port) et Gnamien Konan (Direction des Douanes) suspendus depuis le 16 septembre après le scandale des déchets toxiques déversés le 19 août 2006 par le navire grec Probo Koala dans le District d'Abidjan. Ces déchets avaient causé la mort de 10 personnes. Un second décret limogeait Léon Francis Lébry illégalement installé début novembre par un Conseil d'administration lui-même illégal. Il était reproché à Monsieur Lébry d'avoir laissé écrire par un journaliste notoirement tribaliste et complexé que le chef de l'État et le Premier ministre s'étaient entendus et qu'ils reconnaissaient la résolution onusienne 1721 comme l'unique voie de sortie de crise. Or le président ivoirien avait laissé entendre, quelques jours plus tôt, que plusieurs points lui paraissaient ambigus et en contradiction avec la Constitution ivoirienne dans cette résolution qui ne dit absolument rien sur le désarmement des rebelles. Un troisième décret mettait fin aux fonctions de

signifier qu'il est vraiment à la barre car, selon eux, le président ivoirien s'est réveillé.

Le « réveil » de Laurent Gbagbo

La question qui se pose ici est la suivante : Qu'est-ce que Laurent Gbagbo fera de son réveil ? Osera-t-il le mettre à profit pour arrêter le laisser-aller, la pagaille et le désordre qui s'étaient installés dans le pays ? En effet, jusqu'au 26 novembre, Guillaume Soro a passé son temps à boycotter les conseils de ministres, les messages de la rébellion étaient diffusés par la télévision nationale alors que cette dernière n'émet toujours pas dans les villes contrôlées par les rebelles, les journaux proches de la rébellion pouvaient se permettre d'injurier le président de la République ou appeler à l'insurrection, etc. À toutes ces dérives le président a peu réagi, ce qui a fait dire à certains de ses partisans qu'il avait abdiqué et que, en laissant n'importe qui dire et faire n'importe quoi, il participait à la destruction du pays. Certes, on ne demande pas à Laurent Gbagbo de devenir dictateur, de bâillonner la presse ou de faire égorger ses opposants mais est-il certain que c'est une démocratie non contrôlée qui apportera la paix à son pays ? Pense-t-il que la démocratie permette que chacun dise et fasse tout ce qui lui passe par la tête ? Je crois que la démocratie a des limites. Je dirais même que trop de démocratie finit par tuer la démocratie et que, à vouloir être plus démocrate que les Athéniens et les autres Occidentaux, le président Gbagbo risque de ne jamais atteindre son objectif : donner aux Ivoiriens de voir une autre manière de conduire les affaires de l'État, faire passer la Côte d'Ivoire du tutorat au partenariat. L'enjeu aujourd'hui n'est donc pas trop de démocratie mais la libération du pays. Oui, il s'agit de libérer la Côte d'Ivoire. Or ce n'est pas

---

Yacouba Kébé. Le tort de ce dernier était d'avoir autorisé la diffusion, sur les antennes de la télévision nationale, d'un communiqué dans lequel Konan Banny demandait à Laurent Gbagbo de revenir sur sa décision de réintégrer Amondji, Gossio et Gnamien dans leurs fonctions. Un quatrième décret dissolvait le conseil d'administration de la RTI. Un cinquième décret nommait Jean-Baptiste Akrou et Pierre Brou Amessan directeurs de *Fraternité Matin* et de la RTI.

en étant trop démocrates que nous y parviendrons. Pourquoi ? Parce que, si la démocratie avait contribué à la libération d'un pays sous tutelle, on l'aurait su. Veut-on des exemples ici ? Commençons par l'Irak. Ce pays n'est-il pas toujours occupé par les États-Unis alors qu'il s'est doté d'un nouveau Parlement et d'un nouveau gouvernement issus d'élections plus ou moins démocratiques ? Deuxième exemple : la Palestine. Les élections qui ont vu la victoire du Hamas dans ce pays ont-elles pour autant mis fin à son occupation par Israël ? Il faut donc siffler la fin de la récréation « démocratique ». Je veux dire par là qu'il faut arrêter d'être complaisant avec les journaux ivoiriens qui, quotidiennement, incitent au renversement des institutions et encensent les tueurs et les assassins. Ce n'est pas en laissant prospérer cette presse irresponsable et haineuse que nous libérerons le pays. Béchir Ben Yahmed l'a bien perçu quand il note :

« Quel pays s'est libéré de l'occupation (coloniale ou paracoloniale) en s'imposant (...) l'obligation de se doter d'un régime démocratique : la France du général de Gaulle ? L'Indochine de Ho Chi Minh ? L'Algérie du FLN ? Aussi loin que l'on regarde, aucun pays occupé ne s'est libéré en ayant à sa tête un gouvernement démocratiquement élu. Même les pays dirigés par un régime démocratique avant de subir une occupation étrangère l'ont mis entre parenthèses, le temps de mener leur guerre de libération[386]. »

À mon sens, le président ivoirien ne devrait plus se préoccuper de savoir si la communauté dite internationale le trouve démocrate ou non car, quoi qu'il fasse, cette communauté estimera qu'il n'en fait pas assez pour le retour de la paix en Côte d'Ivoire. Quels que soient les sacrifices qu'il fera encore, il ne trouvera jamais grâce aux yeux de ceux qui, depuis quatre ans, veulent le remplacer par un homme à leur solde. Tel Jules César après sa victoire sur le Gaulois Vercingétorix (la bataille d'Alésia en août 52 av. J.-C.), Laurent Gbagbo devrait plutôt se dire que le sort en est jeté – *alea jacta est* – et avoir le courage de franchir le Rubicon au lieu de faire

---

[386] B. B. Yahmed, « Vois dissonantes... Limites de la démocratie », *Jeune Afrique*, n° 2395, du 3 au 9 décembre 2006, p. 5.

« un pas devant, un pas derrière ». S'il y a quelqu'un que les critiques et provocations n'ont jamais empêché d'avancer, c'est bien le président vénézuélien, triomphalement réélu le 3 décembre 2006.

La réélection du résistant Hugo Chavez

En effet, Chavez s'est succédé à lui-même avec un score de plus de 61 % des voix. Il fait donc mieux qu'aux scrutins de 1998 et de 2000. Et pourtant, certains Occidentaux qui ne le portent guère dans leur cœur jugeaient son bilan négatif. C'est le cas du correspondant de l'hebdomadaire français *Challenges* à New York qui écrit ceci :

« Sa révolution a pris du plomb dans l'aile... À l'étranger, la baisse de sa cote est encore plus nette... Après 47 jours de scrutin et un bras de fer sans issue avec le Guatemala pour occuper un siège au Conseil de sécurité, les deux pays ont dû se rabattre sur un candidat de compromis, Panama. En Amérique, cela ne va pas beaucoup mieux. Evo Morales, le président bolivien, prend discrètement du champ... Une partie de cette désaffection tient à la méthode Chavez, à son discours abrasif, agressif même, qui cache souvent une administration inefficace et corrompue[387]. »

Chavez aurait-il remporté la dernière présidentielle avec un tel score si sa révolution avait été un échec et si son administration était « inefficace et corrompue »? Au lendemain de la proclamation des résultats, le président vénézuélien a considéré sa réélection comme une « victoire de la révolution » avant de déclarer à l'adresse des États-Unis : « Nous avons donné une leçon à l'impérialisme américain. C'est une autre défaite pour le diable qui prétend diriger le monde. » Est-ce être agressif que de s'exprimer de la sorte ? Et les médias de certains pays occidentaux ? Qui ne connaît pas leurs analyses et propos incendiaires sur les dirigeants africains qui refusent de s'agenouiller devant le Blanc ? L'emploi de l'adjectif « agressif » me semble donc inapproprié. La vérité est que

---

[387] P. Boulet-Gercourt, « N'est pas Bolivar qui veut, n'en déplaise à Chavez », *Challenges*, n° 58 du 30 novembre au 6 décembre 2006, pp. 44-46.

Philippe Boulet-Gercourt ne tolère pas l'indépendance d'esprit et la liberté de ton de Chavez. Pour ma part, je me réjouis de la réélection de cet homme qui s'est toujours dit « résolument opposé à l'impérialisme américain[388] et ses laquais ». Outre son audace et son franc-parler, j'admire sa résistance car il a tenu bon malgré les complots de George W. Bush pour le renverser. Sa victoire écrasante signifie que la majorité des Vénézuéliens apprécie le travail qu'il fait, soutient sa politique et regarde dans la même direction que lui. L'important n'est pas qu'il soit dénigré et vilipendé par certains Occidentaux mais le jugement du peuple vénézuélien. C'est une des grandes leçons que nous pouvons tirer de la réélection de Chavez : le président Laurent Gbagbo ne doit tenir compte que de l'avis de la majorité des Ivoiriens. Il doit chercher à plaire non pas aux fonctionnaires corrompus de l'ONU mais à ceux qui l'ont élu. Deuxièmement, étant donné que « l'ère des destinées singulières est révolue[389] », je pense que le moment est venu pour notre pays d'intensifier sa coopération avec le Venezuela et avec d'autres pays de l'Amérique du Sud opposés à l'impérialisme occidental. Que pensait le professeur Ki-Zerbo de cet impérialisme ?

Joseph Ki-Zerbo : un homme qui refusait que les Africains « dorment sur la natte des autres »

Il faudrait plusieurs pages pour retracer le parcours intellectuel et politique du professeur Ki-Zerbo. Je voudrais ici me borner à rappeler quelques idées-forces de sa riche et vigoureuse pensée. La première est l'identité de l'Afrique. Joseph Ki-Zerbo s'est effectivement battu pour que les Africains ne soient pas déracinés, pour qu'ils sachent d'où ils viennent, pour qu'ils connaissent leurs traditions et en gardent le meilleur. « Celui qui ne sait pas où il va devrait savoir au

---

[388] Sur cette question, lire Noam Chomsky, *Dominer le monde ou sauver la planète ? L'Amérique en quête d'hégémonie mondiale*, Paris, Fayard, 2004.
[389] C. Hamidou Kane, *L'aventure ambiguë*, Paris, 10/18, 2002, p. 92.

moins d'où il vient », ne cessait-il de conseiller. Ouvert, il voulait aussi que les Africains fréquentent l'école du Blanc ou l'école étrangère pour apprendre « à lier le bois au bois et à ... se construire des demeures qui résistent au temps[390] ». Pourquoi ? Parce qu'il considérait l'éducation comme « le cœur du développement ». Un de ses ouvrages ne porte-t-il pas le titre évocateur *Éduquer ou périr*[391] ? Mais qu'on ne s'y trompe pas : le professeur Ki-Zerbo voulait une éducation qui ne soit pas « en contradiction avec les besoins vitaux, alimentaires et élémentaires des sociétés africaines[392] ».

Il ne faisait pas partie de ces Africains qui pensent que l'Afrique est seule responsable de ses malheurs et échecs. Pour lui, si le continent est « en panne » (Jacques Giri), c'est d'abord à cause de ce qu'il nomme « un embargo historique sur la technologie et la science[393] ». Il voulait dire par là que, « depuis le XVIe siècle jusqu'à nos jours, l'Afrique a été inhibée, confinée à l'imitation, à la consommation des inventions d'autrui, [qu']on l'a déresponsabilisée au point de vue progrès technique et industriel [et que], pendant ce temps, la traite des Noirs a facilité à l'Angleterre l'accession à la suprématie industrielle[394] ».

Sur les relations entre la France et les pays africains, il était direct comme en témoigne ce passage :

« La France, depuis le temps du général Charles de Gaulle, a gardé des liens très directs avec les dirigeants politiques et les chefs d'État africains. À l'époque, il y avait le téléphone direct entre de Gaulle et quelques chefs d'État africains. Et puis, il y avait les réseaux du 'Monsieur Afrique' de Charles de Gaulle et de Georges Pompidou, Jacques Foccart. Ces réseaux s'occupaient de décider qui il fallait mettre à quelle place au niveau politique en Afrique, afin de maintenir la pérennité de l'influence française dans les pays africains[395]. »

---

[390]Cheikh Hamidou Kane, *L'aventure ambiguë, op. cit.*, p. 21.
[391]Paris, L'Harmattan, 1990.
[392]*À quand l'Afrique ?, op. cit.*, p. 174.
[393]*Ibid.*, p. 97.
[394]*Ibid.*, p. 96.
[395]*Ibid.*, pp. 50-51.

Quelques lignes plus loin, il ajoute :

« Les puissances occidentales veulent qu'il y ait des dirigeants africains et des pouvoirs politiques qui soient accommodants et, en tout cas, compatibles avec leurs intérêts stratégiques... Les puissances ont intérêt à ce qu'il y ait division entre les Africains. Évidemment, si tous les Africains disaient 'il n'y a aucun problème ! Venez, tout est libre ! Creusez où vous voulez ! Emportez ce que vous voulez !', les puissances étrangères n'interviendraient pas pour dresser les Africains les uns contre les autres[396]. »

Deux autres points sur lesquels Ki-Zerbo s'est prononcé avec une clarté et une lucidité éblouissantes sont l'ajustement structurel et la question de l'immigration. En ce qui concerne les programmes d'ajustement structurel préconisés par le FMI et la Banque mondiale, l'historien burkinabè ne comprenait pas que ceux qui incitent les Africains à produire du coton, du cacao ou du café ne parlent jamais de « toucher à la structure qui fixe le prix[397] » de ces matières premières. S'agissant du départ des jeunes africains en Occident, il estimait qu'on doit « agir à la source et provoquer le relèvement économique des pays pauvres de telle sorte que les gens restent chez eux et ne soient pas tentés par l'aventure : ou partir ou périr[398] ».

Avec une vision des choses aussi révolutionnaire, Ki-Zerbo avait peu de chances de diriger le Burkina Faso et, donc, d'appliquer ses idées sur le développement, sur l'éducation, sur la démocratie, etc. Attaché à la liberté et à la dignité de l'Afrique, il ne pouvait exister que dans l'opposition. C'est là que la mort l'a trouvé, le 4 décembre 2006. Il manquera à l'Afrique libre et digne.

Paris, le 25 décembre 2006.

---

[396] *Ibid.*, p. 58.
[397] *Ibid.*, p. 30.
[398] *Ibid.*, p. 44.

Bibliographie indicative

- Ouvrages

Arendt H, *Du mensonge à la violence*, Paris, Calmann-Lévy, coll. Agora, 1972.

------------, *La crise de la culture*, Paris, Folio Essais, 1994.

Aubry M., *Agir pour le Sud, maintenant ! Pour une autre approche des relations Nord-Sud*, Paris, Éditions de l'Aube, coll. Proposer, 2005.

Bagot J.-P., *Jésus, un homme... Et puis ?*, Paris, Cerf, 2005.

Beti M., *Africains, si vous parliez*, Paris, Éditions Homnisphères, coll. Latitudes noires, 2005.

Bilé S., *Sur le dos des hippopotames. Une vie de Nègre*, Paris, Calmann-Lévy, 2006.

Boutet R., *Les trois glorieuses ou la mort de Fulbert Youlou*, Dakar, Éditions CHAKA, 1990.

Césaire A, *Discours sur le colonialisme* suivi de *Discours sur la Négritude*, Paris, Présence africaine, 2004.

------------, *Cahier d'un retour au pays natal*, Paris, Présence africaine, 1983.

Corbineau J., *Dire l'évangile avec les mots d'aujourd'hui*, Paris, Karthala/ CFRT, 2004, 3e édition.

Cosson F., *La démocratie*, Paris, Ellipses, 2005.

Courage G. (dir.), *L'Afrique des idées reçues*, Paris, Belin, 2006.

Diabaté I, Dembelé O et Akindes F. (éds), *Intellectuels ivoiriens face à la crise*, Paris, Karthala, 2005.

Diop B. B, Tobner O. et Verschave F.-X., *Négrophobie*, Paris, Les Arènes, 2005.

Djéréké J.-C., *L'engagement politique du clergé catholique en Afrique noire*, Paris, Karthala, 2001.

----------------, *Fallait-il prendre les armes en Côte d'Ivoire ?*, Paris, L'Harmattan, 2003.

---------------, *Changer de politique vis-à-vis du Sud. Une critique de l'impérialisme occidental*, Paris, L'Harmattan, 2004.

Eboussi Boulaga F., *La crise du Muntu. Authenticité africaine et philosophie*, Paris, Présence africaine, 1977.

----------------------, *À Contretemps. L'enjeu de Dieu en Afrique*, Paris, Karthala, 1991.

-----------------------, *Les conférences nationales en Afrique noire. Une affaire à suivre*, Paris, Karthala, 1993.

Ferry L., *Apprendre à vivre. Traité de philosophie à l'usage des jeunes générations*, Paris, Plon, 2006.

Gauchet M., *le désenchantement du monde*, Paris, Gallimard, 1985.

Giesbert F.-O., *La tragédie du Président*, Paris, Flammarion, 2006.

Jaffré B., *Thomas Sankara*, Paris, L'Harmattan, 1997.

Jean-Paul II, *Pastores dabo vobis* (exhortation apostolique post-synodale), 25 mars 1982.

--------------, *Centesimus annus* (lettre encyclique), 1er mai 1991.

Jullien J., *Les prêtres dans le combat politique*, Paris, Les Éditions ouvrières, 1972.

Kabou A., *Et si l'Afrique refusait le développement ?*, Paris, L'Harmattan, 1991.

Kane C. H., *L'aventure ambiguë*, Paris, 10/18, 2002.

Kipré P., *Côte d'Ivoire. La formation d'un peuple*, Fontenay-sous-Bois, Sides/Ima, 2005.

Latouche S., *L'Autre Afrique. Entre don et marché*, Paris, Albin Michel, 1998.

Metz J.-B., *La foi dans l'histoire et dans la société*, Paris, Cerf, 1979.

Monga C., *Anthropologie de la colère. Société civile et démocratie en Afrique*, Paris, L'Harmattan, 1994.

Partant F., *La fin du développement. Naissance d'une alternative ?*, Paris, La Découverte/ Maspero, 1982.

Robert, A.-C., *L'Afrique au secours de l'Occident*, Éditions de l'Atelier, 2005.

Rollet J., *Religion et politique*, Paris, Grasset, 2001.

Schönborn C., *Le défi du christianisme*, Paris, Cerf, 2003.

Smith S. et Glaser A., *Comment la France a perdu l'Afrique*, Paris, Calmann-Lévy, 2005.

Suhard E., *Le prêtre dans la Cité*, Paris, Éd. Lahure, 1949.

Todorov T., *Le nouveau désordre mondial*, Paris, Robert Laffont, 2003.

Traoré A., *Le viol de l'imaginaire*, Paris, Fayard/Actes Sud, 2002.

------------, *Lettre au Président des Français à propos de la Côte d'Ivoire et de l'Afrique en général*, Paris, Fayard, 2005.

Valadier P., *L'Église en procès. Catholicisme et société moderne*, Paris, Calmann-Lévy, 1987.

--------------, *Le temps des conformismes. Journal de l'année 2004*, Paris, Seuil, 2005.

Varillon F., *Joie de croire, joie de vivre*, Paris, Le Centurion, 1981, 2ᵉ édition.

Verschave F.-X., *Complicité de génocide ? La politique de la France au Rwanda*, Paris, La Découverte, 1994.

Violet B., *L'abbé Pierre*, Paris, Fayard, 2004.

Weber M., *Le savant et le politique*, Paris, Plon, 1959.

- Magazines, Revues, Hebdomadaires et Journaux

Actualité des religions (France)

Le Courrier d'Abidjan (Côte d'Ivoire)

La Croix (France)

Le Figaro (France)

France Soir (France)

Fraternité Matin (Côte d'Ivoire)

Jeune Afrique (France)

Journal de l'Afrique en expansion (France)

L'Inter (Côte d'Ivoire)

Libération (France)

Le Matin d'Abidjan (Côte d'Ivoire)

Le Messager (Cameroun)

Le Monde (France)

Le Monde diplomatique (France)

Notre Voie (Côte d'Ivoire)

Le Nouveau Réveil (Côte d'Ivoire)

La Nouvelle (Côte d'Ivoire)

Le Nouvel Observateur (France)

Le Parisien (France)

Le Point (France)

Politique africaine (France)

Le Potentiel (République démocratique du Congo)

Le Temps (Côte d'Ivoire)

La Vie (France)

Table des matières

Glossaire
5

Préface
11

Avant-propos
15

Chapitre I – L'Afrique refuse-t-elle vraiment le développement ?
17

Chapitre II - De quoi les Africains francophones ont-ils besoin aujourd'hui ?
51

Chapitre III – En finir avec le complexe d'infériorité
63

Chapitre IV – Le prix de la liberté
71

Chapitre V – Pour un engagement social de la jeunesse catholique africaine
77

Chapitre VI – Clergé et pouvoir politique en Afrique
91

Chapitre VII - Cohérence et constance en politique
115

Chapitre VIII – La paix du monde passe par le respect de la vision du monde des autres
125

Chapitre IX – Des intellectuels comme Cheikh Anta Diop pour l'Afrique
137

Chapitre X – Kofi Annan, l'Africain qui a trahi les siens
151

Chapitre XI - 50e anniversaire de *Discours sur le colonialisme*
157

Chapitre XII – Côte d'Ivoire : Les vrais enjeux d'une fausse guerre ethno-religieuse
167

Chapitre XIII – Houphouëtistes contre Refondateurs ?
193

Chapitre XIV – Senghor ou l'histoire d'un combat inachevé
209

Chapitre XV – Pillage et fiasco
217

En guise de conclusion
227

Postface
231

Bibliographie indicative
241

Table des matières
247

620745 - Septembre 2015
Achevé d'imprimer par